镇江茶叶志

《镇江茶叶志》编纂委员会 编

方志出版社
Publishing House of Local Records

图书在版编目（CIP）数据

镇江茶叶志 /《镇江茶叶志》编纂委员会编．— 北京：方志出版社，2024.2

ISBN 978-7-5144-6223-4

Ⅰ．①镇…　Ⅱ．①镇…　Ⅲ．①茶业—概况—镇江　Ⅳ．① F326.12

中国国家版本馆 CIP 数据核字（2024）第 105188 号

责任编辑：陈菁
责任校对：张玉霞
责任印制：梅中英
出 版 者：方志出版社
地　　址：北京市朝阳区潘家园东里 9 号（国家方志馆 4 层）
邮　　编：100021
网　　址：http://www.zgfzcb.cn
发　　行：方志出版社图书营销中心（010-67110500）
印　　刷：北京中科印刷有限公司
开　　本：787 毫米 ×1092 毫米　1/16
印　　张：18.25
字　　数：271 千字
版　　次：2024 年 2 月第 1 版
印　　次：2024 年 2 月第 1 次印刷
定　　价：198.00 元

《镇江茶叶志》编审机构与人员

编纂委员会

主任委员 蒋　勇

委　　员 （以姓氏笔画为序）

李传德　吴海平　陈晓宏　赵挺俊

荆国芳

顾　　问 张学东　陈武生

技术顾问 张　定　王润贤

编纂人员

主　　编 蒋　勇

执行主编 李传德

副 主 编 赵　云　赵挺俊

参编人员 （以姓氏笔画为序）

马圣洲　马汝全　马淳沂　王　芳

王辉琼　王網汉　李传德　言燕华

陈学林　陈晓宏　赵　云　赵挺俊

费宪进　翁红霞　郭　杰

参加资料收集及相关工作人员（以姓氏笔画为序）

王信农　帅建华　冯方庆　毕风兰　刘　敏
汤荼琴　杜希荣　李家云　吴华芳　茅蓉芳
凌须美　蓝旻虹

审稿人员

初　审　陈学林　顾　穆　赵　云　刘朝芝
复　审　张　定　荆国芳　李传德　赵挺俊
　　　　　陈晓宏
终　审　徐　强　蔡晓彬　刘爱玲　翁红霞
　　　　　赵昱霖　程　浩

图照供稿人员（以姓氏笔画为序）

王　芳　韦夕瑾　司马照虎　任明皑　刘朝芝
汤荼琴　孙继生　李传德　杨克俭　吴华芳
言燕华　张元景　陈阿伟　陈凯京　陈法兰
陈洪泽　陈晓宏　周为民　周建国　赵　云
赵挺俊　姚振宇　徐中堡　董根年　韩有亮
蓝旻虹　潘金龙

验收与批准出版单位

镇江市史志办公室　镇江市农业农村局

茶园

大树底下采茶忙——句容市张庙茶场（2023 年）

开往春天的列车——镇江经济开发区大港圌山茶场（2022 年）

美丽茶园——句容市张庙茶场（2023 年）

设施茶园——镇江市五峰茶场（2023 年）

生态茶园——句容市瓦屋山茶场（2022 年）

丹徒区横山茶园基地（2019 年）

春茶飘香——丹徒区上党镇里墅村茶林场（2023 年）

镇江市南山农业科技示范园（2007 年）

生态茶园——镇江市南山茶林研究所（2022 年）

喷灌设施茶园——镇江市南山茶林研究所（2007 年）

茶园春色——镇江市南山茶林研究所（2023年）

采茶——镇江市五峰茶场（2023 年）

茶韵流香——丹阳市开发区张巷村（2022 年）

采茶之后——镇江市五峰茶场（2020 年）

制茶

采茶女工的春天——丹阳市丹北镇后巷建林茶场（2021 年）

分拣——丹徒区墅香茶场（2023 年）

制茶车间一角——句容市张庙茶场（2023 年）

机械理条——镇江市南山茶林研究所（2020 年）

机械杀青——镇江市南山茶林研究所（2018 年）

现代化制茶——丹徒区上党五塘茶林场（2023 年）

鲜茶摊放——丹徒区上党三泉茶场（2023 年）

茶旅融合

国家 AAAA 级旅游景区——江苏茶博园（2012 年）

热烈欢迎
江苏茶博园

镇江金山翠芽茶开采节直播现场（2023 年）

江南茶乡——江苏茶博园（2023 年）

品茶

20 世纪 90 年代，安徽农学院陈椽教授（右）在镇江品鉴金山翠芽茶

2014 年 8 月，镇江协信地块考古发掘出土的北宋景德镇窑青白瓷茶器

茶园防霜扇现场推广会（2007 年）

镇江市第六届“三山杯”茶叶评比会（2007 年）

茶艺展演（2018 年）

品茶（2023 年）

传承

传承采茶技艺（2019 年）

镇江“天下第一泉”（2019 年）

序

镇江是江苏省主要茶区之一，历史上有丰富的茶消费、茶贸易记载和有关茶的名人足迹、诗书辞赋，存留与茶有关的水、器遗迹。镇江是中华人民共和国成立初期江苏省最早兴办国有茶场的地区，曾是江苏最集中的茶区。由于行政区划调整，镇江茶区发生很大变化，但茶叶发展史绵延至今。《镇江茶叶志》编纂者以翔实的史料、清晰的脉络将镇江茶叶发展历程客观、真实地展现出来，做了一件非常有意义的工作。

中华人民共和国成立后，镇江茶叶从不足10公顷零星粗放种植的老茶园，发展成5330多公顷、科学种植管理、清洁化加工、融一二三产于一体的丘陵山区致富产业，经历了数代茶叶工作者不懈探索和试验。20世纪50年代，镇江开始茶园条播密植、引进无性系良种、扦插育苗试验，在江苏省较早开展林茶间作、茶园机械化采摘试验，是江苏省茶叶科技试验推广的重要基地，成功创制金山翠芽、茅山长青等一批名茶。镇江市以专业服务方式开展茶树机械化修剪，国有场圃大面积改植换种发展无性系良种，推广应用茶园防霜扇，进行名茶机械化加工，建设林茶、果茶、花茶间种的生态茶园，创立和有效管理区域品牌等，为江苏省茶产业树立成功典型。

在镇江茶叶发展历程中，几代茶人不畏艰苦，脚踏实地，辛勤耕耘，他们把论文写在茶园里，给后人留下厚实的产业基础，留下拓展和提高的空间，这正是今天我们要发扬传承的。关于茶的精神或茶人精神有过多种总结，作为从事茶叶技术工作多年的茶人，我的总结是“经火历练，遇水荡涤，再无名姓，留香人间”。

感谢《镇江茶叶志》编纂者为我们提供这部集史料和工具于一体的好书。

中国茶叶学会监事长　张　定

2022年7月

凡 例

一、《镇江茶叶志》以马克思列宁主义、毛泽东思想、邓小平理论、“三个代表”重要思想、科学发展观、习近平新时代中国特色社会主义思想为指导，坚持实事求是的思想路线和求实存真的原则，客观、系统记述镇江市茶叶历史发展进程，力求做到思想性、科学性和资料性的统一。

二、本志上限追溯至事物发端，下限至2020年年底。随文图照因图片收集等客观因素，部分图片的拍摄时间超下限。图照时间下延至2023年。

三、本志记述范围按镇江市现行行政区划，境域内之事物，原属地域与现属地域，均予交代，以今为主，兼顾历史。

四、本志围绕与茶有关的历史沿革、自然环境、区划地位、种植、加工、产品、科研与创新、茶叶经营、茶文化传承铺展事实，不写党、团、工会组织及其活动。

五、本志编纂，据事直书，不作评论。在记述茶事时，结合介绍有关人物业绩，不为人物立传。

六、本志采用章节目记述体，大事记以编年体为主，辅以纪事本末体。

七、数字用法、标点符号用法分别采用国家标准《出版物上数字用法》（GB / T 15835—2011）、《标点符号用法》（GB / T 15834—2011），计量单位采用国家技术监督局1993年12月发布的《量和单位》系列国家标准。考虑到社会使用习惯，书中亩不统一换算。

八、中华人民共和国成立前采用历史纪年，加注公元纪年，中华人民共和国成立后使用公元纪年。本志“××年代”，凡未加世纪者，均指20世纪。

九、本志资料，均为经过核实整理的历史文献、档案和口碑资料，一般不标明出处，重要资料酌情注明出处。中华人民共和国成立后的统计数字，以统计部门的统计数字为准；统计部门没有的数字，以业务主管部门的统计数字为准。

十、本志资料征集、志稿整理和编纂、审定人员不在相关志文中署名，一律在《〈镇江茶叶志〉编审机构与人员》中列出。

目　录

第五章 科研与创新

第六章 茶叶主体

第七章 茶文化

概述

镇江茶区属江苏省宁镇扬山地丘陵茶区的宁镇亚区、茅山亚区，涵盖丹阳、句容、丹徒及润州等市（区）的茶树种植区域。

镇江茶叶饮用的历史，有文字记载的始于东汉末。史料记载及坊间流传有许多关于镇江地域的茶礼仪、茶习俗。《三国志·吴志》中记述“以茶代酒”的典故：吴国末帝孙皓每次设宴，在座宾客至少饮酒七升，但是以博学多闻而受孙皓器重的丹阳人韦曜却不能饮酒，孙皓对他以礼相待，“密赐茶荈以当酒”。

镇江产茶始于唐或以前，以明清时期为最盛。唐代陆羽《茶经》中“八之出”载，润州（镇江）列“八道四十三州”之一。南宋李心传撰《建炎以来朝野杂记》载，南宋后“榷货务都茶场者，归东京有之……绍兴三年又置于镇江……乾道三年三月诏，以二千四百万缗为额……镇江四百万缗，于是淮东总领所设在镇江”。这说明当时镇江是官商办理买卖茶叶事务的重要所在地。清乾隆年间，朝廷下诏颁发 2400 万缗茶叶销售额，其中镇江 400 万缗。清光绪《丹徒县志》记载：“徒邑迤西诸山皆有之，五州出者尤佳，名云雾茶，但土人不善焙，故名不闻耳。”清光绪《句容县志》：“茶则有空青云雾，玉门桥所产亦高品。”“乾茶，出乾元观。”清光绪《丹阳县志》：“土茶，晓里桥南数里，地名杨城，有坟。约四五亩，产此。每年于二三月间采之，风味不减武夷，近已有收买之者。”清代各地方志中有产茶记述的涉及今镇江所辖的丹阳、丹徒、句容等地，名茶产地有句容的乾元观、空青山、玉门桥，丹阳的阳城等。

清末，镇江茶叶生产受出口锐减的影响迅速萎缩。民国初年，名茶产地仅有丹徒（碧螺春）和句容空青山（云雾茶）。此后因战乱连连，经济衰败，镇江茶业几遭摧毁。1949 年，全市茶园面积 5.86 公顷，年产茶叶仅 0.8 吨。中华人民共和国成立后，镇江茶叶生产取得巨大发展，先后建成一大批国营（有）和乡村茶场，茶园面积迅速扩大。

1949 年以后，镇江茶叶生产得到恢复和发展。1952 年前，开始逐步对句容、丹徒留存的荒芜茶园进行复垦复壮。1953 年，国营四益农场第六分场种植新茶园 3.87 公顷。1954 年，江苏省镇江蚕种场（由国营四益农场更名）第六、第七分场发展新茶园 6.67 公顷。1955 年，第六、第七分场合并，同时划入部分土地，共计 200 多公顷，建立江苏省镇江茶场（现高资、下蜀茶场），扩大茶树种植规模。1957 年，开办句容县第一茶场（句容市张庙茶场）、丹徒县黄墟茶场。

推行茶园合理规划，推广条播密植技术、幼龄茶树定型修剪技术；建立采春茶、留养夏秋茶的采摘制度；引进手工炒茶锅及铁木结构的制茶机具，建立简易制茶车间，聘请制茶师傅进行技术指导，炒制旗枪、炒（烘）青绿茶。1957 年，全市茶园达 451.8 公顷，茶叶产量达 3.4 吨。

1958 年起，全市响应国务院批转农业部《关于全国茶叶生产会议的报告》，茶叶生产加速发展，新办国营茶场 9 个，社、队集体茶园发展迅速。至 1960 年，全市茶园达到 825.9 公顷，茶叶产量 33.35 吨，与 1957 年相比，面积增长 83%，产量增长 9 倍，开始推行茶树短穗扦插育苗技术。国营茶场建立茶叶初制厂，集体茶场（林业队）也有简易的制茶车间，初步实现制茶的机械化。20 世纪 60 年代初，镇江茶叶生产进行调整，部分茶园退茶还农，至 1963 年，全市茶园面积降至 528.1 公顷。由于国营茶场幼茶逐年开采，茶叶产量增至 54.45 吨。1964 年，下蜀、高资 2 个国营茶场开始生产出口红碎茶。1964 年，国务院农办、财办联合召开全国蚕茶会议，国家在资金、物资上扶持茶叶生产。1965 年开始，陆续兴办一批乡、村集体茶场，炒（烘）青绿茶初制基本实现机械化。至 1970 年，全市茶园面积达 740.5 公顷，茶叶产量达 472.25 吨。

1973 年，全市茶园面积突破 1333.3 公顷。1974 年 3 月 26 日至 4 月 10 日召开的全国茶叶会议提出“全国要搞好 100 个左右年产茶 5 万担左右的重点县”。镇江规划将句容建成重点县，丹徒、丹阳、郊区建成万亩县（区）。之后，茶叶生产快速发展。1977 年，茶园面积达到 2293 公顷，茶叶产量 950 吨。1978 年因特大旱灾，345.3 公顷新种茶园和局部地区抗旱条件差的成年茶园受到毁灭性打击，茶苗和茶树枯死。事后，各茶场采取应对措施，在政府有关部门的技术、资金扶持下，兴建一批水利设施，增强茶园抗旱能力，使茶叶生产得以继续发展。至 1984 年，茶园面积达到 3075.1 公顷，茶叶产量 1200 吨。这一阶段，不仅新茶园发展快，形成规模经营，而且逐步开展茶场经营管理制度的改革，实施联产奖赔和承包经营；在生产技术上推广密植速生丰产栽培、低产茶园改造技术；引进无性系茶树良种并开始创制名茶，大部分茶场实现茶叶初、精制一体化。

1984 年 6 月，国务院第 75 号文批转商业部《关于调整茶叶购销政策和改革流通体制意见的报告》，茶叶购销体制开始由计划经济向市场经济过渡，购销全面放开，形成“多渠道销售、多口岸出口”的购销机制。在激烈的市场竞争中，低档茶叶滞销，产品积压。全市茶叶生产在“保面积、攻单产、上水平、增效益”的方针指导下，由数量型向质量效益型转变。调整茶类结构，创制一批名优茶品类，其中金山翠芽茶被评为江苏名茶，获全国优质农产品（名茶）称号。20 世纪 90 年代，主要生产单位制定产品企业标准、申注商标，名特茶的产量和质量都有长足的发展。推广茶叶专用肥、化学除草、机械修剪和采茶、设施栽培，开展名特茶机械化加工技术的研究并取得成果。1997 年，金山翠芽以总分第一获第二届“中茶杯”全国名优茶评比特等奖。2000 年前后，镇江基本实现名特茶加工机械化，产品的包装和贮藏保鲜技术得到改进，并通过改革经营体制机制，扩大镇江茶叶销售。全市茶叶产量虽有所回落，但由于质量提高，名优茶稳步增加，产值持续上升。2004 年，全市茶园面积 3850.4 公顷，茶叶产量 1269 吨，产值 12145 万元。

2005 年后，以实现“优质、高产、高效、生态、安全”为目标，开发“有机茶”“绿色食品”“无公害茶”，实行茶叶市场准入制度（QS 认证），进一步推进茶叶生产经营标准化、规范化。2005 年，金山翠芽以总分第一获第六届“中茶杯”全国名优茶评比特等奖。2005—2009 年，无性系茶树良种快速发展，无性系茶树良种率从 5.6% 增长到 27.3%，翻了近 5 倍。涌现出一批民营茶叶企业和茶叶生产合作社。推行生态茶园建设、更新茶树品种，实施均衡施肥、安全植保、防霜设备、节水灌溉、清洁化加工、冷藏保鲜等新技术，开展产品质量全程管控，建设一批省部级茶叶标准化示范区和茶叶标准园。在全国率先从国外引进茶园自动机械防霜技术。茶品牌创建和保护、茶文化研讨、茶艺演示、茶园观光、品茗休闲逐步兴起。金山翠芽获准农业部农产品地理标志登记。2014 年，全市共有茶园面积 4990.73 公顷，茶叶产量 1443.1 吨，产值 3.55 亿元。

2015 年后，镇江茶产业进入品牌兴茶与高质量发展阶段，逐步建立“政府引导、企业主导、部门支持”的茶叶质量品牌建设机制，在政策引导、科技支撑、品牌建立与整合上得到进一步发展。成功注册“镇江金山翠芽”国家地理标志证明商标，茅山长青获准农业农村部农产品地理标志登记。2019 年相继成立镇江金山翠芽茶业股份有限公司和江苏茅山长青农业科技有限公司，金山翠芽、茅山长青获江苏省“十佳名茶”称号。2016—2020 年，市级“一村一品”特色园艺和茶产业高质量发展项目投入财政资金 700 多万元，发展无性系良种茶园 148.4 公顷、设施茶园 40 公顷，新增加工机械 191 台（套）。推广茶园绿色防控技术，肥药双减增效技术，连续化、自动化加工技术等。通过市场联合打假，切实保护“金山翠芽”品牌，维护市场公平。2020 年，全市茶园面积 5169.4 公顷，茶叶产量 1580.9 吨，产值 4.84 亿元。

大事记

东汉

晋朝陈寿在《三国志·吴志》中记叙吴国末帝孙皓“以茶代酒”礼待丹阳人韦曜的典故。

南北朝

陶弘景辞官隐居茅山,《杂录》记载:“苦茶轻身换骨，昔丹丘子、黄山君服之。”

唐

唐乾元二年（759 年），陆羽隐居句容茅山道观写出《茶记》一卷。

陆羽《茶经》“八之出”将润州（今镇江）列为“八道四十三州”之一。

北宋

北宋元祐四年（1089 年），沈括移居润州（今镇江市），隐居梦溪园，创作《梦溪笔谈》，在《官政二》的“本朝茶法”条中，记录宋代茶叶制度。

海州、江宁、镇江等地先后设立榷茶务。

南宋

《建炎以来朝野杂记》记载:“榷茶务淮东总领所设在镇江。”

南宋隆兴年间（1163—1164 年），陆游为官京口作诗:“铜瓶愁汲中濡水，不见茶山九十翁。”

元

元代诗人萨都剌在京口为官时作诗:“山中好景无多地，天下知名第一泉。”

清

郑板桥中举前，曾在镇江焦山别峰庵读书，作诗联:“楚尾吴头，一片青山入座；淮南江北，半潭江水烹茶。”“汲来江水烹新茗，买尽青山当画屏。”郑板桥游览镇江金山寺时题写对联："坐，请坐，请上坐；茶，泡茶，泡好茶。"

清乾隆年间（1736—1795年），朝廷下诏颁发2400万缗茶叶销售额，其中镇江400万缗。

清同治初年，在浮桥巷对面，商人杨大贵开设清末后的镇江首家素茶馆"邻桥园"。民国9年（1920年），"邻桥园"停办。

清光绪九年（1883年），镇江西门大街（今大西路）大云坊建"元吉祥"茶号。

清宣统二年（1910年），《丹徒县志》记载："碧萝春茶，系迤西诸山所产之一种，宣统二年列入劝业会，获奖金牌。"

民国

民国4年（1915年），《句容县志》记载，句容空青山云雾茶获巴拿马国际博览会茶叶类金奖。

民国初年，镇江名茶仅有丹徒的碧萝（螺）春和句容空青山的云雾茶。

民国13年（1924年）2月，安徽籍茶商在大西路板壁巷口开办广新茶叶店。

民国18年（1929年）3月，《江苏省农政会议记录》中载："近在句容、丹阳等地大兴耕种，辟为茶园，成绩已著。"

民国24年（1935年），据《中国茶业复兴计划》记载，江苏产茶地区有句容、丹阳、镇江等20个县市。

1949年

12月　全市茶园面积5.86公顷，年产茶叶仅0.8吨。

1953年

12月　镇江年产手工炒青绿茶1吨左右。

是年　国营四益农场第六分场（现高资茶场）由江苏省农林厅茶叶指导所调配从安徽祁门引进的槠叶种茶籽1.5吨，播种茶园3.87公顷。

1954 年

是年　镇江蚕种场第六分场从浙江余杭聘请制茶师傅，手工炒制扁形茶旗枪。

是年　江苏省镇江蚕种场发展新茶园 6.67 公顷。

1955 年

是年　江苏省镇江蚕种场第六、七分场合并建立江苏省镇江茶场扩种茶树。

1957 年

是年　开办句容县第一茶场（现张庙茶场）。

是年　开办丹徒县黄墟茶场。

1958 年

是年　江苏省镇江茶场从政和县引进政和大白茶苗 100 株，引种试验无性系茶树。

是年　句容县组织 116 人赴金坛县茅麓茶场学习短穗扦插育苗。

是年　江苏省镇江茶场撤销，分为句容县下蜀和丹徒县高资 2 个国营茶场。

是年　句容县下蜀茶场派员到福建省学习短穗扦插育苗技术，建立苗圃 5 亩。

是年　句容市高庙茶场、九华茶场等 6 个国营茶场成立。

1960 年

12 月　镇江市茶园面积达到 825.9 公顷，茶叶产量 33.35 吨，与 1957 年相比，面积扩大 83%，产量增长 9 倍。

1963 年

12 月　镇江市茶园面积降至 528.1 公顷。

1964 年

是年　下蜀茶场和高资茶场生产出口红碎茶。

是年　句容县九华茶场率先用电，添置电力驱动机械设备制茶。

1965 年

是年　镇江地区农机厂在江苏省农林厅支持下，试制成 660 型揉捻机。

1971 年

是年　南京林学院在下蜀实习林场建立林茶间作茶园。

1972 年

是年　句容县茶叶联合加工厂及句容县下蜀、高庙，丹徒县黄墟，丹阳县屯甸，市郊区五洲山等茶场，种植香花，窨制茉莉、白兰、珠兰等花茶。

是年　句东农场茶机厂制成 650 型滚筒杀青机。

1978 年

是年　遭受百日大旱，345.3 公顷新种茶园和局部成年茶园茶树枯死。

1980 年

是年　镇江地区林副业局从上海市农机化所购进 SG–1 型手动滚切式采茶机 200 台，分配给重点国营茶场，用于采茶和修剪，这是江苏最早推行的机械修剪试验。

1981 年

3 月　镇江茶叶科技工作者开始探索名茶创制。

1982 年

1 月　镇江市丁卯桥发现一处唐代银器窖藏，出土银器 950 余件，按类可分为茶器、酒器、饰件、妆具和药具。

7月　镇江地区林特水产局、供销合作社、商业局联合召开名茶试制座谈会，成立名茶试制领导小组，动员和组织茶叶技术人员开展试制工作。

1983年

6月　镇江市多种经营管理局试制的2个名优茶小样送安徽农学院茶业系教授陈椽审评。陈椽组织茶学专家审评，取名“金山翠芽”。

9月　镇江市多种经营管理局编写《镇江地区茶叶区划报告（初稿）》。

11月　句容县下蜀茶场被江苏省农林厅定为省级良种繁育基地，每年繁育茶苗100万株左右。

1984年

12月　镇江市科委下达“名茶金山翠芽的研制”项目（编号AS8441）。

是月　根据中央一号文件办好家庭农场指示精神，句容县张庙茶场、高庙茶场等都先后试办家庭小茶场。

1985年

5月13日　“名茶金山翠芽的研制”项目通过由镇江市科委组织、主持的技术鉴定。

是年　“名茶金山翠芽的研制”项目获江苏省科技进步奖三等奖和镇江市科技进步奖一等奖。金山翠芽获江苏省名茶、全国优质农产品（名茶）称号。

1986年

12月　镇江市科委立项茅山长青创制项目。

1987年

6月　茅山长青研制成功，通过由镇江市科委组织、主持的技术鉴定。

1988 年

11 月　句容县下蜀茶场、高庙茶场被定为江苏省国营茶场无性系良种示范园建设基地。

1989 年

6 月　经农业部复评，金山翠芽再次获农牧渔业部全国优质农产品（名茶）称号。

1991 年

9 月　茅山长青茶研制项目获镇江市科技进步奖三等奖。

12 月　镇江市五洲山茶场从浙江省永嘉县引进无性系茶树品种乌牛早，栽植茶园 10 亩。

1992 年

10 月　金山翠芽获首届中国农业博览会金奖。

11 月　茅山长青获林业部名茶称号。

1994 年

4 月　茅山长青茶开始逐步实现机械化加工，名特茶产量进一步提高。

1995 年

3 月　金山翠芽、茅山长青等扁形类名特茶加工实现机械化。

1996 年

12 月　丹徒县高资茶场停止生产红碎茶，至此全市停止生产红碎茶。

1997 年

5 月　江苏省实施国有茶园更新改造项目，对衰老茶树进行更新改造或改种换植无性良种。

8月　金山翠芽在第二届“中茶杯”全国名优茶评比中，以总分第一获特等奖。

2000年

6月　多数茶场大宗绿茶生产渐少，改以名优绿茶为主。

9月　茅山长青获国际茶叶博览会金奖。

10月　栽植茶苗开始采取全垦深翻，再开沟施底肥，定植采取单行或双行条植。

2001年

9月　镇江市南山茶林研究所和句容下蜀茶场分别从浙江安吉引进白叶茶一号。

2002年

11月　茅山长青获国际名牌产品与知识产权博览会金奖。

2004年

12月　镇江市茶业协会成立。

是月　镇江市财政安排专项资金，对发展无性系茶园实施茶苗补贴。

2005年

6月　开始推广茶叶全程清洁化生产。

8月　金山翠芽在第六届“中茶杯”全国名优茶评比中，以总分第一获特等奖。

9月　镇江市人民政府办公室印发《加快发展良种茶的意见》，镇江市农林局下发《镇江市茶树良种“十一五”发展规划》，设立良种茶更新改造专项补助资金。

10月　镇江市南山农业科技示范园、句容市下蜀茶场、句容市春城茶场等地新建茶树育苗圃10多公顷，出圃茶苗近100万株。

2006年

3月　句容市茶叶协会共筹资23.1万元购回“茅山长青”注册商标专用权。

6月　镇江市园艺技术指导站在全国率先从日本引进茶园高架防霜扇。

12月　对茶叶生产企业实施QS认证后，推广清洁化全程不落地生产，确保产品质量安全。

是月　镇江茶叶产品结构为精制绿茶占总产量的61%，精制红茶占3%，名特茶占36%；名特茶产值占镇江茶叶总产值的65%。

2007年

4月　由镇江市人民政府主办、镇江市农林局承办的首届“江苏镇江金山翠芽茶叶节”在镇江市中心大市口城市客厅举办。

2008年

9月　由镇江市人民政府授权，镇江市茶业协会组织，镇江市园艺技术指导站参与，申报农业部农产品地理标志“金山翠芽”。

2009年

4月15日　“金山翠芽”获准登记为农业部农产品地理标志，是省内种植业首个。

4月26日　由镇江市人民政府主办、镇江市农林局承办，主题为“宣传地理标志，同品金山翠芽”的第二届金山翠芽茶叶节暨农产品地理标志启用仪式举办。

4月　镇江市茶业协会发布金山翠芽茶叶包装设计邀标方案，面向全国征集包装设计，确定统一包装方案。

12月　镇江市茶业协会组织相关人员对金山翠芽原料基地进行逐块定位、登记、编号，为金山翠芽茶质量可追溯打下基础。截至2009年，镇江市实施良种茶更新改造787户，新增良种茶园931.1公顷。

2010 年

3 月　镇江市茶业协会以统一包装为载体，采用“农产品地理标志 + 企业商标”双标识方法管理农产品地理标志“金山翠芽”。

是月　镇江市人民政府召开农产品品牌金山翠芽地理标志新闻发布会，重点发布地理标志使用“七个统一”信息，向首批获准使用地理标志的 5 个茶场发放统一包装。

5 月　浙江大学中国农村发展研究院农业品牌研究中心和《中国茶叶》杂志组织成立课题组，首次发布全国 83 个茶叶区域公用品牌价值，“金山翠芽”品牌评估价值 4.43 亿元。

11 月　句容市被中国茶叶学会评为“中国名茶之乡”。

2011 年

3 月　镇江市茶业协会作为全国唯一地方代表参加由商务部、农业部和欧盟农业委员会在北京主办的“中国—欧盟地理标志研讨会”，并作交流发言。

5 月　镇江市茶业协会参加农业部在兰州召开的“全国农产品地理标志管理经验交流会”，并作经验介绍。

2012 年

3 月　丹徒区组织专业技术人员，在墅香剑毫茶加工工艺基础上进行长山剑毫茶的研制。

2013 年

4 月　全国茶叶（金山翠芽）栽培标准化示范区通过考核验收。

6 月　长山剑毫茶研制通过由镇江市科技局组织的技术鉴定。

10 月　镇江市农业委员会和镇江市财政局印发《关于扶持我市丘陵地区茶叶经济发展的实施意见》。

2014 年

12 月　对辖区范围新发展连片规模良种茶园补贴 2000 元 / 亩。

2015 年

4 月　由中国茶叶学会、镇江市农业委员会主办，镇江市茶业协会承办的“2015 全民饮茶日——镇江”活动在丁卯桥运河广场举办。

8 月　金山翠芽获“中茶杯”全国名优茶评比金奖 3 个（全国绿茶金奖共 21 个）。

11 月　镇江市茶业协会成功注册“镇江金山翠芽”地理标志证明商标。

是年　扬中市举办扬中市茶叶节。

2016 年

3 月　茅山长青通过中国森林认证（茶叶）。

4 月　丹徒区举办第一届“长山茶文化节”活动。

6 月　丹徒区国家茶叶综合标准化示范区通过考核验收。

2017 年

5 月　“金山翠芽”被浙江大学中国农村发展研究院中国农业品牌研究中心评为最具溢价力品牌。

2018 年

3 月　镇江市农业委员会、镇江市工商行政管理局印发《关于开展金山翠芽品牌打假治劣活动的通告》，并在市级媒体发布。组成包括市政府办、市委宣传部、市农委、市工商、市食药监、市质监等部门在内的联合检查小组，开展“金山翠芽”茶打假治劣和市场整治行动。

4 月　由中国茶叶学会、江苏省茶叶协会、句容市人民政府主办，句容市农业委员会承办的首届中国茅山长青茶文化节在江苏茶博园举办。

是月　丹徒区举办上党茶叶文化节。

5月　茅山长青获中国茶叶博览会江苏名特茶遴选特等奖。

10月　镇江市人民政府办公室印发《关于加快推动茶产业高质量发展的意见》。

2019年

3月　在镇江西津渡景区举办“金山翠芽品鉴推介活动”。

4月　句容市人民政府举办主题为“福地句容　茅山长青　茶香下蜀”的“2019茅山长青茶文化节暨茅山红色旅游年”活动。

5月　“金山翠芽”品牌评估价值12.08亿元。

是月　镇江市茶区出现中到重度旱情，部分茶园叶片脱落，甚至新梢枯死。

6月　设立“金山翠芽”国家地理标志品牌发展项目。

是月　北京世界园艺博览会江苏“十佳名茶”遴选，金山翠芽、茅山长青获江苏省“十佳名茶”称号。

2020年

4月　“茅山长青”获准登记为农业农村部农产品地理标志。

5月　镇江市农业农村局、江苏省茶叶学会主办，镇江市茶业协会承办，在镇江市南山茶林研究所举办主题为“茶与美好生活”的“国际茶日——镇江站”活动。

是月　“茅山长青”品牌评估价值15.58亿元。

茶地音符——句容市张庙茶场（2023 年）

第一章 自然环境与茶区划分

镇江有着悠久的饮茶、种茶、产茶历史。得天独厚的自然环境和“城市山林”，造就了镇江茶叶独特优异的品质。

第一节　自然环境

一、茶区地形地貌

镇江市地处楚尾吴头、江河交汇之地，位于江苏省西南部、长江下游南岸。东南接常州市，西邻南京市，北与扬州市、泰州市隔江相望。北纬 31° 37′ ~ 32° 19′，东经 118° 58′ ~ 119° 58′。东西最大直线距离 95.5 千米，南北最大直线距离 76.9 千米。全市土地总面积 3840 平方千米，占江苏省土地总面积的 3.58%。镇江市地貌走势为西高东低、南高北低，茶叶生产主要集中在宁镇—茅山低山丘陵，呈丁字形。镇江境内山峰主要由古生代古石灰岩、砂岩、页岩组成。

二、茶区气候、水文

镇江属北亚热带暖温亚带季风气候。日平均温度≥ 10℃，稳定持续积温值 4700 ~ 5000℃；1 月平均温度 3℃，历年最低温度多年平均值为 -6℃左右，年平均气温 15.4℃，历史极端最高气温 40.9℃，极端最低气温 -12.1℃。常年降水 1060 毫米，春季降水 25% 左右，夏季 40% ~ 50%，秋季 25% ~ 30%，无霜期 238 天。水分和温光条件能满足茶树生长的要求，接近乔木型大叶种茶树低温极限；常年 10℃以上积温接近于最低值 4000℃，在中国茶区中属偏低水平。

镇江市水资源较为丰富，长江和大运河在这里交汇，秦淮河、太湖湖西、沿江 3 个水系在镇江集聚。水资源主要有地表水、过境水、地下水、回归水 4 种形式。全市有流域面积 50 平方千米及以上河流 32 条（其中跨省 2 条，为长江和京杭大运河），流域面积 50 平方千米以下至乡镇级主要河流 328 条。

由于地形地貌复杂，丘陵山区小气候条件多样，长江水体对沿江地区小气候环境有一定的调节作用，相对气温日差较小，湿度大，秋季降温偏迟，极端高温、低温日数少。茅山、宁镇丘陵地区沿山坡存在一定的逆温层。镇江一般在 3 月中下旬开始采茶，早春常受“倒春寒”或“晚霜”的影响。

三、茶区土壤

镇江土壤呈南北过渡带特性。镇江市丘陵山地占 51.1%，丘陵宜茶区达 2000 平方千米，茶园依地势分布有黄沙土、黄刚土土种。发育于两大山脉山麓的黄棕壤亚类的黄沙土，成土母质是石英砂岩、古代沉积岩、页岩的风化物，土质属壤土至轻黏土，表土 pH 值 5.1 ~ 6.0，心土黏粒含量高，蓄水保肥性能好，有机质、氮素水平适宜植茶。发育于山前黄土岗地黄褐土亚类的黄刚土，传统称耕作黄棕壤，成土母质源于古代脱钙化的下蜀黄土，土层深厚，土体厚度达 20 ~ 50 米，表土颗粒以粉砂黏粒为主，pH 值 6.2 ~ 6.5，由于基岩为水平沉积岩，土体发育常见典型的黏盘层，黄刚土黏粒含量高，交换性氢、铝和盐基离子较高，矿质养分丰富，也适合于茶树生长发育。茶区集中分布在两山脉侧翼的丘陵地带，茶叶是镇江丘陵地区主要经济作物之一。

第二节 茶区划分

唐代茶圣陆羽所著《茶经》记载：“浙西、湖州上，常州次，宣州、杭州、睦州、歙州下，润州、苏州又下。”将中国当时 43 个州郡划分为 8 个茶叶产区，润州（今镇江市）属浙西茶区。

1935 年，据《中国茶叶复兴计划》记载，江苏当时的产茶地区有句容、丹阳、镇江等 20 个县市。

1982 年，全国茶叶区域研究协作组提出，国家一级茶区分为西南、华南、江南、华北 4 个茶区，镇江地处江南茶区的北缘。同年，江苏省一级茶区划分为 3 个茶区，镇江茶区属镇宁扬山地丘陵茶区的宁镇亚区、茅山亚区。

1983 年 9 月，镇江市多种经营管理局编写《镇江市茶叶区划报告（初稿）》，市一级茶区划分为宁镇丘陵茶区和茅山丘陵茶区。之后，一直沿用此区划。

一、宁镇丘陵茶区

宁镇山脉从句容宝华山至丹阳的建山，包括句容、丹徒、丹阳、京口、润州的 37 个乡（镇）、15 个国营场圃。1980 年，茶园面积为 2097.6 公顷，占全市茶园总面积 2883.7 公顷的 73%；产茶 595.35 吨，占全市茶叶总产量 839.45 吨的 71%。该区年平均气温在 15.2℃左右，年降水量平均 1066 毫米，夏秋雨量较多，高温天数较少，伏旱概率较低。土壤为下蜀系黄壤，pH 值 5.5 ~ 6.5，土层深厚，坡度较缓。山地绿化较好，邻近大、中城市，交通便利，经济较为发达，文化、科技水平较高，是市内茶叶主要产地。20 世纪 60—80 年代生产绿茶和红碎茶，90 年代后主产绿茶。区内主产的名特绿茶有金山翠芽、茅山长青、长山剑毫、三山香茗、墅山翠萼、惊春灵芽、五峰迎春、南山滴翠、吟春碧芽、宝华玉笋等。

二、茅山丘陵茶区

位于丹徒南端、句容东部，包括丹徒、句容的 11 个乡（镇）和 7 个国营场圃。1980 年，茶园面积 786.1 公顷，占全市茶园总面积的 27%，产茶 244.1 吨，占全市茶叶总产量的 29%。区内年平均气温 15.4℃，年降水量平均 1026 毫米，高温天数较多，伏旱威胁较大。土壤肥力、经济和社会发展水平低于宁镇丘陵茶区。区内主要生产绿茶，20 世纪 70—80 年代生产过红碎茶。区内主产的名特绿茶有茅山长青、茗苑曲毫、翠眉等，句容炒青工艺久负盛名。

采茶路上——镇江市五洲山茶场（2020 年）

第二章 茶树种植

中华人民共和国成立前关于镇江茶树种植的记载很少，据清光绪《丹阳县志》记载，丹阳在清代已有成片栽植的茶树，面积四五亩。据《句容县志》记载，明清时代，官定句容县茶叶纳税二十锭。民国23年（1934年），句容县农业调查有茶园3.2公顷、12218株，茶叶产量236千克。抗日战争时期，新四军在丹阳建山倪山村种茶数亩，每亩240穴（丛）。时因管理粗放，每年只在茶丛周围松土，基本不施肥，产量很低，亩产大宗茶叶10千克左右。1949年，句容县茶园面积4.27公顷，茶叶产量300多千克，系寺庙种植，农户茶园很少。

中华人民共和国成立后，政府发动茶农进行老茶园改造。1953年开始发展条栽密植茶园，以国营茶场带动周边乡、村集体茶园的发展，到2020年，通过逐步采用科学规划、条栽密植、修剪施肥、防治病虫害和自然灾害、合理采摘等技术与方式，茶树种植水平不断提高。

第一节 茶树品种

民国18年（1929年）3月,《江苏省农政会议记录》记载:“近在句容、丹阳、茅麓等地大兴耕种，辟为茶园，成绩已著。”当时种植的茶树种子，皆为牙行从湖州、宜兴等地收购的品种混杂茶籽，在各县内的丘陵山地和高岗薄地上种植。

1949年，镇江市茶园面积5.86公顷，茶叶产量0.8吨。这些茶园现已不存。1952年前，镇江茶区的茶树品种均为普通小叶群体种。

20世纪50年代后期至70年代，开辟的茶园大部分仍以茶籽种植为主，其品种混杂、良莠不齐。70年代后期，开始引进、繁育、推广无性系茶树良种。

20世纪80年代中期，随着金山翠芽等名特茶创制成功，通过实施农牧渔业部金山翠芽良种茶基地建设项目，开始成片栽植福鼎大毫茶、福鼎大白茶等无性良种茶树，但至90年代中期新发展茶园仍以有性良种直播为主。1997年开始，省农林厅连续实施国营茶场良种更新改造项目，2004年无性系良种茶园占镇江茶园面积的5.4%。2004年后，镇江地方财政持续扶持无性良种茶园建设，新发展茶园及更新改造主要采用龙井系列、浙农系列等中小叶无性良种茶树，2020年镇江市无性良种茶园面积1900公顷，占比达36.75%。

一、品种引进

（一）有性系品种引进

1953年，国营四益农场第六分场（现高资茶场）经江苏省农林厅茶叶指导所调配，从安徽祁门引进槠叶种茶籽1.5吨，播种茶园3.87公顷。该品种为灌木型，中叶类，中生种。春茶开采期在4月上、中旬，茶树叶片色绿，有光泽，叶质较厚软，茸毛中等。育芽能力和持嫩性强，产量高。抗寒性、适应性强。适制红茶、绿茶，品质优。

20世纪50年代，丹阳县从金坛茅麓茶区调运茅麓群体种茶树种子，在大泊、胡桥、全州等地种植，面积13.3公顷。该群体种属灌木型，树姿半开张，分枝密度高，叶色绿。以小叶型为主，抗逆性强，结实性好，但茶叶产量低，品种混杂，个体变异范围大。这批茶园在20世纪80—90年代茶园改造换种中，已全部从丹阳境内退出。

50年代中后期，种苗紧缺，镇江派员参加江苏省农林厅采种工作组，赴安徽、江西、福建等地采购茶籽，由省统一分配。

句容市浮山顶古茶园（2023年）

1959年，句容县方山茶场发动职工将周围山中生长的野生茶苗挖来移栽，5月10日—14日，5天共挖茶苗2200株。同时到宜兴县“捡”来茶籽600千克，11月开始育苗、移栽。

50年代末至70年代初，丹阳县全州、行宫等地的丘陵山区共发展茶园666.7公顷，所种植的茶树品种均为宜兴群体小叶种，该品种种性较杂，发芽较迟，通常为灌木型，半开展树形，抗旱性、抗寒性较强，结实率高，小叶型，枝梢较短，对夹叶特多，叶色绿，叶肉略厚，耐采摘，鲜叶中茶多酚、水浸出物含量偏低，制红茶品质较差，适宜制绿茶。该品种于1987年被江苏省茶树品种鉴定委员会确定为中止发展的品种。

1965年，江苏省句东农场从浙江杭州茶叶试验场引进鸠坑种茶籽种植，成园后表现出良好种性。

20世纪60—80年代，地（市）、县茶叶主管部门从外省和省内的宜兴购买茶籽。1977年，地区林副业局安排支持人民公社12万元，从福建宁德地区购入茶籽100多吨。市内也从成年茶园中采收部分种子，主要品种有槠叶种、浮梁种、婺源种、坦洋菜茶、宜兴种等，由于事先未考虑留种，因此所收获的茶籽良莠混杂。

1971—1980年，大力发展茶叶生产，先后从浙江省安吉县、安徽省祁门县等地调进祁门群体槠叶种的茶籽。丹阳县10年内共调进该品种茶籽130余吨，发展茶园面积约266.7公顷，2020年，该批茶园经过多次重修剪或台刈后，仍有近166.7公顷茶园作为主产茶园使用。祁门群体槠叶种属中芽种灌木型、中叶类。春茶开采期较宜兴群体小叶种早8 ~ 10天，育芽能力强，叶色绿，芽叶肥壮有光泽，茸毛较多，百芽重较宜兴群体小叶种增重43%。亩产量较宜兴群体小叶种提高50%，且适制性好，既适宜制红茶，又适宜制绿茶。抗旱、抗寒性能较好，但抗茶煤病、茶白星病以及抗茶尺蠖危害的性能较宜兴群体小叶种差。

1982—1984年，丹阳县多种经营管理局会同县供销合作联社棉麻公司，派专人至浙江省南湖林场的三、七、九、十三4个大队的茶树种子园收购鸠坑茶种60余吨，在县内嘉山苗圃、胡桥林场二工区和司徒公社的黄庄、银海以及建山公社帽山、陈山、陈庄等大队茶场内种植，种植面积133.3公顷。该品种茶树属中叶类品种，叶色深绿，叶质柔软，灌木型，半披展，枝条夹角较小，育芽能力强，且萌芽集中，春茶开采期在4月中旬，较祁门群体槠叶种早2 ~ 3天。其芽叶持嫩性较好，特别适宜制绿茶。用芽叶制成的绿茶，香气高，滋味鲜醇，汤色清澈，叶底嫩绿。该茶树抗旱、抗寒性能亦较好，抗病虫害能力较祁门群体槠叶种强。2020年，该批茶园在丹阳市境内仍属主要产茶茶园。

1982年，句容县春城茶场从福建省购进茶籽2吨多，按照“道路格子化、茶园方块化、整体园林化”的标准，当年发展茶园5.3公顷。

1986—2000年，丹阳发展的有性系茶园种植中，以福鼎大白茶为主，15年内共调进福鼎大白茶种子80余吨，发展面积186.7公顷，分布于胡桥、建山、埤城、大泊、司徒、全州、河阳、访仙、市林场等地。

1990年，镇江市五峰茶场从安徽省歙县引种黄山种。该品种属大叶类，叶质厚软，芽叶色绿，茸毛较多，适应性、抗寒性强，产量较高，适制绿茶，品质优。

（二）无性系品种引进

20 世纪 50 年代中期之前，镇江茶区没有无性系茶树良种。1958 年，江苏省镇江茶场（现下蜀、高资茶场）派员参加省茶叶参观团赴福建，从政和县引进政和大白茶苗 100 株进行无性系茶树引种试验。该品种属小乔木型，大叶类，迟生种。植株主干粗大，顶端优势旺，分枝稀疏，芽头肥大。茶多酚含量高，制红茶品质优，但制绿茶味苦涩。由于该品种抗寒性弱，易受冻害，产量低而不稳，没有推广。

1958 年 3 月，句容县组织 116 人赴金坛县茅麓茶场学习，利用茶树枝条进行短穗扦插育苗，进行无性繁殖。中共句容县委第二书记曹云兰带领 250 名中学生和职工，翻山越岭到茅麓茶场剪茶树枝条，并亲自背回枝条 23.5 千克。回县后举办 500 多人的扦插育苗技术训练班。是年，全县有 22 个乡镇、188 个农业社、9 个国营场圃进行扦插育苗，6 月 19—29 日，完成扦插 56.7 公顷。1959—1960 年，又完成扦插 65.7 公顷。几年间，扦插的茶苗栽植茶园面积达 400 余公顷。扦插茶苗的缺陷是根系差，抗旱、御寒性能弱，成活率不高，后需多次补缺才能逐步成园。

句容县下蜀茶场茶叶中等学校学生学习茶苗扦插技术（1960 年）

1976年，句容县下蜀茶场从福建福鼎引进福鼎大毫茶、福鼎大白茶、梅占茶苗。福鼎大毫茶属小乔木型，大叶类，早生种。植株高大，树姿直立，分枝部位较高。芽头肥壮，色泽淡绿，茸毛特多。春茶开采期在4月上、中旬，长势旺盛，产量较高，适制红茶、绿茶。制成的红茶条索紧结，多毫，味浓醇，汤红艳明亮，叶底红亮。制成的绿茶色泽翠绿，白毫显露，香气鲜嫩，滋味鲜醇，叶底肥壮。福鼎大白茶属小乔木型，中叶类，早生种。主干粗壮，生长势强。春茶萌发期在3月中旬，春茶开采期在4月上旬。芽叶较肥壮，茸毛较多，叶色绿或淡绿，适制性特好，制红绿茶皆宜，品质优良。适应性、抗寒性比福鼎大毫茶强。这批茶树至2020年，仍存于句容市下蜀茶场，福鼎大毫茶树根茎部直径达20厘米。福鼎大毫茶、福鼎大白茶这两个品种在各主要茶场均已种植，面积达266.7公顷。梅占属小乔木型，中叶类，中生种。制绿茶香气独特，具兰花香，但产量低，抗性弱，制成的绿茶色泽暗，仅小面积种植。

句容市下蜀茶场1976年种植的福鼎大白茶树（2023年）

句容市下蜀茶场1976年种植的梅占茶树（2023年）

1983年春，句容县高庙茶场从茅麓茶场引进浙农113品种，并且自繁、自育、自栽。1986年，高庙茶场从中国茶叶研究所引进浙农113、浙农117茶苗，植于茶树品种园。2020年，这些茶树品种保存于江苏茶博园内。浙农113和浙农117同属小乔木型，中叶类，早生种，其表现为分枝力强、顶端优势明显、生长势旺盛、抗性强、产量高等优良性状，适制绿茶、红茶。制扁形绿茶，外形扁平光滑，色泽绿润，内质香高味醇，滋味鲜爽。制红茶香气高，味鲜爽，在镇江茶区很受欢迎，受到多家茶场好评，逐步在全市推广。2006年，丹徒区上党镇一次就栽植了20多公顷。

1986年，丹阳县内引进福云6号茶苗8万余株，在司徒前村茶场和建山高桥林场栽植，面积约0.85公顷。丹阳地方名特绿茶凤美剑毫的原试制样就是采摘司徒前村的福云6号茶树芽制成。成品茶香气高，滋味浓醇，汤色明亮。但此品种的抗寒性能较差，幼龄茶树受冻害后，根颈部皮层易开裂，引起植株死亡。成龄茶树遭冷空气侵袭后，枝梢部位易死亡，几乎已被淘汰。

1988年10月，镇江市多种经营管理局及句容县下蜀茶场、张庙茶场、高庙茶场、赵庄林苗场等单位代表一行，赴福建省福鼎县、福安县等地，考察福鼎大毫茶、福鼎大白茶、福安大白茶等品种的原产地和育苗场，并洽谈良种茶苗引种合作。1989 年，从福鼎县甘棠镇等地引进福鼎大毫茶等品种，发展金山翠芽基地。

1989 年秋，镇江市多种经营管理局组织科技人员赴福建考察，在福建省茶叶研究所、福清县东张茶树良种场订购福安大白茶、福云 6 号、福云 595 茶苗，于 1990 年栽植在高庙茶场和春城茶场。句容县春城乡茶场栽植福云 6 号 3.07 公顷，该品种为小乔木型，大叶类，特早生种，发芽期比福鼎大毫早 4 ~ 5 天，分枝多、长势旺，百芽重及芽梢长度比福鼎大毫稍差，茸毛多，抗寒性差。福安大白茶为半乔木型，大叶类，中生种，适应性强，制绿茶品质优。福云 595，育芽能力强，丰产性能好，制绿茶品质优，但抗寒性差，易受冻害，仅小面积栽培。

1989—2004 年，丹阳市内引入福鼎大毫茶苗约 100 万株，先后在大泊贺家茶场、丹阳市屯甸茶场、丹阳市林场、建山帽山茶场、司徒吴塘和黄庄茶场以及茶叶专业户的茶园内栽植。

1991 年 12 月，镇江市五洲山茶场从浙江省永嘉县引进无性系乌牛早，栽植茶园 0.67 公顷。经过观察对比，发现乌牛早开采期比龙井 43 早 10 天左右，正常年景在春分前后开采。乌牛早属灌木型，中叶类，特早芽种，叶质柔软，茸毛少，芽叶育芽力、持嫩性较强，氨基酸含量较高，适制绿茶，尤其适制扁形茶，香气高爽，滋味甘醇，手工炒制干茶色泽偏暗。正常年份在每年 3 月 15 日前后开采。由于茶叶消费者有趋早、趋嫩的消费爱好，1993 年开始，乌牛早迅速推广至全市茶区。该品种栽培上要求双行密植，春季需预防晚霜或“倒春寒”的危害。2007 年，乌牛早 3 月 4 日开采。至 2020 年，该品种是地产茶中最早上市的品种，镇江茶区主要茶场均有栽培，种植面积在 66 公顷以上。

1991 年，镇江市多种经营管理局与浙江省农业厅联系，从浙江安吉引进龙井长叶茶苗 5 万株，安排在春城茶场栽植。该品种植株适中，树姿较直立，分枝较密，芽叶淡绿色，育芽力和持嫩性强，产量高，抗性强。春茶开采期在 3 月下旬至 4 月初，氨基酸含量较高。适制绿茶，色泽翠绿，香气清高，滋味鲜嫩，汤色嫩绿明亮，是镇江生产扁形名特茶的主要树种，2005 年后发展较多。

1993年，句容县高庙茶场从福建福鼎引进龙井43、迎霜2个品种的茶苗，作为母本树，供采穗扦插育苗。龙井43属灌木型，中叶类，特早生种。育芽力特强，发芽整齐，密度大，芽叶短壮，适制绿茶类扁形名特茶。抗寒性强，适应性广。但芽叶持嫩性、抗旱性较差，且采下的芽叶基部易出现红点，不利于绿茶品质的提升，因此繁育和推广速度逐步放慢。迎霜属小乔木型，中叶类，中生种。育芽力强，茸毛多，持嫩性强，单产较高，适制红茶、绿茶。

20世纪90年代后，镇江市南山茶林研究所从湖南省茶叶研究所引进白毫早、茗丰2个品种，从浙江杭州中国茶叶研究所引进乌龙、奇兰、佛手和奇曲等品种，从福建省福鼎县引进翠岗早、平阳特早2个品种，从福建省武夷山市引进大红袍、肉桂和水仙等品种。镇江市园艺技术指导站从福建省福鼎县引进中茶108、早春毫2个品种，从重庆市茶叶研究所引进茗山早、茗山白毫2个品种。

句容县（市）张庙茶场从高淳青山茶场引进锡茶5号品种，从浙江杭州中国茶叶研究所引进碧云、浙农139和元宵绿等品种。

丹阳市后巷镇帽山村、开发区长湾村等地先后从福建省霞浦地区引进20万株元宵绿茶苗，栽植面积2.67公顷。元宵绿茶树品种是从福鼎小白茶树中选育出来的一个无性系良种，属灌木型，中叶类，特早芽种，霞浦地区元宵节后即可采茶，故名元宵绿。抗寒性和生长势表现良好，分枝角度大，枝梢密集，萌芽特早，在镇江市一般3月底即可采茶。芽叶嫩绿，发芽密度高。适制红茶、绿茶。制绿茶条索紧结显毫，色泽绿，冲泡后香气高长，似板栗香，滋味浓醇，汤色明亮，叶底嫩黄，是制名优绿茶的优质原料。制红茶条索紧细，色乌润，香高味醇。上述品种只少量栽培，供试验与观赏。

2001年，镇江市南山茶林研究所和句容下蜀茶场分别从浙江安吉引进安吉白叶一号。该品种是珍稀树种，植株较矮小，分枝部位低，叶质较薄软。春茶幼嫩芽叶呈玉白色，叶脉淡绿色，芽叶育芽力中等，持嫩性、抗寒性强，抗高温较弱，产量较低。游离氨基酸含量高，达6%以上。春茶开采期在4月上、中旬，适制绿茶。品质优异，色泽翠绿，有花香香气，滋味鲜爽，汤绿明亮，叶底玉白色。

2003年，镇江市园艺技术指导站从安徽东至引进农抗旱茶苗，栽植在镇江市南山农业科技示范园茶叶示范区。该品种为小乔木型，大叶类，早生种。叶质较厚软，芽叶粗壮，淡绿色，茸毛多。芽叶持嫩性、抗寒性强。春茶开采期在 3 月下旬，产量较低。适制红茶、绿茶，红茶香高味浓，绿茶黄绿油润，滋味醇厚。

2007 年，镇江市南山茶林研究所从浙江宁波引进黄金芽茶苗，2008 年种植 0.21 公顷。该品种为灌木型，中叶类，中生种。属光照敏感型，春、夏、秋三季新梢均呈黄色。酚氨比较低，适制绿茶，口感鲜爽。

1953—2012 年镇江市主要茶树品种引进情况表

表 2-1

类型	品种名称	引进时间	来源	引进单位	推广情况
有性	槠叶种	1953 年	安徽祁门	国营四益农场	20 世纪 50 年代中期至 70 年代主要品种
有性	鸠坑种	1965 年	浙江杭州	江苏省句东农场	20 世纪 60—80 年代主要品种
有性	黄山种	1990 年	安徽歙县	镇江市五峰茶场	少数单位种植
无性	福鼎大毫	1976 年	福建福鼎	句容县下蜀茶场	20 世纪 80 年代后主要品种
无性	福鼎大白	1976 年	福建福鼎	句容县下蜀茶场	20 世纪 80 年代后主要品种
无性	梅占	1976 年	福建福鼎	句容县下蜀茶场	少数单位少量种植
无性	浙农 113	1986 年	金坛茅麓	句容县高庙茶场	20 世纪 90 年代开始推广
无性	浙农 117	1986 年	金坛茅麓	句容县高庙茶场	20 世纪 90 年代开始推广
无性	福安大白	1990 年	福建福安	句容县春城茶场 句容县高庙茶场	少数单位少量种植
无性	福云 6 号	1990 年	福建福安	句容县春城茶场 句容县高庙茶场	少数单位少量种植
无性	福云 595 号	1990 年	福建福安	句容县春城茶场 句容县高庙茶场	少数单位少量种植
无性	乌牛早	1991 年	浙江永嘉	镇江市五洲山茶场	20 世纪 90 年代后推广

续表 2-1

类型	品种名称	引进时间	来源	引进单位	推广情况
无性	龙井长叶	1991 年	浙江安吉	句容县春城茶场	20 世纪 90 年代中期后大量推广
无性	龙井 43	1993 年	福建福鼎	句容县高庙茶场	20 世纪 90 年代中期后推广
无性	安吉白茶	2001 年	浙江安吉	镇江市南山茶林研究所 句容市下蜀茶场	2001 年后推广
无性	农抗早	2003 年	安徽东至	镇江市南山农业科技园	少数单位少量种植
无性	浙农 139	2004 年	浙江杭州	句容市张庙茶场	未进行大面积种植推广
无性	碧云	2004 年	浙江杭州	句容市张庙茶场	—
无性	锡茶 5 号	2004 年	高淳青山茶场	句容市张庙茶场	未进行大面积种植推广
无性	黄金芽	2007 年	浙江宁波	镇江市南山茶林研究所	已在各地推广
无性	褚叶齐	2010 年	湖南茶叶研究所	丹徒区上党三泉茶场	—
无性	茂绿	2010 年	浙江杭州	句容市张庙茶场	未进行大面积种植推广
无性	金观音	2010 年	福建省农科院	丹徒区上党三泉茶场	—
无性	中茶 108	2011 年	浙江杭州	丹徒区墅香茶场	—
无性	舒茶早	2012 年	安徽东至	句容市张庙茶场	—

二、茶苗繁育与无性系良种推广

1953—1957 年，镇江市用茶籽育苗，供茶园补缺，称“太平苗”；也有移栽茶苗，建立茶园。

1958 年，句容县下蜀茶场派员到福建省学习短穗扦插育苗技术，建立苗圃 5 亩，在该场新茶园中剪取插穗，每亩扦插茶苗 25 万株左右，定人管理，一年后出圃合格茶苗约 10 万株。1959 年春，句容县成立茶苗扦插指挥部，组织下蜀、张庙、九华、普渡桥等茶场的职工到宜兴芙蓉寺茶场和川埠、横山等社、队茶园剪取茶枝，请驻句容部队支援汽车运回，分给各茶场进行扦插育苗，扦插面积达上百亩。由于茶枝从外地调运过程中质量受到影响，扦插育苗技术也未完全掌握，扦插成活率很低，收效甚微。

1980 年，句容县下蜀茶场开始繁育无性系良种茶苗，每年扦插 40 万 ~ 50 万株，出圃茶苗 20 万 ~ 30 万株，供该场自栽，少量销售。1983 年，该场被江苏省农林厅定为省级良种繁育基地，每年繁育茶苗 100 万株左右，由省统一定价、调配，按调出苗数给予补贴。

1983 年 9 月，江苏省农林厅下发《加强茶树良种繁育推广工作的意见》，确定繁育推广的良种。其中，无性系品种为福鼎大毫、福鼎大白茶、政和大白茶、梅占、毛蟹等，有性系品种为褚叶种、鸠坑种。确定种苗规格质量标准。无性系一级茶苗，苗高 25 厘米以上，茎粗 3 ~ 5 毫米，根系完整发达，无病虫害；二级茶苗，苗高低于 20 厘米，茎粗 3 毫米，根系完整发达，无病害。规定茶苗价格和扶持政策。其中，无性系一级茶苗每百株 2 元，二级每百株 1.5 元，省级良种繁育基地母本园每亩补助 200 ~ 300 元，扦插育苗每亩补助材料费 500 元。经省调拨的良种茶苗，每百株一级苗补助 2 元、二级苗补助 1.5 元。1988 年，句容县下蜀茶场、高庙茶场被确定为江苏省国营茶场无性系良种示范园建设基地，每亩发放扶持资金 300 元，至 1991 年，两场建成示范园 20 公顷。

1988 年，句容县高庙茶场、春城茶场被确定为市级良种繁育基地，市财政给予苗圃地建设扶持资金，每年出圃茶苗 100 多万株，至 2003 年基本停止育苗工作。

2004 年，镇江市无性系良种茶比例偏低于全省平均值 5.4 个百分点，在茶叶主产市中列末位。镇江市财政局与镇江市农林局借鉴邻市的做法，探索实施良种茶补贴，促进茶树良种发展的措施，2005 年出台《加快发展良种茶的意见》，镇江市农林局下发《镇江市茶树良种“十一五”发展规划》，明确提出镇江市茶叶“十一五”发展目标。从 2005 年开始，市财政在支农资金中设立“良种茶更新改造专项补助资金”，每亩种苗补贴 700 元。该项目采取分户申报、集中审核、定位到点（GPS）、统一订种、送苗到田、技术到人、补助到户、先建后补、逐级验收、合格补贴的方式实施。2005 年，81 户茶场或茶农发展无性系良种茶园 69 公顷。2005—2009 年，在全市实施良种茶更新改造 787 户，新增良种茶931.1公顷，其中龙井43及龙井长叶为328.5公顷、浙农117及浙农113为149.7公顷、福鼎大白及大毫茶为225.6公顷、安吉白茶为104.9公顷、乌牛早为83.5公顷、其他品种为38.9公顷，相当于项目实施前20年发展总量的3倍多，推广覆盖面达到宜推广范围的100%；市县两级财政共补贴资金977.2万元，使全市无性良种茶园达1169.3公顷，占全市茶园种植面积的27.3%，无性系良种占比提高21.7个百分点，位居全省第二。2005—2009年，全市直接投入茶园改造资金达3000万元以上，投入茶叶加工设备、厂房改造和茶园生态建设资金达1000万元以上；市县两级财政用900多万元资金引导4000多万元民资投入茶产业。通过项目实施，集中调苗，成片推广浙农113、龙井长叶、浙农117、中茶108、迎霜、白叶一号等多个优良品种。为能就地提供优质种苗，2005年，镇江市南山农业科技示范园、句容市下蜀茶场、句容市春城茶场等地新建茶树育苗圃10多公顷，次年春出圃茶苗近100万株。

2004—2009年镇江市茶树良种更新改造情况表

表2-2

市（区）	2009年茶园面积（公顷）	更新改造面积（公顷）					良种率（%）					
		2004年	2005年	2006年	2007年	2008年	2004年	2005年	2006年	2007年	2008年	2009年
镇江新区	106.6	0	8.2	1.9	10.8	9.9	13.1	13.1	21.1	23.0	33.6	43.3
润州区	226.9	6.7	8.0	6.5	9.9	5.6	23.8	26.8	30.4	33.4	37.8	40.4
京口区	7.5	0	0	0	1.7	1.1	0	0	0	0	20.0	32.3
丹徒区	733.5	26.7	69.7	54.3	89.9	126.8	1.7	5.6	15.8	23.7	36.7	55.2
丹阳市	820.7	11.4	64.3	42.5	22.1	37.3	2.0	3.3	10.8	15.7	18.3	22.6
句容市	2500.4	23.3	93.5	85.9	76.4	36.7	5.9	6.9	10.8	14.3	17.5	19.0
全市合计	4395.6	68.1	243.7	191.1	210.8	217.4	5.6	7.1	12.8	17.3	22.2	27.3

2013年，镇江市农业委员会和镇江市财政局印发《关于扶持我市丘陵地区茶叶经济发展的实施意见》，按照良种更新原则，对新发展连片规模在100亩以

上，且当年验收茶苗成活率在70%以上的良种茶园，每亩补贴2000元；新安装茶园防霜机，每台补贴2000元。通过项目引进福鼎大毫茶、福鼎大白茶、龙井长叶、龙井43、白叶一号等无性系茶树品种栽植，共37个实施主体新建茶园295.6公顷，新安装防霜设施96台，补贴资金524.22万元。

2014年，按照宜茶则茶、宜果则果的原则，当年新发展集中连片50亩以上，且第二年验收成活率达70%以上的无性系良种茶园，在辖区范围内的每亩补贴2000元，在辖市范围内的每亩补贴1000元，并鼓励下辖市（区）财政配套。新发展茶园161.8公顷，补贴315.06万元。

2018年10月17日，镇江市人民政府办公室印发《关于加快推动茶产业高质量发展的意见》，镇江市农业委员会和镇江市财政局印发《2018年市级财政支农项目申报指南（二）》，新发展茶园、果园相对集中连片50亩以上，大棚设施和防霜设施10亩以上，固定喷灌设施50亩以上，在辖区范围内的市级分别补贴2000元/亩和1500元/亩，大棚设施和防霜设施补贴3000元/亩，喷滴灌补设施补贴1500元/亩。新发展茶园25.4公顷，新建茶园喷滴灌9.3公顷，补贴资金99.32万元。

2019—2020年，设立“金山翠芽”国家地理标志品牌发展项目，分别在金山翠芽品鉴推介、加工能力提升、标准制（修）订方面给予扶持；对单个实施主体新建茶园，种植适制“金山翠芽”地理标志农产品原料的无性系良种茶树相对集中连片50亩以上，其他无性系良种茶树50亩以上，辖区补贴3000元/亩，辖市补贴1500元/亩；辖区内其他品种建园补贴2000元/亩。2019—2020年，新发展茶园30.3公顷，补贴资金78.75万元，“金山翠芽”国家地理标志品牌发展补贴135万元。

第二节　茶树栽培

一、茶园规划设计

1953年，国营四益农场第六、七分场因种植的133余公顷油桐树效益很低，经采集土样化验显示土壤宜于种茶，决定改种茶叶。江苏省农林厅茶叶指导所工程师张志澄、郜大传与分场主管朱可人、陈武生为建设新茶园作规划设计：旱地种茶，双行条播，大行距 1.5 米，小行距 33 厘米，穴距 33 厘米，每亩 2666 穴（丛）。茶行基本按等高排列，依地势划分区块，设置道路、排水沟、主道和支道，周边隙地栽植苦楝、杉木、法桐、意杨等树木。同时，对茶场的办公、生活、生产用房也进行了规划。当年种植茶园 3.87 公顷，并在油桐园内开挖播种沟。1954 年，种植单行条植茶园 6.67 公顷。

1971 年开始，南京林学院开展林茶间作茶园的规范设计与试验研究，在其校办下蜀实习林场建立林茶间作茶园，间作树种有湿地松、柑橘、银杏、水杉等。间作树种配置方式有:（1）等距配置，在常规茶园中，隔 5 行茶树栽 1 行树木，每亩栽树 12 ～ 15 棵;（2）小网格配置，每个网格 3 ～ 5 亩，株距 3 ～ 5 米;（3）梯田茶园配置。

1971 年冬至 1974 年春，全市集中新发展了一批乡村集体茶（林）场。根据“宜粮则粮、宜林则林、宜茶则茶”的原则，选择土层深厚、排水保水性能良好、呈酸性土壤的地块规划开拓茶园。选定茶园后，再将区域划分片块，规划出主干道路、支道和排灌系统，并留有制茶厂房地块。对选定的茶园，按等高线放出 1.5 米行距的茶树种植线，再人工开挖 40 厘米 ×40 厘米的种植沟。开沟时注意将生、熟土分开堆置，以使熟土填入沟底，生土通过阳光照晒和冬季的冻垡使之改良。对主干道路和支道，设计在两侧栽植不与茶树有同种病虫害的行道树和防风林带，一般以杉木、国外松为主。预留的制茶厂房地块，一般选择在茶园中央和交通运输、电线杆树置和电线拉置方便的地方。1971 年冬至 1972 年春，丹阳县林副业局和公社副业办公室茶叶科技人员对茶园的发展进行规划设计，丹阳县胡桥、建山、大泊等地发展茶园 200 余公顷。

1976 年后，在发展茶园的规划设计上，解决第一批茶园存在的夏秋干旱时期茶苗难以灌水和大雨时期地表径流不畅引起的渍害等问题。增加茶园低洼地块开挖蓄水池、茶园四周开挖竹节沟和外环沟、茶园内随径流向的纵横沟等内容，使第二批茶园的规划更趋向合理化。

20 世纪 70—80 年代，在南京林学院下蜀林场的指导下，春城茶场在 3.33 公顷茶园中种湿地松、马褂木，隔 5 行茶树栽 1 行树木，每亩 12 ～ 15 株。

1982年后，随着林茶间作研究成果的推广应用，很多茶场都在茶园内间作国外松、杉木、水杉等树木。一般亩栽20株左右，在冬季挡冷风寒潮，夏季抗干热风，降低茶区温度，增加茶园湿度和漫射光，改变茶区小气候。同时也为茶树虫害的天敌提供栖息和繁殖的场所。

1986年，在发展茶园的规划设计上又增加密植茶园的内容。在1.5米的大行距内，开挖120厘米 ×30厘米的种植沟，施足基肥覆土后播种6行茶籽，每行小行距18厘米，达到一年播种、两年开采的目的。

1992年后，随着无性系良种茶园建设步伐的加快，在茶园规划设计上，又将原单行条播或穴播的种植方法，改变为大行距1.5米、小行距33厘米的双行栽植方法，使亩栽茶苗达到5500株左右，协调茶树个体发育与群体生长的关系，缩短茶园成园和开采的时间。

1996年后，随着花卉苗木产业得到迅速发展。在茶园规划设计中，为尽快使茶园产生效益，达到以短养长的目的，将新发展的茶园和更新改造后的茶园，利用行间土地裸露部分，栽植红枫、海棠、宝华玉兰、紫薇、红花继木、红叶小檗、金叶女贞等小型花灌苗木。这一规划设计的实施，既利于茶树的生长，又增加了茶园的经济效益。

1999年，镇江市南山茶林研究所在规划设计中，采用茶园小块分隔设计方式。每块茶园周边树木环抱，路旁、沟边栽植香樟、银杏、花木，山下有水塘，茶园养草鸡。园区实现生物多样性，茶林生长茂盛。

2005年，句容市张庙茶场在原来常规茶园的建设基础上创建有机复合生态栽培园区，进一步提升茶园环境生态。具体做法是：一是改善茶园机耕路。改建原来的机耕路，底层用两片石块，中层用石子，上层用瓜子片，路面用米砂铺设，并在部分路段搭建X形立体棚架，棚架下种植葡萄。二是改善茶园排水沟。用建筑材料空心砖、红砖、水泥、砂石等砌建，起到减缓水土流失、降低湿度的作用。三是改善蓄水水塘。采用石块、水泥、砂石护砌水塘内壁，管理茶园用水。四是综合治理茶园园区环境，清除茶园、厂房附近的污染源，对衰老茶园进行更新改造。2009年，该场创建的全国茶叶标准园通过农业部认证。

句容市张庙茶场花茶间作生态茶园（2020 年）

镇江市南山茶林研究所林茶间作生态茶园（2020 年）

到 2020 年，全市大部分茶园还是采用单行或双行条栽密植，以道路、沟系分隔地块，部分种植行道树、防护林的规划设计。

二、茶园开辟

1952 年前，镇江地区茶树种植与茶园管理都极为粗放，开辟的茶园是利用荒芜土地，用牛犁成“山芋畦”，挖穴播下一把茶籽。据《四时纂要》记载：“开坎三尺，深一尺，……每坑种六七十棵子。”

1953 年开始拓植单行、双行、三行条栽密植茶园。大部分为单行，用茶籽直播。

20 世纪 60 年代，施行开沟种植法，但将种植沟仍覆成“山芋畦”，成园后茶树断垄缺株严重。

1971 年后，镇江茶区茶树种植开始走上科技轨道。沿等高线放样开挖种植沟，浸种催芽。但仍按穴播方法，每穴茶籽 5 ~ 8 粒。这种方法限制了茶树个体发育，还极易造成断垄缺株的现象。

1976 年开始拓植无性系良种茶园，用茶苗移栽，基本采用双行条植。

1982 年后，种植茶树采用双行条播的办法，大行距 1.5 米，小行距 20 厘米，亩播茶籽 1 万 ~ 2 万粒。当年，在大行距内间作青绿肥，用作“埋青”改良土壤，收到较好的成效。

1989 年后，茶树种植注重施入有机肥料，一般在开好种植沟后，在沟底施入稻草等耐腐的秸秆作基肥，亩施秸秆 600 余千克，并在中层施入菜饼或厩肥。一般亩施菜饼 150 ~ 250 千克或厩肥 5 ~ 10 吨，混施氮磷钾复合肥（15-15-15）40 ~ 50 千克。茶苗出土后，结合夏秋抗旱保苗，还普遍推行 0.5% 的尿素稀释液浇灌茶苗。

1992 年后的无性系良种茶苗栽植，在岗坡旱地栽植方式上采用低沟栽植法，充分利用茶苗基杆部不定根萌发机理，做到逐步回土，分层诱发不定根，既提高无性系茶苗的存活率，又加速茶树的生长。

2000 年起，栽植茶苗采取全垦深翻 70 ~ 80 厘米，再开沟施底肥（有机肥、氮磷钾复合肥）。定植采取单行或双行条植，地面铺黑色地膜保墒除草，沿茶行铺滴灌带，提高成活率。此法 2020 年仍沿用。

（一）产地环境

1949 年前的茶园，零星分散，种植在山区、寺庙旁，人烟稀少，污染源少，生态环境优越。

20 世纪 50—60 年代，新建的国有和集体成片茶园大多选择在较为偏僻的低山、丘陵、有坡地区开垦荒山、建造茶园。茶园距城镇、工矿、交通干线较远，污染少，又在园区栽植行道树、防护林，茶场环境条件良好。

70 年代，社队设立的茶园基本选择土层深厚透气，排水、保水性能良好，土壤呈酸性的地块。在茶园路边、沟边种行道树、防护林，选用生长快、病虫害少、材质好的树种。

80 年代后，随着工业和城镇的发展，局部茶叶产地受到环境污染的威胁。

2001 年，农业部发布实施“无公害农产品产地”农业行业标准，要求产地的空气、土壤、灌溉水符合种茶要求。随后又发布、实施“绿色食品”“有机茶”原料基地环境条件的标准。

2006 年，全市有经具有资质的认证机构认证并颁发证书的无公害农产品产地、绿色食品和有机茶原料基地 1140.2 公顷。

2018 年，农业部停止无公害农产品认证工作，推进农业绿色发展。截至 2020 年，全市共有绿色食品茶园面积 815.6 公顷。

（二）园地开垦

1952 年前，国营四益农场第六分场、下蜀林场的穴播丛植茶园，利用荒地按丛距 1.7 米 ×1.7 米开坎宽 3 尺①、深 1 尺种植沟。

1953 年开始发展新茶园，学习苏联的条栽密植技术，荒山荒地种茶进行全垦 25 ~ 30 厘米，按种植方式分别开宽 0.5 ~ 1 米、深 40 厘米的种植沟。为提高种植水平，打破土壤的硬盘层，从 20 世纪 70 年代开始，将深度提高至 50 厘米。

1990 年，句容县高庙茶场拓植无性系良种茶园开种植沟，沟深 50 厘米、宽 60 厘米，采用施菜籽饼作底肥。

1991 年，句容县高庙茶场拓植无性系良种茶园 7.67 公顷，移栽茶苗采用开好种植沟、施足基肥等配套栽培技术，达到一次成园。

---

① 1 尺≈ 33.33 厘米。

2002年，镇江市南山农业科技示范园使用挖掘机开垦，深度达70厘米。普遍于夏、秋开垦，以利土壤风化，来年春季施肥、回土将沟填平，种植前开好播种（栽植）穴。该方式至2020年仍普遍沿用。

2000年后，新植茶园建设主要采取土地平整、土壤有机层建设的方式进行开垦。

土地平整　新植茶园主要采用挖掘机作业。首先用挖掘机把老茶树挖掉，人工配合将茶树枝、根取出，再用挖掘机深翻，深度80～100厘米；夏天晒垡或冬季冻垡，种植前碎垡平整。

土壤有机层建设　新植茶园需要大量有机基肥，进行土壤有机层改良。底层用稻草砻糠深埋，中层施足菜饼、猪粪和一定比例的有机复合肥，以增加土壤通透性和有机质含量。每亩施菜饼50千克、猪粪1000千克、复合肥25千克。

（三）种植方法

1. 茶籽直播

1952年前，采用老式丛播稀植茶园，即将茶籽撒入播种坑内，覆土。

1953年，国营四益农场第六分场种植双行条栽密植茶园3.87公顷。茶籽用盐水浸泡，每穴撒入7～8粒，播种深度3～4厘米，覆细土至地平。每公顷种植39990穴，用种量375千克，成苗数达15万株左右。

1954年，镇江蚕种场第七分场种植单行条栽茶园5.6公顷。每公顷种植19995穴，用种量225千克，成苗数约10.5万株。

2. 茶苗移栽

1959年，句容县下蜀茶场用茶籽培育的实生茶苗移栽双行条植茶园0.8公顷，栽植深度15～20厘米（主根过长者切去），覆土2/3，捺（压）紧，使根系与土壤密接，浇好定根水，再覆细土至地平，离地15～20厘米进行茶苗修剪。每亩栽苗5000株左右，成活率达90%。

1991年春，句容县高庙茶场从福建调运福鼎大毫茶、福安大白茶、福云595茶苗，选择壮苗，起苗后根部打上泥浆，运输时盖上篷布保护茶苗，采用低沟栽植、栽后修剪、粪水浇苗、留苗补缺等配套栽培技术，栽植无性系良种茶园7.7公顷，达到一次成园。1991年秋，农业部种植司和江苏省农林厅园艺处到镇江检查茶叶生产现场，对此给予充分肯定。这一做法被列入《江苏省国有茶场更新改造技术指南》，并于1997年全省国有茶场、茶园大规模更新改造时得到广泛应用。

20世纪90年代后期开始，镇江市五洲山茶场、镇江市南山农业科技示范园、南山茶林研究所等单位在茶苗栽植后，采用黑色地膜茶行覆盖或行间铺草的方式保水、保温，抑制杂草，茶苗生长健壮，当年生长高度可达40 ~ 50厘米。

茶园定植沟（2006年）

茶苗定植后铺草（2006年）

2000年后，良种茶苗栽植方式主要为在土地平整后，开挖60厘米深的种植沟，施足基肥，分次回填土15 ~ 20厘米，将茶苗栽于10厘米内的熟土层；在隔离层施肥，防止肥料烧苗；浇透定根水，修剪茶苗，浇水后覆土；用黑色地膜覆盖，保持土壤湿度，预防夏天干旱伤苗，并抑制各种杂草的生长。采用人工拔草方式，杜绝化学除草和锄头除草伤害幼苗，以确保茶苗的成活率。

幼龄茶园管理现场会（2004 年）

三、茶园管理

（一）茶园间作

1952 年前的老式丛植茶园几乎全部实行间作，间作物除果树外，主要是山芋，还有玉米、大豆、花生、三麦等粮油作物，以解决山区农民自己的粮食问题。

20 世纪 50 年代中后期，镇江茶场在幼年茶园间种绿豆、黄豆、田菁、猪屎豆、苕子等作物。由于田菁、猪屎豆植株高大，园内密不透风，又与茶苗争夺水分、养分；苕子卷须多，缠绕在茶苗上，影响茶苗生长，这类间作物被停止种植。

60 年代末到 70 年代，提倡茶园间作绿肥作物。间种 1 ~ 2 行绿豆、蚕豆、花生等豆科矮秆作物，作幼年茶园的绿肥。随着大部分茶园封行成园以及粮油生产土地产出率提高，80 年代后，很少幼年茶园还间种黄豆、花生作绿肥用，成龄茶园不再进行间作。

1971年，南京林学院在下蜀实习林场建立林茶间作茶园。间作树种有湿地松、柑橘、银杏、水杉等，间作树种配置方式有等距配置、小网络配置、梯田茶园配置。林茶间作改善茶园生态环境，茶树生长在树木的蔽阴下，芽叶持嫩性强，茶叶品质好。一般根据间作树种的树高和坡面宽度决定配置方法，树高10米以上，可隔1～2梯栽1行；树高10米以下，每梯或隔梯栽1行，株距3～5米。由于林茶间作、果茶间作对间作树种的选择要求较高，1997年，镇江茶区茶园大部分采用以沟渠、道路分隔田块，部分种植行道树和防护林的种植模式。

2000年后，为改善茶园生态条件，茶园周边植香樟、栾树、青桐、广玉兰等大乔木，园内配置落叶乔灌木，建立林、果、茶间种生态园。

2003年，镇江市南山农业科技示范园在部分茶园中试种桂花、玉兰、银杏、紫薇等树，并在幼龄茶园中间种蚕豆4公顷，次年开花时及时翻入土中为绿肥，效果显著。句容市高庙茶场在茶园四周间种青桐树等。句容市茅山茶场在茶园间种甜柿等果树。句容市龙山茶场在茶园间种广玉兰、宝华玉兰、榉树、青枫、红叶石楠、太行山冬青、海棠、紫薇等。还有地方间作樱花、紫荆、梨、枇杷等树。

镇江市南山农业科技示范园幼龄间作茶园（2005年）

镇江市南山农业科技示范园茶园（2011 年）

句容市张庙茶场主要间作树种有桂花、红枫、广玉兰、银杏、香樟、紫叶李等树种，2013 年又间作红叶石楠、樟树、苦丁等生态树木，2016—2017 年又间植海棠、樱花、紫薇等树种。该场在有机茶园采用复合栽培技术，筛选引进与茶树具有共性的乔木树苗 8000 株，进行茶—林复合栽培，有效提高光能和土地资源的利用率，充分发挥土地的生产潜力。林茶复合栽培，不仅在一定程度上能提高绿茶品质，而且由于复合栽培导致茶园光照减弱，使茶树叶片的上表皮、栅栏组织和全叶变薄，海绵组织与栅栏组织的比值大，形成叶质软嫩、持嫩性强的特点。同时能形成生物链，增加生物多样性，起到保护“天敌”（茶园中捕食茶树害虫的昆虫类和非昆虫类食虫动物的总称）、减轻病虫害的作用；亦可防止水土流失，改善生态环境和气候。该场还在有机茶园周围营造防护林 2500 株，实施栽培新品葡萄 6000 株，形成隔离带，降低台风侵袭和“倒春寒”对早发品种茶叶的危害程度。

茶园间作树种模式的选择与配置：

银杏—茶树复合型　银杏是中国特有的珍贵树种，集食用、药用、观赏等价值于一身。通过银杏与茶树间作，银杏能为茶树创造适度遮阴的环境条件，有利于茶树的生长发育，同时也能充分利用光能、地力，提高土地的产出率；做到长短结合，解决近期效益与长远效益的矛盾。是一种较为理想的复合间作方式，能获得一次栽植、百年得益的效果。银杏的习性与茶树互为补充，为乔木型，很少有病虫害，形成生物的多样性，起到保护“天敌”的作用。3 年生银杏嫁接苗每隔 5 ~ 6 行茶树间种 1 行，行株距为 9 米 ×6 米。

广玉兰（宝华玉兰）—茶树复合型　广玉兰树在中国南方适宜种植，集观赏、增值功能于一身；乔木型与茶树灌木型相结合，病虫害少；具有上述间作银杏的生态效益。行株距为 10.5 米 ×6 米。

句容市张庙茶场海棠—茶树复合型茶园（2021 年）

红枫—茶树复合型　红枫是中国珍贵的树种，集观赏、增值等功能于一身，与茶树共生，肥、光、水争夺少。行株距为 9 米 ×6 米。

紫花木莲（桂花）—茶树复合型　乔木紫花木莲、桂花是中国江南地区适宜种植的优良树种，集观赏、绿化等功能于一身，很少生虫，与茶树同习性。行株距 9 米 ×6 米。

镇江市南山茶林研究所薛村基地枇杷—白叶一号复合型种植茶园（2016 年）

（二）茶园施肥

1952 年前茶园基本不施肥。20 世纪 50 年代中期开始采用施肥措施，并逐步形成一套合理施肥的技术。

1. 基肥

1953 年，国营四益农场第六分场结合茶园冬耕，在 1.1 公顷丛植茶园和 3.9 公顷条植茶园中穴施、条施堆杂肥和火烧土，每公顷 45 ~ 150 吨。1955 年，镇江茶场提出“每亩茶园一头猪”的饲养方式，在桥头、下蜀、高资生产区建立 4 座猪圈，年饲养生猪 1000 多头，挖草皮垫猪圈，制作堆厩肥，每年冬季结合冬耕施入 10 吨左右猪厩肥，配施过磷酸钙 50 千克。20 世纪 60 年代中后期，上海茶叶进出口公司供应可可饼，小部分茶园每公顷增施可可饼 3000 千克，大部分茶园年均每公顷施可可饼 1500 千克以上。1985 年，下蜀茶场为增加有机肥料，鼓励职工养猪，按质按量收购猪厩肥，促使茶树长势更好。2002 年，南山农业科技示范园在改种换植茶园时每公顷土地施入 30 吨牛粪作底肥，茶园成年后长势旺盛。

随着生产水平的提高以及茶类结构的调整，尤其是名优茶生产大幅度增加，春茶开采提早，茶树施肥的种类、次数、比例、时间发生很大的变化。20 世纪 90 年代开始，茶叶生产转向以名优绿茶为主，普遍施用菜籽饼、大豆饼、鸡粪、复合肥、生物有机肥等商品肥料，已很少使用堆肥、厩肥等农家肥。为将春茶开采期提前，施基肥时间由冬施改为秋施。每年进行深修剪的茶园，也有春茶结束修剪后即施有机肥加复合肥，以代替基肥。

2. 追肥

20 世纪 50 年代中期开始，各地茶场使用硫酸铵、尿素、碳酸氢氨等化学肥料作追肥。开采茶园在春茶开采前 10 ～ 15 天和春茶、夏茶采摘后各施 1 次。全年用量为每公顷施标准肥 750 ～ 1125 千克，各次比例为 30%、40%、30%。

90 年代前，早春每公顷施碳酸氢铵 1200 ～ 1500 千克，以促进春芽萌发；5 月初每公顷施尿素 300 ～ 450 千克，以促夏芽萌发；7 月底每公顷施复合肥 600 ～ 900 千克，利用茶树根系在 8 月上中旬的吸磷高峰，吸收足够的磷元素，加快恢复树势；秋冬季结合茶园翻土，每公顷施菜饼 3000 ～ 3750 千克或厩肥 45 ～ 150 吨。1982—1984 年，丹阳县建山公社三李大队茶场采用该项技术，连续三年保持每公顷产干茶 3750 千克以上，受到省、地区的多次表彰。

随着茶类结构的调整，追肥的种类、次数、比例、时间发生很大的变化。2004 年，丹徒区上党镇墅农茶叶生产合作社 2 月中旬施催芽肥，每公顷施尿素 450 千克；春茶采摘后进行茶树修剪，每公顷施茶籽饼 2250 千克、复合肥 1125 千克；不采夏、秋茶，年施追肥 2 次。基肥施用最佳时间在 9 月中、下旬，每公顷施生物有机肥 4500 千克、复合肥 600 千克。叶面肥和茶叶多功能复合营养液仅在部分茶场作过小面积施用，尚未普及。测土配方施肥技术开始应用。

3. 有机肥替代化肥

2018—2020 年，农业农村部种植业管理司、全国农业技术推广服务中心发布“果菜茶有机肥替代化肥技术指导意见”，提出以有机肥替代化肥，建议替代比例 30% 左右较适宜。镇江市南山农业科技示范园等部分茶园开展试验示范。

4. 水肥一体化

2018 年，江苏茶博园根据茶树连续性和阶段性并存的需肥规律，对茶树进行追肥与喷灌相结合的施肥方法。从 7 月开始每 20 天追肥一次，追肥采用水溶性高的肥料或液体肥料（N：P：K 为 2：1：1），配置成浓度 0.3% ～ 0.5% 进行喷施，每次每公顷用纯氮素 15 千克。从定植后的次年开始，除定时追肥外，春季修剪或者以采代剪后，还需在行间撒施水溶性好的尿素 45 ～ 75 千克 / 公顷，然后喷灌使之溶解。投产茶园还可在春茶采摘前喷施尿素或专用催芽肥，效果也较为显著。常用水溶性肥料有中化、宜化、史丹利等尿素，以及水溶性硫酸钾、碳酸钾、磷酸二氢钾、磷酸二铵及硝态氮肥等；有机水溶肥料有聚谷氨酸、腐殖酸等。

（三）茶园耕翻除草

20世纪50年代中期开始，茶园耕翻除草采用春茶开采前结合施催芽肥进行浅耕，深度3～5厘米，以疏松土壤、清除春草。茶季视杂草萌发情况，一般除草3～5次，冬季则需进行25～30厘米的深耕。

茶园耕翻对改良土壤有积极作用。耕翻按深度分为3种类型：10厘米以下为浅耕，目的是除草保墒；10～25厘米为中耕，目的是疏松耕作层土壤，增加土壤保蓄水分、空气和养分的能力，促进土壤有益微生物生长繁殖；25厘米以上为深耕，作用是增加耕作层深度，扩大根系伸展范围。深耕亦可结合施基肥进行。

80年代，国内有人提出“免耕茶园”，后又改称“免少耕茶园”，是指种植密度大、树冠已郁闭、土壤结构好的茶园，隔一两年进行边缘修剪或用竹、木将树冠夹住后进行一次深耕。在句容县东昌高骊山茶场的密植速生茶园等作过试验，效果欠佳，未作推广。

1987年，句容县高庙、方山、张庙、浮山、九华等茶场开始使用除草剂“镇草宁”，对清除水花生、巴根草有很好的效果，比人工除草经济实惠。

90年代初，部分茶场使用草甘膦、杀草醚等进行化学除草，对清除茅草、巴根草、水花生等宿根性杂草效果较好。用氯磺隆等对新茶园进行封闭除草也

丹阳市丹北镇后巷建林茶场茶园人工除草（2006年）

收到一定效果。但化学除草剂只能除草，不能松土保墒，使用不当会抑制茶树芽叶生长。句容县下蜀、句东等茶场使用中耕除草机在地势较平坦的茶园进行中耕除草，工效高、时效好，大多数茶场幼龄茶园仍以人工除草为主。成龄茶园多数结合中耕施肥进行除草。

（四）茶树修剪

中华人民共和国成立前，传统丛栽茶园不进行修剪，只有当树势衰老时用镰刀从茶树根颈部砍去地上部分。1954 年后，对新发展的茶园开始进行修剪。茶树修剪一般包括定型修剪、轻修剪、深修剪、重修剪、台刈。幼年茶树第一次定型修剪，用修枝剪修剪，第二次定型修剪时因茶树已形成一定分枝，所以先采用篱剪（大平剪）修剪，再用修枝剪整修。20 世纪 50 年代后期，开始对成年茶树进行轻修剪。工具为篱剪，此后篱剪就一直是茶树轻修剪的主要工具。

20 世纪 50 年代中期开始，全市茶场普遍采用茶树修剪技术。60 年代，省农林厅对茶树轻修剪提出具体要求，此后就成为茶园管理的一项固定制度。1980 年开始，由手工修剪逐步实现机械修剪，大面积使用双人、单人茶叶修剪机进行轻修剪作业。镇江茶区在江苏最早推行机械修剪试验。

1980 年，镇江地区林副业局从上海市农机化所购 SG–1 型手动滚切式采茶机 200 台，分配给重点国有茶场。该机结构简单，操作方便，一些茶场用该机进行轻修剪，工效比篱剪高。

80 年代末，日本茶机厂商开始进入中国市场，日产修剪机被引进使用。1989 年，句容下蜀茶场从浙江购进日本川崎茶机公司的 PSM100、120 型（弧形）往复切割式双人修剪机和杭州采茶机厂生产的 AX1040 型双人修剪机，于 1990 年春开始进行大面积机械修剪生产性试验。这类机械使用方便，性能可靠，对茶树基础无特殊要求，工效可以提高 7 ~ 10 倍，成本节省 50% ~ 70%，很快便在省内推广应用。

1990 年，句容县高庙茶场引进修剪机，并成立机械作业组。

1994 年，句容县茶园基础较好的下蜀茶场、赵庄林苗场从南昌洪都飞机制造公司购买 10 台 NCCZ1–1000 型双人修剪机，有些茶叶机剪专业服务户一季就收回购机成本。往复式双人抬修剪机在全省范围内得到推广，各地根据茶园基础，分别选用平形和弧形两种型号，有条件的茶场还配备川崎 PST75R 单人修剪机，用于修边或单人修剪作业。

90 年代后，由于早春高档名特茶畅销，为将开采期提前，增加早春高档原料产量，有些茶场实行茶园分批轻修剪，即部分茶园仍然在春季发芽前轻修剪，而另一部分则在春茶结束时轻修剪，或留春夏秋梢，使来年发芽时间提前。

1. 定型修剪

中华人民共和国成立前，镇江茶树栽植均为丛式，不进行定型修剪。

1953 年后，茶树栽培主要是学习苏联技术，开始引入定型修剪的技术概念。发展的新茶园一般进行 3 次定型修剪，分别是一足龄茶树离地 15 ~ 20 厘米、二足龄茶树离地 35 ~ 40 厘米、三足龄茶树离地 50 厘米进行修剪。经过 3 次定型修剪，茶冠已经形成，开始留叶采摘。

20 世纪 80 年代开始，有的茶场采用“打顶养蓬，以采代剪”或“先采后剪”的方式，对提前投产、提早春茶开采时间、增产名优茶有一定效果。

2. 轻修剪

成年茶园在春季茶芽萌发前或初冬茶树停止生长后进行一次轻修剪，剪除细弱枝条，控制树冠高度在 80 ~ 90 厘米，以利芽叶生长健壮、整齐，便于采摘。

20 世纪 80 年代起，大部分茶场为增产春茶，改在春茶采摘后修剪。

3. 深修剪

茶树经多次轻修剪后，树势减退，细弱枝条增多，树冠逐年提高，此时采用离地 45 ~ 60 厘米的深度修剪方式。

20 世纪 90 年代开始，部分茶场实施精品战略，主攻名优春茶，每年春茶采摘后进行深修剪，不采夏、秋茶（有的在秋末进行打顶采摘），无性系良种茶园培养“立体采摘面”。在抓好肥培管理的基础上，采用这一技术，已获良好效果。

2000 年后，随着无性系早芽良种茶园批量投产，名特茶产量提升，大宗茶控产，多数以采名优茶为主的茶场均采用“立体采摘法”，即在春茶生产结束后立即进行深修剪，培育来年生产枝，一般在 4 月中旬至 5 月中旬进行。2020 年后，为便于病虫害防治，一般在 5 月中下旬进行。同时施追肥、基肥，停采夏秋茶，秋季封园前打顶（未成熟顶叶芽）。

4. 重修剪

衰老茶园进行树冠改造，采用离地 30 ~ 45 厘米重度修剪，离地高度因树种而异。20 世纪 80 年代开始，多数茶场以重修剪代替台刈，效果基本相同。

5. 台刈

台刈是茶树更新改造的一项重要技术措施。1954 年春，镇江蚕种场第六分场将 1.1 公顷生长衰弱的老茶树离地 3 ~ 5 厘米进行台刈，使茶树萌发新芽，进行疏芽，每丛保留 15 ~ 20 根健壮新梢，第二年春离地 45 ~ 55 厘米进行修剪，形成新的树冠，开始留叶采摘，恢复产量。1956 年增产 40%。台刈技术在茶叶生产中得到广泛应用。

1997 年，江苏省实施国有茶园更新改造项目，对衰老茶树进行更新改造。台刈作为改造的一项技术措施，省农林厅将该项技术的具体要求写入《江苏省国有茶园更新改造技术指南》。许多茶场都按要求进行更新改造，每亩获补贴 800 元。

2004 年，句容市高庙茶场制定《台刈修剪技术操作规程》。针对部分老茶园修剪，购进并自行改进 3 台机动镰，对部分茶园进行改造。2004 年 5—6 月，高庙茶场用圆盘割草机进行深修剪或台刈，省工节本，成效非常明显。

（五）覆盖栽培

1. 茶园行间地表覆盖

茶园铺草覆盖是茶园保温保墒的重要方法，也是低产茶园改造的一项重要措施。许多茶场在新拓植茶园中铺草覆盖，用青草或稻草、地膜覆盖于茶园。

1959 年夏，句容县下蜀茶场在 0.8 公顷新植茶园中用稻草、油菜荚壳进行覆盖，厚度 4 ~ 5 厘米，起到保水、保土、调节地温、抑制杂草生长的作用，茶苗成活率、生长高度比不覆盖的高 10% 和 30%，每公顷节省锄草人工 45 ~ 60 个。

1995 年春，镇江市五洲山茶场在栽植茶苗时用地膜覆盖行间地表，茶苗成活率在 90% 以上，当年生长高度 45 厘米以上。其时，茶园铺草覆盖成本低、效果好，地膜覆盖费工费本较多，故暂未大面积推广，2000 年后迅速推广应用。

2. 塑膜棚架覆盖

1996 年，句容市张庙茶场在福鼎大白、大毫茶园建钢管大棚 1.6 公顷，由于采用早芽良种，并且棚内覆双层膜，保温性增强，开采期更早，增收效果更好。2007年，又与中国茶叶研究所合作实施“无性系良种茶大棚抗逆栽培研究与应用”项目，示范栽培大棚茶1公顷，主要品种为乌牛早、浙农139、龙井43。大棚茶园在一定程度上减少了“倒春寒”对茶树的影响，并能提前1个月开采，抢先占领早春市场。

句容市茅山茶场大棚茶园（2004年）

2002年9月，句容市高庙茶场进行茶园温室设施建设。经总体规划后，用1个月左右时间，建立无公害茶园大棚设施。同年10月，大棚茶园的增温、喷灌、补光设备及其配套沟、渠、路全部完成。大棚茶经过3个月的精心呵护，嫩芽萌动，12月底正式开采，元旦上市。无公害大棚“茅山长青”茶一经上市，就以每千克6000元的价格被抢购一空。

2003年，句容市高庙茶场在成年龙井长叶茶园中建钢架塑膜大棚0.33公顷，棚内能控温、控光、增湿、通气。大棚茶园春茶开采期比同类茶园提早20天左右。一些规模较大、经济实力较强的茶场已建立小面积塑膜棚架覆盖茶园。

大棚茶园最多时全市达6.7公顷以上，主要集中在句容市张庙茶场、高庙茶场、方山茶场、赵庄林苗场、下蜀茶场等。由于大棚茶园管理要求高、投入成本大，产量不高，质量与正常开采的春茶差距大，经历短暂几年试产后，随着乌牛早等特早芽品种的推广，外地早春茶的涌入和市场追早心态的弱化，逐渐减少，至2010年几乎停止此类操作方式。

四、低产茶园改造

对产量、质量和效益低的茶园进行增肥改土，修剪复壮或改种换植。1960年，下蜀茶场对1公顷缺株30%以上、水土流失严重、亩产量比同龄茶园低50%的六年生茶园进行补植缺株。通过深耕30厘米，每亩施猪厩肥15吨、过磷酸钙50千克，树冠重修剪，整修排水沟系等方式，该茶园第三年达到同龄茶园生产水平，之后成为一块丰产茶园。

1994年，丹阳市多种经营管理局园艺科在建山乡尚庄村的茶叶专业户茶园内，对衰败茶树进行台刈改造试验。5月下旬划出10亩茶园，将茶树离地5厘米处，用桑剪剪除整个树冠，而后对茶园进行全面耕翻，切断大部根系，并下足基肥。1个月后，茶树基部和留下的干茎部发出新芽，长成新梢。1年后，株茶树的新枝达到12 ~ 16根，再结合打顶采摘，当年分枝数达到22 ~ 30个。第2年已形成20 ~ 25厘米的采摘面，第3年形成35 ~ 40厘米的采摘面，使衰败茶园重新恢复生机。丹阳市屯甸茶场、胡桥茶果场、嘉山苗圃以及一些茶叶专业户都陆续采用台刈的办法，对衰败茶园进行全面改造，改造总面积80公顷。

2002年，镇江市南山农业科技示范园内20世纪80年代初种植的8.3公顷槠叶群体种茶园，由于失管严重，树势衰退，低产低效。当年和次年实施改种换植，用挖掘机将老茶树挖除，全面深耕70厘米，开挖种植沟，施好底肥，双行条植无性系良种茶苗，园区栽植防护林带，做到一次成园，3年后产值比原来增长近1倍。

第三节　茶园灾害

镇江茶区的茶叶产业是在同自然界各种不利因素抗争中发展起来的。1949—2020年，茶叶生产遭遇到各种灾害的侵袭，其中干旱、湿害、冻害及茶树病虫害给茶叶生产造成威胁，成为镇江茶区的主要灾害。

一、旱灾

（一）重大旱灾

镇江茶区的茶园主要分布在丘陵山区，由于缺少水源，旱灾是茶叶生产的最大威胁，尤其是伏旱、秋旱较常见。

1966—1968 年，镇江茶区连续三年大旱，其中句容县茅山茶场、方山茶场、高庙茶场等坡地茶园干旱严重，多数茶树大量落叶，部分茶园茶树枯死，茅山茶场茶园茶树死亡率在 15% 以上。

1978 年，句容遭遇特大干旱。据《句容县志》记载，从 5—9 月，句容降水量只有 166.7 毫米，持续 35℃以上的高温达 25 天。当年种植的 345.3 公顷新茶园，幼苗存活无几。镇江茶区茶叶产量比上年减少 48%，受旱灾最严重的茅山茶场，茶树枝叶枯焦，有的植株死亡，66.7 公顷茶园茶叶产量从上年的 60 多吨下降至 15 吨，减产 70%。句容县九华茶场虽经全场干部职工奋力抗旱，场内塘坝水全部抽干，岗坡上的茶树仍枯死 30% ~ 40%，有的茶园整片枯死，全场经济效益急剧下降，职工只能领取基本生活费。高庙茶场购置 7 台喷灌机引水翻水，全场职工奋力抗旱保茶。

1994 年又出现持续高温干旱天气，6—8 月降水量比常年少 60% 以上，日均温度比常年高 2 ~ 3℃，新植茶园茶苗死亡率在 30% 以上，开采茶园比上年减产 20% 以上。

2016 年 8—9 月，持续高温、无雨，镇江茶区部分茶园出现旱热灾害。受害程度不一，从表象上看，可分为轻、中、重三种情况：轻度的表现为受害茶树仅部分叶片出现变色、枯焦，枝条上部芽叶仍呈现部分绿色，占 25% ~ 35%；中度的表现为受害茶树多数叶片出现枯焦或脱落，但枝条顶端叶片或茶芽尚未完全枯死，茶蓬叶层厚度减少，占 25% ~ 35%；重度的表现为受害茶树叶片枯焦脱落，蓬面枝条已枯死甚至整株死亡，占 15% ~ 25%。镇江思泊丽农业有限公司在丹徒区上党镇墅山村、高资街道水台村新植茶园受损严重，镇江市园艺技术指导站调查后得出主要原因：一是茶园土地平整，有部分为水稻田，没有深翻，而是采用填土 50 厘米左右的方式，不适宜茶苗的生长；二是茶苗栽植后，没有及时铺草或覆地膜，不利于保墒保土；三是茶园管理方面存在培土过度的问题，存在不当使用除草剂的问题；四是持续高温干旱，没有采取有效的抗旱措施。

2019年秋冬季，镇江茶区出现中到重度干旱，茶园周边水源干涸，无水可灌，冬旱持续严重。全市丘陵地区1/2以上的茶园出现不同程度的叶面干枯，茶树叶片脱落，甚至新梢枯死，直接影响次年春茶品质和产量。

（二）抗旱救灾

由于干旱对茶叶生产的严重威胁，茶场、茶农迫切要求兴建茶园水利工程。1976年，丹阳县建山公社三李大队茶场建园时在8.5公顷茶园内开挖每个能容水5吨以上的蓄水池36个，以确保干旱时给茶苗提水灌溉。

1978年，句容县赵庄林苗场（以茶为主）配备移动式喷灌机组，将动力、水泵、喷头、管道组装，利用灌溉渠、蓄水塘水源进行喷灌。这种方式可一机多用，利用率高，投资仅为固定式喷灌茶园的20%左右，经济实用。

1979年，江苏省农林厅、水利厅、镇江地区水利局安排茶叶抗旱经费，引导茶场自筹资金兴建水利工程。句容县茅山茶场开挖蓄水塘，从二圣水库引水灌溉。句容县下蜀茶场在桥头、下蜀2个生产队建造泵站，引入长江水，建立固定式喷灌茶园46.7公顷。市郊区五洲山茶场、丹阳县胡桥张家庵茶场相继建立喷灌茶园13.3公顷。这批固定式喷灌设施虽在抗旱中发挥了积极作用，但由于管道、机具的质量欠佳，维修和使用费用较大，几年后被弃用。

1982—1983年，丹阳县胡桥公社张家庵大队茶场在县供销社的支持下，在12.2公顷茶园内兴建喷灌设施。逢伏旱和秋旱时，每天喷灌1～2小时，使该场夏、秋茶产量都达到春茶的水平。

1985—1989年，丹阳县（市）人民政府每年都从农用柴油的计划中拨出数十吨平价柴油，用于茶园的灌溉。

根据镇江茶区的气候、土壤情况和多年的茶叶生产实践，各地茶场采取多种应对旱灾的措施，比如选择立地条件好的地块种茶，改善园区生态环境；选种适应性、抗旱性强的茶树品种；规范种植，加强茶园肥培管理，松土保墒，改善土壤理化性状，增加行间地表覆盖物等，减轻干旱对茶树的危害。

干旱对幼龄茶园影响最大。2000年以后新发展的茶园多数配有滴灌系统，有效提高了茶树的成活率。

二、湿害

20 世纪 80 年代前，镇江茶区不少茶场的茶园存在湿害。

1989 年，句容县多种经营管理局与省丘陵地区农科所合作，对句容茶区进行测试分析，初步摸清造成茶园湿害的土壤质地原因。句容茶区土壤属黏盘黄棕壤地区，成土过程中的黏粒和硅、铁等胶结物在 30 ~ 60 厘米深处积聚，形成特殊的铁锰结核黏重构造，孔隙少，结构致密，容重达 1.63 克 / 立方厘米，坚实度为 2.9 克 / 立方厘米。总的孔隙只有 40.1%，非毛管孔隙只及表土层的 52%，严重阻碍水、气上下运动和茶树根系生长。据测定，黏盘层的渗水速度为每分钟 0.01 毫米，而表层土（0 ~ 20 厘米）为 6 毫米。一次 10 毫米的连续降水过程，垂直下渗，透过表层只需 16.7 分钟，而渗至黏盘层下则需 166.7 小时（约 7 天）。由于黏盘层的阻碍，雨季下渗水分较长时间滞留于 0 ~ 30 厘米耕作层内，这是造成茶园湿害的实质原因。为此提出以下 2 种改良土壤、解除湿害、促进茶树生长的措施。一是理顺水系，沟渠配套，排除地面水，降低地下水。二是增施有机肥，多种青绿肥，改良土壤，提高肥力。句容县九华茶场、丹阳市屯甸茶场种植的 3.3 公顷茶园，受湿害困扰，茶树根系生长受阻，树势衰弱，少数植株烂根死亡。通过开挖深沟、建造暗沟、降低地下水位、增施有机肥料等治理措施解除湿害。种植在丘陵岗地的茶园，由于建园时没有将土壤的黏盘层打破，透水、透气性能差，少数地势较低的地块也产生了局部湿害。通过深耕改土、整修排水沟系后，问题得到缓解。

三、冻害

茶树冻害主要是冬季干冻和春季晚霜与“倒春寒”。

1990 年前发展的茶园，大部分是中、晚生群体品种，且为种子直播建园，抗性强，春茶开采期多在清明后，出现冻害的概率较小。茶园冻害主要是在少数极端冬冷年份出现的茶园低温冻害。常规防控措施是：在茶园四周栽植防风林带，以及在上年 7 月底给茶树补施磷肥，强壮树势，预防冬季冻害；早春进行茶园修剪，剪除受冻部位，使其重新萌发新芽。遇到极端天气年份，主要采取冬季培土壅根、茶园漫灌、熏烟等预防冻害措施。

20 世纪 90 年代开始，随着茶树早生品种的发展，霜冻对早生品种的危害较大。1991 年开始，润州区五洲山茶场从浙江永嘉引进特早芽种乌牛早，春茶开采期提早至春分前。之后，镇江市南山茶林研究所、镇江市丹徒区上党镇里、墅墅香、句容市高庙茶场等单位均引种栽培乌牛早。这些茶园易遭受晚霜危害，轻则低洼地段树冠上部芽苞受损，重则全园芽苞枯萎。

1993 年起，镇江茶区冬季经常出现暖冬现象，导致茶树萌芽期提前；但到清明前后，又出现“倒春寒”，低温霜冻，甚至下春雪，使已经萌发的茶芽受冻，芽叶变红、新梢枯萎，造成春茶开采推迟，不仅产量受损，也影响成茶品质。

1993 年 3 月 20 日—22 日的一场雪，茶蓬内最低温度降到 -3℃，使在 3 月中旬就已萌芽的无性系良种茶树全部遭受冻害，春茶减产 60%。

在预防茶树冻害尤其是“倒春寒”上，很多茶场经过多年生产实践，总结出不少行之有效的办法，主要有选用抗寒性良种，冬季培土壅根，茶园熏烟防冻、灌水防冻，控制施催芽肥时间，树冠覆盖遮阳网或稻草，在茶园周围建设防护林以阻挡外围的冷空气进入，建立以茶为主，林、茶复合经营的生态茶园等。

1994—1999 年，丹阳市多种经营管理局园艺科推广无性系良种茶树早春喷施 K-4 防冻剂，茶树萌芽后再喷施金邦一号植物生长调节剂的技术，较有效地预防了早芽种茶树的冻害。

2004 年 3 月，高庙茶场建设茶园防冻设施，以北坡向的 10 公顷乌牛早品种为实施对象，茶园内建立钢架结构，并配套遮阳网。茶园覆盖遮阳网既达到防冻效果，又可以在夏秋季遮挡紫外线强力照射，改善鲜叶品质。

镇江市南山农业科技示范园防霜扇（2007 年）

2006年，镇江市园艺技术指导站在全国率先从日本引进茶园高架防霜扇技术，在镇江市南山农业科技示范园开展技术研究、试验、示范。2006年，由镇江市科技局科技项目立项攻关，在国内首家成功引进茶园防霜冻害智能防控技术，整体水平国内领先。2007年3月5日—6日，严重霜冻造成多数乌牛早茶园茶芽冻死率达九成以上，有防霜设施茶园有效地防止了早春茶树萌动时期霜冻，茶芽完好率在90%以上。2007年3月中旬，江苏省农林厅在镇江市南山示范园专题召开茶园防霜冻现场会推广该技术。2007年，镇江市南山农业科技示范园与日本古田电机株式会社合资创办国内首家农业防霜专业服务企业——镇江古田农业环境工程有限责任公司，面向全国推广茶园防霜技术及其配套设备地。2007年，推广到浙江杭州中国茶叶研究所试验茶场（龙冠公司基地）、安吉溪龙乡安吉白茶基地及宁波等地。2007—2009年，在丹徒、润州、句容、丹阳、无锡、宜兴、浦口、溧水、常熟、仪征、连云港等地相继建立试验、示范点，进行多年多区域试验示范。2009年，通过镇江市科技成果鉴定和江苏省农业机械推广鉴定，并被列入国家农机支持目录。2010年，获镇江市科学技术进步奖三等奖。2010年后在安徽滁州、山东泰安、浙江丽水、陕西延安等地的茶果园中示范应用，随着该项技术及防霜机从镇江推广到全国各地，引来茶界同行到镇江考察交流。2012年，镇江市园艺技术指导站主持起草江苏省地方标准《茶园防晚霜冻技术规程》。2014年4月，以此为核心技术的《茶园灾害智能防控技术集成示范》通过省级验收。

四、虫害

1960—2010年，镇江茶区主要虫害有小贯小绿叶蝉、茶橙瘿螨、茶尺蠖、黑刺粉虱、绿盲蝽、椰圆蚧、茶蚜等。

20世纪50年代后期至60年代初，镇江茶区大部分是幼龄茶园，茶树虫害以体型较大、咀嚼式口器为主要害虫，如茶蓑蛾、茶刺蛾等，采用人工捕杀或用滴滴涕、六六六等农药防治。60—70年代，镇江茶区大部分茶园封行投产，害虫种群演变，体型小、刺吸式口器的害虫种类和发生的代数增多，如叶蝉类、绿盲蝽、螨类、蚧类、茶蚜等成为主要害虫，普遍使用菊酯类、有机磷类农药进行防治。

1974年国务院发文，明确禁止滴滴涕、六六六等农药在茶叶上应用。1978年，江苏省革命委员会农林局转发农业部《关于在茶叶等作物上禁止使用高残留农药的通知》，重申茶园禁用六六六和滴滴涕，并要求农资部门大力推广高效、低毒农药，优先供应茶区。此后有机磷农药乐果、敌敌畏、锌硫磷等得以推广，并宣传执行采茶前农药使用安全间隔期的有关规定。镇江茶区全面推行秋茶后茶园喷石硫合剂封园技术，大大降低越冬虫口密度。

1978年，有些茶园采用丹阳电子研究所生产的静电喷雾器，小面积试用提高工效15～30倍，并降低残留量，但因价格较高、对郁闭封行成龄茶园防治效果较差等原因而没有大面积推广。

20世纪90年代后，农业部发布、实施农业行业标准，对生产“无公害茶叶”“绿色食品”“有机茶”使用农药的品种、防治对象、剂量、方法、次数、安全间隔期作明确的规定。镇江茶区的国有茶场和部分集体茶场严格执行农业部有关规定，茶树保护由以化学防治为主向安全植保综合防治转变，以建设生态茶园为目标，将害虫控制在经济危害水平以下。在防治措施上，以农业措施为基础，尽可能应用生物、物理防治手段，加上国有茶场生产责任制的落实，茶园病虫害防治质量的提高，很多茶场的茶园做到有虫无灾，茶园生态环境有明显改善。

2015年，禁止生产销售和使用的农药有41种，百草枯水剂于2016年7月1日起停止使用，胺苯磺隆复配制剂、甲磺隆复配制剂于2017年7月1日起禁止使用。限制在茶树上使用的化学农药计12种，即甲拌磷、甲基异柳磷、内吸磷、克百威、涕灭威、灭线磷、硫环磷、氯唑磷、灭多威、硫丹、三氯杀螨醇、氰戊菊酯。

2010—2020年，镇江茶区茶树主要害虫种类有小贯小绿叶蝉、茶尺蠖、茶橙瘿螨、绿盲蝽、茶叶瘿螨、茶黄蓟马等，小贯小绿叶蝉和茶尺蠖发生最为严重。

（一）小贯小绿叶蝉

小贯小绿叶蝉，昆虫纲，半翅目，叶蝉科。以成虫和若虫吸取芽叶汁液，导致茶树芽叶生长迟缓，焦边、焦叶，轻则造成茶叶减产，重则绝收。

20世纪70年代初期逐步上升为主要害虫，全市茶区普遍发生。化学防治主要使用乐果、扑虱灵、天王星、吡虫啉等农药。每年虽有大量发生，但均能得到有效控制。1985 年前一直被误认为是小绿叶蝉，2015 年前又被误认为是假眼小绿叶蝉。

1994 年，丹阳市多种经营管理局园艺科对茶园内该虫进行跟踪调查研究，发现该虫一般在 10 月中、下旬由茶园外草丛和蔬菜园内迁徙至茶园，在茶园内越冬。第二年春季在茶园内产卵并孵化若虫，危害茶树嫩梢。4 月底前又迁徙出茶园，并大都聚集在茼蒿菜上。6 月上旬至 8 月上旬，再次迁徙至茶园内危害茶树，8 月中旬又飞出茶园，在茶园周围杂草上吸食汁液，其中以野蒿、野胡萝卜上聚集最多。根据小贯小绿叶蝉的生活习性，自 1995 年起，动员茶农在清除茶园杂草的同时，对茶园周围的杂草也要加以清除。同时，要求茶农不在茶园内和靠近茶园的外围种植茼蒿、胡萝卜等蔬菜；在夏、秋茶不采叶的情况下，用内吸剂农药对茶树进行喷洒；秋冬清园后再给茶树喷一次石硫合剂。

1. 发生特点及其习性

镇江地区一年发生 10 代左右，田间可见虫期为 4—11 月，防治时间在 6—10 月，若虫比例多时防治。发生特点：世代重叠，趋嫩为害，怕阳光直射，稍受惊动即下逃，有露水时活动很弱，卵产在绿色嫩茎内，以芽下二叶、三叶茎内最多。

2. 发生与环境的关系

气候影响　季节性温度，湿度和降雨对小贯小绿叶蝉的虫口消长具有普遍的影响。旬平均温度 15 ~ 26℃，时晴时雨，适温高湿的季节最适宜发生。旬平均温度大于 28℃，多雨、干旱，均不适宜其发生。

茶园环境与茶树品种的影响　茶园所处地势看，一般背风向阳的茶园，由于冬季较暖，越冬虫口基数较大，春季往往发生较早。肥培条件好、长势郁蔽、芽叶稠密，或留叶较多、杂草丛生、林茶间作等，虫口一般均发生较多。不同的茶树品种间，一般以萌发较早、芽叶较密、持嫩性较强的品种受害较重。

3. 防治方法

鉴于小贯小绿叶蝉世代重叠严重，虫口增长迅速，加之尚无有效生物防治途径，在防治策略上以药剂防治为主，同时加强农业防治和物理防治。

农业防治 加强茶园管理，主要是及时除草，减少虫源，喷药前清除杂草，更有利于提高药杀效果。茶叶及时分批采摘，减少适宜的食料和产卵场所，也可清除大量虫卵，对小贯小绿叶蝉的发生有一定的抑制作用。

物理防治 利用黄板诱杀。根据小贯小绿叶蝉的趋黄特性，在茶园中悬挂黄板诱虫，以黄板底部至中部悬挂高度与茶树顶梢平齐为宜，当该虫跳跃撞击黄板时，黄板的胶即将其粘住致死，从而达到诱杀该虫的目的。根据试验，每亩茶园用黄板 30 ~ 40 张（20 厘米 × 30 厘米），就能较好地控制该虫的危害。

药剂防治 根据虫情和药剂供应情况，按防治指标在虫口高峰出现前进行防治，虫口较多的茶园及时秋后防治，压低越冬基数。选用 15% 茚虫威乳油 2500 ~ 3000 倍液（合每亩 18 毫升，安全间隔期 7 天）、2.5% 三氟氯氰菊酯 6000 ~ 8000 倍液（合每亩 12.5 ~ 15 毫升，安全间隔期 5 天）、10% 氯氰菊酯 6000 倍液（合每亩 15 毫升，安全间隔期 3 天）、2.5% 溴氰菊酯 6000 倍液（合每亩 15 毫升，安全间隔期 5 天）、2.5% 联苯菊酯 3000 倍液（合每亩 25 毫升，安全间隔期 6 天）等。

在茶园田间发现虫量较高时，第 1 次喷施 1 周后再喷 1 次，可喷杀新孵化的若虫。喷药时间在若虫比例比较大时防治。夏季防治时在上午或下午 5 点后。喷药时向前进方向喷药，提高触杀剂的效果。

（二）茶尺蠖

茶尺蠖，又名拱拱虫、量寸虫，属鳞翅目尺蠖蛾科。幼虫首先嚼食嫩叶，直接造成茶叶减产，严重时整丛被害而造成光秃，一般以夏、秋茶受害较重。除危害茶树外，还危害向日葵、豆类等植物。

20 世纪 80 年代后期，春城茶场 3.3 公顷茶园发生茶尺蠖，每丛茶树多达上百条，走到茶园边可听到虫吃茶叶的“沙沙”声，嫩梢被吃光，树冠上部枯黄。2020 年，各地茶园仍有局部发生。

1. 发生特点及其习性

茶尺蠖一年发生 6 代，以蛹的形态在茶丛根际表土内越冬。越冬蛹于 3 月中下旬变蛾，第 1、2 代初孵幼虫分别于 4 月中旬、5 月下旬发生，以后大体每月发生 1 代，直至 10 月中下旬，第 6 代老熟幼虫入土越冬。1、2 代发生比较整齐，分别危害春茶、夏茶，3 代后世代普遍重叠，发生盛期尚较明显，全年以第 4、5 代于 8—9 月发生最多，秋茶受害最重。

幼虫活泼，初孵幼虫即能迅速爬行，不畏阳光，爬至茶梢嫩叶上取食。二龄后畏阳光，晴日常栖于叶背或丛间，夏季在茶行两侧虫口较多。栖息时常作拟态，仅腹足固定立脚点，虫体翘起，如同小枝，不易觉察。有假死性，受惊即吐丝下垂，多夜间取食，以黄昏及清晨前危害最盛。一龄幼虫取食嫩叶叶肉，残留一层表皮，呈现点状焦斑。二龄幼虫开始蚕食叶缘，形成缺刻。三龄后食量大增，不分老嫩叶，大肆嚼食，甚至连同叶脉吃光。幼虫老熟后即落至树冠下，潜入表土 1 ~ 1.5 厘米深处作土室化蛹，以在根际 5 厘米内为多。越冬蛹入土深可达 2 ~ 2.5 厘米，且以茶丛南面较多。

2. 发生与环境的关系

气候影响　春季气温高，第 1 代发生就早。生长季节雨水充足，雾湿较大，有利于雌蛾产卵和孵化成活，长期干旱则孵化成活率下降。严冬气温特低，则越冬蛹死亡率增加，这些都直接关系到来年的发生基数。

茶园环境影响　茶尺蠖发生和危害地区的现状表明，首先与地势有关，一般以平地，丘陵及低山茶园发生较多，避风向阳发生较早，危害亦较严重。茶园土壤则以沙质土壤最宜发生，因其疏松保水，利于蛹期发育。雌蛾喜选择郁蔽繁茂、叶色浓绿的茶丛内产卵。这样的茶园也有利于幼虫生长发育。

天敌影响　幼虫期天敌主要有茶尺蠖绒茧蜂、单白绵绒茧蜂、茶尺蠖瘦姬蜂及寄生蝇等，其中以绒茧蜂作用较大，寄生于一至三龄幼虫体内。幼虫期天敌还有鸟类、蜘蛛、蚂蚁等捕食及寄生线虫。此外，卵期常有卵蜂寄生，蛹期有蚂蚁捕食和姬蜂、菌类寄生。

3. 防治方法

根据茶尺蠖的发生特点，在防治策略上应围歼越冬代，狠治 1、2 代，兼治 3、4 代，挑治第 5 代。

农业防治　结合耕作，灭蛹除卵。冬季结合深耕使越冬蛹深埋土下，不能变蛾出土，或翻至土面增进越冬死亡或为其天敌消灭。有条件时对重点地块组织人力于冬季挖蛹。

物理防治　灯光诱杀成虫。在各代成虫发生期，每天夜晚点灯诱蛾，或每晚取 1 ~ 2 头未交尾的活雌蛾诱杀雄蛾。

药剂防治　在各代幼龄幼虫盛期，三龄前进行防治。选用15%茚虫威乳油2500～3000倍液（合每亩18毫升，安全间隔期7天）、2.5%三氟氯氰菊酯6000～8000倍液（合每亩12.5～15毫升，安全间隔期5天）、10%氯氰菊酯6000倍液（合每亩15毫升，安全间隔期3天）、2.5%溴氰菊酯6000倍液（合每亩15毫升，安全间隔期5天）、2.5%联苯菊酯3000倍液（合每亩25毫升，安全间隔期6天）等，或茶尺蠖病毒1500倍液（合每亩30毫升，安全间隔期6天），其中菊酯类农药每年使用次数不超过2次。

（三）茶橙瘿螨

茶橙瘿螨，又名茶锈壁虱，属蛛形纲蜱螨目壁虱亚目瘿螨科，主要刺吸危害茶树成叶和幼嫩芽叶，受害芽叶叶背呈现红褐色锈斑，叶脉变红，叶片卷曲、铜红色，芽叶萎缩，甚至芽叶枯褐，造成落叶，显著影响产量和质量。夏、秋茶受害较重。除危害茶树外，还危害油茶、梨等多种植物。20世纪60年代后期成为茶树主要害虫。

1. 发生特点及其习性

一年发生25代左右，5～10天完成一代（防治要早），迁移能力很弱（茶行之间留有空隙有利于隔离），有明显的“发虫中心”，趋嫩为害，全年两个高峰（6—10月间出现）。茶橙瘿螨的迁移能力很弱，主要随芽梢生育从原危害叶逐步向新生嫩叶上爬迁，但可借助风、雨、人、畜、苗木携带进行远距离扩散。春季田间常可呈现零星点片的“发虫中心”，后随虫口增长，迅速向整个茶园蔓延。

2. 影响发生的主要因素

气候条件　茶橙瘿螨适于气温18～26℃时晴时雨的气候下发生。当日平均气温超过30℃，空气相对湿度降至70%，干旱或雨量偏大，雨日偏多，均不利其发育和繁殖。暴风雨时可致虫口一时急剧削减。

茶园栽培条件　主要与茶园小气候、芽叶生育和采摘有关。一般阳坡茶园比阴坡茶园虫口多，春后发生较早，危害较重。肥培条件好、生长比较郁蔽的茶园，虫口往往较多，春后随一轮芽伸展，虫口上升。又随一轮芽采摘，一时茶丛新梢减少，虫口下降。待下一轮芽伸展，虫口再随之回升。

茶树品种　总的来说，叶质柔嫩、持嫩性强的品种虫口发生较多，叶质厚脆、持嫩性差的品种虫口较少。品质欠佳、发芽密度低的品种发生量少，品质好、发芽密度高的品种发生量高。

3. 防治方法

农业防治　采摘茶园适当增加采摘批次，及时分批采摘，抑制虫口发生。采用春后修剪技术可适当推迟茶橙瘿螨的发生期，同时在修剪时留足间距可减少螨的扩散速度。

物理防治　干旱时喷灌茶园，利用喷灌水的冲力，可冲掉叶片上附着的约90% 的茶橙瘿螨，提高防治效果。

生物防治　可利用自然天敌，特别是捕食瓢虫和捕食螨。

药剂防治　在防治策略上，宜在早期挑治“发虫中心”的基础上，着重开展 2 次虫口高峰前期防治。新建茶园，可用石硫合剂进行种苗前处理。防治药剂选用帕力特 6000 倍液（合每亩 15 毫升，安全间隔期 10 天）、哒螨灵 2500 ~ 3000 倍液（合每亩 20 毫升，安全间隔期 7 天）、克螨特 3000 倍液（合每亩 18 毫升，安全间隔期 10 天）、阿维菌素 6000 倍液（合每亩 10 毫升，安全间隔期 15 天）。

（四）绿盲蝽

绿盲蝽，属半翅目盲蝽科。主要刺害芽尖，亦可刺芽下一叶，危害后芽面呈现红点，2 ~ 3 天后变为红褐或黑色枯死斑点，芽梢弯曲，继之随芽叶伸展，叶面形成不规则的孔洞或破烂，受害叶片粗老，严重时芽叶伸展停滞，甚至芽尖焦枯死去。受害芽叶采制的干茶，条索粗松，碎末多，香气低，味淡且涩，显著影响茶叶品质。除危害茶树外，还危害蚕豆、棉花、蒿类、马兰花、漆树等植物。20 世纪 90 年代成为全市茶树主要害虫，其防治措施与叶蝉类害虫相同。

1. 发生特点及其习性

绿盲蝽一年发生 5 代，只有第 1 代产生严重危害，第 5 代绿盲蝽成虫迁入茶园产卵越冬。

绿盲蝽生活隐蔽，活跃，趋嫩危害。成虫、若虫均爬行迅速，受惊即逃匿不见，且成虫善于飞翔，致田间芽叶受害较多，虫口难大量发现。成虫、若虫晴天日间多隐藏于茶丛内，夜晚、晨昏爬至芽叶上活动，阴湿天气危害更烈。

2. 影响发生的主要因素

越冬基数　绿盲蝽以卵在茶园内越冬，越冬卵量与翌年发生量有明显的相关性，一般来说，福鼎大毫种及福鼎大白茶种茶园内平均百枝卵量小于1粒为轻发生年份，1 ~ 5粒为中等发生年份，5粒以上则将大量发生。且越冬卵量与福鼎大毫、福鼎大白茶等品种及茼蒿草的面积有关，面积越大，越冬卵量越高。

气候条件　适温多雨是绿盲蝽大发生的气候条件。早春卵需在旬均温达11℃以上，并伴以较大的空气相对湿度下孵化，气温在15 ~ 25℃，空气相对湿度大于70%时，最适宜发育繁殖，高温干燥则不利其发育，4月如遇低温则严重抑制绿盲蝽的发生。常年3月气温回升较快，4月温度较高，绿盲蝽孵化整齐，发生量也较大。夏季高温及其延续期的长短，对3、4代绿盲蝽有很大影响，温度在35℃以上，且高温持续期超过10天，绿盲蝽数量明显降低。

茶树品种　绿盲蝽对茶树品种有极强的选择性。不同品种田内，绿盲蝽的发生量有显著差异，福鼎大毫茶及福鼎大白茶等大中叶品种明显重于宜兴群体等小叶品种。

食料因素　绿盲蝽具趋嫩危害习性，春季茶芽幼嫩，氨基酸含量高，绿盲蝽生长发育迅速，且集中在茶园内危害。随着茶叶的不断采摘，持嫩性渐差，当茶园外杂草野花盛开时，成虫陆续迁至杂草上取食花蜜。后几代由于食料环境的恶化，虫量会急剧减少。

3. 防治方法

农业防治　狠抓秋末防治，控制越冬卵量。末代绿盲蝽成、若虫大部分集中在茼蒿上，秋末对园边茼蒿进行化学防治，可降低末代成虫迁入茶园的数量。根据绿盲蝽成虫随茶花开放迁入茶园的习性，在茶花盛开期，结合封园防治，既可杀死茶园内绿盲蝽，又可拒避园外成虫的迁入。清除园边杂草，及时分批勤采。鼠麦草和茼蒿是绿盲蝽的重要寄主，清除这两种杂草，可恶化绿盲蝽的食料环境，起到“断桥”作用。分批勤采可减少茶芽数量，对初孵若虫的取食影响较大，可抑制该虫的生长发育。同时初孵若虫喜居于第一叶的叶腋内，勤采能带走部分若虫，减少田间虫量。

物理防治　利用黄板诱杀。绿盲蝽成虫有一定的趋黄性，在秋末绿盲蝽成虫迁入茶园时，在茶园周边悬挂黄板进行诱杀，可减少进入茶园产卵越冬的绿盲蝽成虫数量。

药剂防治 应在孵化高峰期进行。药剂种类较多，防治效果比较好的有40% 辛硫磷乳油 800 倍液（安全间隔期 7 天），10% 联苯菊酯乳油、2.5% 溴氰菊酯乳油 6000 ~ 8000 倍液（合每亩 10 ~ 15 毫升，安全间隔期 7 ~ 10 天）。

（五）茶叶瘿螨

茶叶瘿螨，又名茶紫瘿螨、茶锈壁虱、茶紫蜘蛛，属蛛形纲蜱螨目瘿壁虱亚目瘿螨科。主要刺吸危害成叶和老叶，茶叶被害后，叶面色暗淡且无光泽，沿叶脉散布许多灰白色蜕皮壳，似尘埃，进而叶面逐渐呈现紫铜色，叶质变脆易裂，两侧略向上卷曲，最后干枯脱落，显著影响茶树生长和茶叶质量。放大可见虫体、蜕皮和叶面散生被害褐色细斑。除危害茶树外，还危害山茶等。

1. 发生特点及其习性

一年约发生 25 代，主要以成螨在叶背越冬。春暖后开始繁殖危害，虫口不断增长和积累。在镇江以 6—8 月虫口发生较多，秋后也常有回升，晚秋下降，夏、秋茶受害较大。

各虫态螨均多在成叶、老叶叶面危害，且多聚集在主脉两侧和低洼处，并积有大量灰白色蜕皮壳。叶背虫口较少，晴天中午，叶面虫口也常暂时向叶背转移。春季早期亦常于零星茶丛上发生，形成“发虫中心”，且常以靠近边缘的茶丛上虫口较多，而后逐步扩散蔓延。其生活习性和发生与茶橙瘿螨相似，且常混合发生。

2. 防治方法

农业防治 选用福鼎大毫等抗性品种，冬季或春前修剪，可压低螨口基数，有助于推迟第 1 代高峰的到来。及时分批勤采，减少害螨食料，有利于控制螨口数量。

生物防治 保护利用自然天敌防治害虫，特别是利用田间瓢虫和捕食螨。

物理防治 干旱时喷灌茶园，利用喷灌水的冲力，可冲掉叶片上附着的约95% 的茶叶瘿螨。

药剂防治 掌握在害螨点片发生阶段或发生高峰出现前及时喷药防治。在茶树生长季节，药剂可选用 73% 克螨特乳油 1500 ~ 2000 倍液（安全间隔期10 天）、2% 阿维菌素乳油 2500 ~ 3000 倍液（安全间隔期 15 天）。药液喷洒至茶蓬上部叶片背面，注意农药的轮换使用。秋茶采摘后用 45% 石硫合剂晶体 200 ~ 300 倍液喷雾清园，可压低越冬螨口基数，减少来年的螨害发生。

（六）茶黄蓟马

茶黄蓟马，又名茶叶蓟马，属缨翅目蓟马科。成虫、若虫均锉吸危害新梢嫩叶，致叶背主脉两侧呈现两条至多条红褐色纵痕，叶面相应作条状微凸。严重时叶背呈现褐纹，叶面无光泽，后期芽叶萎缩，叶片僵脆并略向上纵卷，叶柄、嫩茎乃至老叶亦可受害，严重影响茶叶产量、品质和茶树生长。除危害茶树外，还危害葡萄、草莓、花生等。

1. 发生特点及其习性

一年发生多代，多以成虫形态在茶花内越冬，但无明显越冬现象，天气稍暖继续危害。生长季节一般 10 天即可完成 1 代。上半年少见，7 月后，特别是当雨季过后、旱季到来时，虫口渐增，9—10 月危害最重，百芽虫口可达 470 ~ 840 头。

由于茶黄蓟马适宜于干旱条件下发生，一般以苗圃、幼龄茶园和新茶园虫口发生较多，未遮阴也常较遮阴茶园受害较重。

2. 防治方法

农业防治　加强田间管理，及时合理采摘和抢采，能有效地控制该虫的虫口密度，起到防治该虫的作用。

生物防治　在空气相对湿度高的季节或地区，选用白僵菌 50 ~ 70 倍液、苏云金杆菌 500 ~ 800 倍液进行喷雾防治，安全间隔期 3 ~ 5 天。

药剂防治　春茶结束后第 1 个高峰到来前每百叶有虫 12 头，且若虫占总虫量的 80% 以上时，应及时防治。选用 10% 虫螨腈悬浮剂 1000 ~ 3000 倍液（安全间隔期 7 天）、15% 茚虫威乳油 2500 ~ 3500 倍液（安全间隔期 14 天）、10% 联苯菊酯乳油 3000 ~ 4000 倍液（安全间隔期 7 天）。发生严重的茶园，越冬虫口基数较大，可于秋茶结束后喷施石硫合剂封园，可有效减少来年的危害发生。

（七）黑刺粉虱

又名桔刺粉虱，以若虫定居于茶叶背面刺吸汁液，并大量排泄“蜜露”于下层叶面上，招致茶煤菌的寄生，严重时造成茶煤病的流行，引起大量落叶。

随着密植茶园的发展，黑刺粉虱危害加重，1978年秋，句容、丹阳、丹徒因该虫引发茶煤病的茶园达466.7公顷，致使秋茶无收，来年春茶减产，造成损失达30%以上。1986—1987年，全市茶园受害面积更多。1982年，丹阳县多种经营管理局会同建山、胡桥两乡副业办公室茶叶科技人员，于5月4日—14日，不间断地观察黑刺粉虱的孵化时间，确定丹阳地方黑刺粉虱最佳用药时间为5月12日前后。后经过连续两年的防治，使丹阳境内茶园黑刺粉虱虫害得到控制。采取茶树合理修剪、清除园内杂草枯枝残叶，增强茶丛通风透光，同时使用乐果、辛硫磷、敌敌畏、扑虱灵、赛丹等农药防治后，黑刺粉虱种群数量下降，仅在局部地区产生危害。

（八）蚧类

又称蚧壳虫，多为若虫、成虫吸取茶树汁液，使树势衰退。1964年，下蜀茶场长山一区2公顷多茶园，发生角蜡蚧，茶树枝叶萎缩，致使无茶可采。1971年，高资茶场20多公顷茶园受椰圆蚧危害，大部分枝叶干枯，春茶减产50%。开始误认为是施肥不当造成肥害所致，经陈武生诊断并取样送中国茶叶研究所检定，确认是椰圆蚧危害。采用深修剪剪除虫枝，喷施石硫合剂、乐果、敌敌畏进行防治，效果较好。

（九）茶蚜

又名腻虫、蜜虫等，分布在各地茶园。成虫和若虫群集茶树嫩梢上吸取汁液，被害茶树芽叶萎缩，其排泄物能引起煤病。一年发生10余代，成虫可胎生若蚜。采取多批分次采摘，保护天敌，喷施乐果、马拉松、吡虫啉、辛硫磷、溴氰菊酯等农药进行防治，能有效控制。

（十）茶蓑蛾

又称避袋虫、茶袋蛾，20世纪70—80年代危害较重，当时防治方法为人工摘除。1979年11月，丹阳县胡桥公社苗圃一天内采摘虫袋100余千克，但翌年虫害仍较严重。后用药物防治，又因该虫具有避食性和躲避性，很难取得效果。1980—1984年，利用茶树春季、夏季休眠停产期，连续4次喷洒菊酯类农药，秋后封园前再喷洒一次高效农药的方式，使茶园内茶蓑蛾害虫的危害得到控制。

五、病害

（一）茶煤病

20 世纪 70—80 年代，此病为成年茶园的主要病害之一。其症状为：成年茶园在进入秋冬季后，成熟叶片上布满一层似煤灰的污垢物，雨水和人工都无法剥落，严重影响茶树叶片的光合作用，受害茶树春茶萌芽迟、芽叶小，严重危害时春茶产量极低甚至绝产，树势衰败。茶煤病诱发因子有 3 个：一是茶树营养状况差，导致其抗逆性差；二是黑刺粉虱、蚧壳虫等害虫的排泄物为茶煤病菌丝体的生长发育提供足够的营养；三是茶树品种对病害抗御能力差。

防治方法　秋冬季对茶树喷洒 0.5 ~ 0.8 波美度的石硫合剂；5 月下旬掌握黑刺粉虱、蚧壳虫孵化期，用辛硫磷等高效、低毒、低残留化学农药杀灭诱发该病的茶树害虫；增施有机肥料，提高茶树的抗逆性能；更换具有抗性的茶树品种。

（二）茶苗白绢病

此病是危害茶苗的主要病害之一。6—7 月，茶苗根茎部在高温、高湿条件下，易患有白色绢丝物缠绕的白绢丝病。如不及时防治，易使茶苗根茎部坏死，导致整株枯萎死亡。丹阳市茶叶生产单位对此病的防治方法为在梅雨时节，用波尔多液对茶苗基干茎部喷洒，或在茶籽播种前对土壤采用硫酸亚铁灭菌消毒。

第三章 大宗茶

史料中关于镇江茶的记载不多见，从有关茶叶产品的记载和茶诗中可知，从唐代至明代，镇江只有绿茶，以烘青、炒青等为主。据清代、民国时期编纂的丹徒、句容、丹阳县志记载，当地曾有乾茶、土茶、云雾茶、碧萝（螺）春茶、空青云雾茶等，均属于炒青绿茶，但其加工工艺未见史料。

中华人民共和国成立后，镇江建设的条播茶园逐年投产，产量逐步扩大，茶叶加工由手工制作逐步演变为机械化生产，加工的茶类品种越来越丰富，加工工艺也日趋完善。

第一节　鲜叶采摘

茶树鲜叶的采摘方式，不但影响成茶的品质，也影响茶树的长势和产量，自古以来就被重视，古书中对此有众多的记述。《茶经·三之造》记“凡采茶，在二月、三月、四月之间”，说明唐代前，一年中只采春茶。因陆羽在苕溪（今湖州市）写《茶经》前，曾深度考察过江浙茶区，故镇江的采茶情况也应如此。清代,《丹阳县志》也记载:“土茶……每年于二三月间采之。”

一、手工采摘

1949 年前，镇江茶业衰败至极，有叶子就采，没有叶子就无人问津。茶农采茶时,“一张小凳一只筐，从下向上全摘光”，俗称“脱裤子”采茶。1953 年开始，国营四益农场第六分场春、夏、秋季采摘一芽一叶、二叶鲜叶供手工炒制绿茶，采摘方法多为捋采，芽叶老嫩混杂。

1957 年，条播茶园逐年投产，镇江派员参加江苏省茶叶参观团赴安徽祁门、浙江余杭等地学习新的采摘管理技术：幼年茶园秋末实行“打顶采”，成年茶园实行“及时、分批、留叶采”的方式；采摘方法摒弃“一把捋”，使用“提采法”。

1963 年起执行江苏省农林厅提出的采茶时间和标准。同时，要求对新发展的 2 ～ 3 年生密植速生丰产茶园，实行春茶多留、夏茶少留、秋茶基本不留的采茶方式；4 ～ 5 年生的减少留叶，增加采摘批次。

1963 年江苏省农林厅提出的采茶时间和标准一览表

表 3–1

季节	采摘时间	采摘标准	产量比重
春茶	4 月下旬至 6 月上旬（50 天）	采一芽二叶、三叶，留一叶对夹叶全采	40% ～ 45%

续表 3-1

季节	采摘时间	采摘标准	产量比重
夏茶	6 月下旬至 7 月下旬（30 天）	采一芽二叶、三叶，留一叶对夹叶全采	25% ~ 30%
秋茶	8 月上旬至 9 月（60 天）	采一芽二叶、三叶，留鱼叶或一叶	30% ~ 35%

注：鱼叶是茶树萌发出第一片小叶

在生产统计中，1978 年前，一般从开采至 6 月 10 日为春茶，8 月 10 日前为夏茶；1978 年开始改为 5 月底前为春茶，7 月底前为夏茶，秋茶一般到 9 月底或 10 月初。

1978 年江苏省农林厅提出的采茶时间和标准一览表

表 3-2

季节	采摘时间	采摘标准	说明
春茶	4 月上旬至 5 月下旬（60 天）	采一芽二叶、三叶，留一叶对夹叶全采	少数特早品种 3 月中下旬即可开采
夏茶	6 月上旬至 7 月下旬（60 天）	采一芽二叶、三叶，留一叶对夹叶全采	—
秋茶	8 月上旬至 9 月下旬（60 天）	采一芽二叶、三叶，留一叶	天气暖和，最迟可采到 10 月初

镇江市五峰茶场采摘春茶（2011 年）

20世纪80年代后期，随着名优茶的兴起，鲜叶采摘要求更为精细。90年代后，镇江以生产名优绿茶为主，芽型茶逐年增多，春茶开采期提早至春分前后，采摘方式也从平面弧形采摘开始改为立体多点采摘，要求提手采摘，采大留小，勤采多批，采养结合，达到嫩、匀、鲜、净的质量标准。

镇江市南山农业科技示范园采摘春茶（2014年）

名优绿茶采茶是茶叶生产中占用劳动力最多、季节性最强的作业，多数茶场在春茶洪峰时期采摘人手不够，不得不从外地大量招用临时采茶工。2000年后，规模茶场采摘基本上依靠外来采茶工，有的年份还出现采茶工难找的现象。

手工采茶的方式一直延续，因采茶工缺少，采茶工平均年龄增加，劳动保护、劳动保险待遇等要求提高，采摘费用逐年提高，已成为镇江茶生产成本增加的主要因素。

二、机械化采摘

为提高采摘效率和缓解采茶劳动力问题，自20世纪70年代后，镇江机械采茶逐步发展，但经过几起几落。镇江茶区的采茶机试验因国产小型汽油机、电动机和刀片材料质量都不过关，1975年后逐渐停止，没有投入生产应用。1980年，镇江地区林副业局曾从上海农机化所购买20台SK-1型采茶机分配给各地茶场试用，其工效比手工采茶提高 3 ~ 4 倍，但是所采鲜叶不符合生产高档茶的要求，只适于加工红碎茶、中低档绿茶和条红茶，又因其漏采现象较为严重，故未继续推广。此后，这批采茶机多被用于茶树轻修剪，使用效果较好。

20 世纪 80 年代末，乡镇企业蓬勃发展，茶场采茶劳力紧张的矛盾日益突出，机械采茶又一次被提上议事日程。1988 年，句容县高庙茶场、下蜀茶场从浙江川崎公司购进日本生产的 PHV100 型双人抬采茶机，用以采摘红碎茶鲜叶原料，并参与省机械化采茶科技攻关项目示范点试验。PHV100 型采茶机的工效比手工采茶提高 10 倍以上，后因停止生产红碎茶而未继续试验。同时，镇江茶叶生产也转向以名优绿茶为主的偏嫩采摘方式。2005 年后，随着无性系早芽良种茶占比逐年增加，多采用立体采摘生产模式，机械采摘就更难适应。

2011 年，由镇江古田农业环境工程有限公司生产的 3CXZ-1400 轻型自走式可倾斜茶园管理机，是镇江市首次示范可乘坐式采茶机，在丹徒区上党五塘茶林场进行试验。当春茶采摘结束后，先用该机进行修剪，过 40 天左右，于 5 月底、6 月初茶树新梢长至一芽一叶时再用该机进行采摘。2011 年用该机采摘的鲜叶试制炒青绿茶约 25 千克，2016 年采用同样的方式试制炒青绿茶 100 多千克，两批炒青绿茶的品质除外形上稍差外，色、香、味等都能满足大众消费茶的要求。

3CXZ-1400 轻型自走式可倾斜茶园管理机采摘作业图（2016 年）

3CXZ-1400轻型自走式可倾斜茶园管理机所采鲜叶（2016年）

3CXZ-1400轻型自走式可倾斜茶园管理机机采鲜叶所制炒青（2016年）

至2020年，镇江市推广应用的采茶机仍以日本川崎、落合公司等合资企业生产的双人抬采茶机为主。由于所用采茶机采用的往复切割原理对茶树新梢缺乏选择性，无法满足名优茶的采摘标准，所以，镇江市茶场春茶名优茶均采用手工采摘。

第二节　大宗茶加工

据《句容县志》记载，明弘治年间，句容官定茶税20锭，说明当时句容县域内茶叶生产已颇具规模。

1954年，镇江蚕种场第六分场从浙江余杭请来制茶师傅，仿龙井茶炒制扁形茶旗枪。20世纪50年代后期，一批新茶园投产，主要生产苏绿毛烘青、炒青，少量生产碧螺春、旗枪茶。60年代初，一批国营茶场建立茶叶初制厂，初步实现制茶机械化，丹阳县部分茶场在夏、秋季生产苏红毛茶，供应内部职工。1964年，句容县下蜀茶场、丹徒县高资茶场开始生产红碎茶，实现初、精制一体化。60年代后期至70年代中期，国营茶场和社队茶场也相继实现绿茶初、精制一体化。

70年代初，开始生产花茶。70年代后期，全市大部分茶场实现初制、精制一体化。1970—1971年，句容县下蜀茶场生产边销黑茶茯砖茶，销往内蒙古自治区、青海省等地。从1972年开始，句容县茶叶联合加工厂及句容县下蜀、高庙，丹徒县黄墟，丹阳县屯甸，市郊区五洲山等茶场，种植香花，窨制茉莉、白兰、珠兰等花茶。

80年代，各国营茶场生产的红茶，均由上海茶叶进出口公司和江苏省土畜产进出口公司收购。销购体制由计划经济向市场经济过渡后，茶叶由统购包销转为企业自主经营。

2000年后，农业部、国家质检总局先后发布、实施“有机茶”“绿色食品”“无公害茶叶”“有机产品”标准，对符合相关标准、经具有资质的认证（定）机构颁发证书的茶叶产品，冠以上述称号。

一、鲜叶验收与管理

从20世纪50年代后期到80年代中期，长达30多年的计划经济时代，不论是国有茶场还是集体茶场都采取鲜叶统一验收、集中管理的模式，并逐步建立与此相适应的鲜叶验收、管理的规章制度与操作规程。以生产队（组）为单位，负责带工采茶，带工人员按场部布置的采摘标准、田块，负责指导、检查采茶工的采茶质量；鲜叶集中送制茶车间，由茶场技术人员和车间负责人对鲜叶质量、数量进行验收。

鲜叶进车间后由专人负责管理，按鲜叶的老嫩、品种分开摊放，露水叶或雨水叶分开摊放，上、下午分开摊放。摊放期间要轻翻动一次，防止鲜叶变质。摊放鲜叶的地方要求清洁、通风、阴凉。

名特茶的鲜叶原料管理更为严格，从采摘抓起，要求芽叶新鲜、肥壮、完整、匀净，无红变、劣变芽叶，由专人负责检查验收。合格的芽叶薄摊在茶匾等容器内，摊放时间一般要4 ~ 5小时，每隔1小时左右需轻轻翻动1次。

80年代后期，茶园实行承包责任制后，鲜叶验收、管理方式有所变化。除采摘标准由场统一外，采摘质量由承包户自己把关，鲜叶送制茶车间后，由场、车间、承包户三方共同进行验收定级、定价，验收后的鲜叶由车间统一管理。90年代，茶园分给个人经营管理后，经营户可以把鲜叶卖给茶场，或直接销售给有加工能力的单位，或自己加工、销售。把鲜叶卖给茶场的，根据鲜叶的老嫩、采摘质量，由茶场定出价格，统一加工。

丹徒区三泉茶场排队交鲜叶（2022 年）

丹阳建山茶场收鲜叶（2021 年）

2000 年后，多数茶场大宗绿茶生产渐少，以名优绿茶为主，鲜叶管理要求更加精细，多采用架式、槽式摊青，也有用可移动摊青槽，控温、控湿、鼓风摊青也相继推广。同时，散户茶农增加，茶农负责种茶采茶，茶叶专业合作社或茶场（厂）负责收购鲜叶集中加工、销售的模式逐渐增多。2005 年 12 月，镇江市丹徒区上党镇墅农茶叶合作社成立。

2006 年开始，对茶叶生产企业实施 QS 认证，鲜叶实行更严格的分区管理，做到清洁化、全程不落地生产，确保产品质量安全。储青室外设立鲜叶验收区，保证储青室的清洁。对采摘质量差的鲜叶，有的场用鲜叶分级机分级后再加工。同时，储青室的条件得到改善。2003 年，句容市下蜀茶场率先购买多层不锈钢摊青架，2007 年后全面推广摊青架摊放鲜叶；句容市张庙、高庙等茶场在绿茶鲜叶摊放时也用上摊放槽（似红茶的萎凋槽），2000 年后，各种移动摊青设备、立体架式摊青设备广泛应用，严格做到鲜叶摊放不落地。凡是通过 QS 认证、SC 认证的茶场，都制定了卫生管理等制度。

二、大宗茶初制

（一）绿茶初制

1. 苏绿毛烘青

中华人民共和国成立后，江苏省统一烘青绿茶的规格标准，定名为苏绿毛烘青。1961 年前，苏绿毛烘青产品分 8 级 16 等。镇江茶区从 20 世纪 50 年代后期开始生产苏绿毛烘青，主产地在句容、丹徒两县。

20 世纪 50 年代后期至 60 年代初，句容县下蜀、张庙，丹徒县高资、黄墟等一批茶场陆续投产，开始生产烘青绿茶。杀青时用 70 ～ 80 厘米的大锅，锅灶砌成 45°，用月牙形木铲在锅内翻炒茶叶，每锅投叶量 5 ～ 7.5 千克。部分茶场有臼井式揉捻机，没有动力，用人工或畜力推动揉捻机揉茶叶，后用柴油机带动。以木炭为燃料，用烘笼烘茶叶，分毛火和足火两道工序。

1961 年后改为 6 级 18 等，60 年代后期全市年产量约为 50 吨。60 年代中后期，随着输电设施的架设，镇江市国有茶场的茶叶加工逐渐实现半机械化生产，有些茶场开始使用电动双锅或三锅杀青机杀青（仍为大锅杀青），干燥工序用上手拉式百叶烘干机。

70 年代初期滚筒杀青机的出现及以后自动烘干机的应用使苏绿毛烘青各工序实现机械化生产。苏绿毛烘青的加工工艺流程为摊放—杀青—摊凉—揉捻—解块—毛火—摊凉—足火—摊凉。

1979 年，苏绿毛烘青产品又改为 1 ～ 6 级，级外共 15 等，由于生产单位自行精制难度大，苏绿毛烘青 1990 年后已极少生产。

1984 年后，茶叶生产经营放开，实行自产自销、自行定价，茶叶生产标准样逐渐退出。茶产品逐渐转产名优茶、高档茶，经人工拣剔后直接毛茶上市，不经规范精制工序。炒制工艺一般改为半烘半炒。名茶机械化生产常用烘干机械及其工艺。

2. 炒青

1953 年前，镇江产区年产手工炒青绿茶 1 吨左右。1954 年，镇江蚕种场第六分场从浙江余杭聘请制茶师傅传授技术，手工炒制扁形茶旗枪，后来成为丹徒县高资茶场、句容县下蜀茶场及市郊区五洲山、驸马庄等茶场的主要高档绿茶产品。20 世纪 80 年代中期，全市旗枪茶年产近 2 吨。

20 世纪 50 年代末，新茶园陆续投产，镇江茶区生产炒青绿茶，所用炒茶锅为柴灶铁锅，锅径 40 厘米左右，锅可平砌或斜砌，3 ~ 5 只锅砌成半圆形锅台，杀青时每锅投叶量 1 ~ 2 千克。用手抛抖茶叶，先闷后抖，抖闷结合，杀青叶放在竹匾上摊凉后，将茶叶收拢成团，用双手向同一方向推揉使茶叶成条。把两锅杀青叶合并下锅炒二青，炒二青时边炒边揉，炒至七八成干时起锅摊凉。再将 2 ~ 3 锅二青叶合并下锅，锅温掌握先高后低，炒至足干，起锅时稍加锅温，以提高茶香。

1972 年，句东农场、暨南农场由生产烘青茶改制炒青茶，随着炒干机的使用，有的茶场也用炒干机杀青。一些规模不大的乡村茶场开始生产机制炒青，炒青产量有较大增加。

炒青的规格标准参照苏绿毛烘青执行。炒青茶具有条索紧结、色绿匀整、香高味浓的特点，受到收购部门好评。60 年代后期，镇江茶区年产炒青绿茶约 30 吨。

3. 半烘炒绿茶

1984 年起，供销部门不再向茶场收购茶叶，茶场生产的茶叶自产自销。镇江茶区的大多数茶场把苏绿毛烘青的加工工艺改为杀青后先用烘干机烘至七八成干，再用炒干机炒至足干。这种半烘炒绿茶既有苏绿毛烘青色绿、清香、汤色明亮的特点，又有炒青绿茶条索紧细、滋味浓醇的优点。

这种工艺制成的高档毛茶，经简单精制即可直接上市销售，消费者习惯称为“炒青”“句容炒青”“镇江炒青”，长期受到南京、扬州、南通等周边地区茶客的欢迎。20 世纪 90 年代后，句容、丹徒等地茶场利用一芽一叶或单芽原料生产的“特炒”“清谷香”“春芽”“青峰”“雨前茶”等均属此类茶。

（二）红茶初制

1. 苏红毛茶

20 世纪 50 年代中期，江苏省开始生产条形红毛茶，定名为苏红毛茶。苏红毛茶的加工工艺流程为萎凋—揉捻—解块—发酵—毛火—摊凉—足火—摊凉。

60 年代初，镇江茶区生产苏红毛茶，丹阳县部分茶场利用夏、秋茶鲜叶原料，生产少量红毛茶，在丹阳城内销售。

80 年代前，各茶场生产的红茶，均由上海茶叶进出口公司和江苏省土畜产进出口公司收购。1984 年后，销购体制由计划经济向市场经济转变，茶叶由统购包销转为企业自主经营。1990 年后，由于名优绿茶内销增长，内外销差价扩大，红茶除句容县高庙茶场、丹徒县高资茶场少量生产外，其他茶场陆续停止生产。

2008 年，下蜀茶场恢复红茶生产，当年只生产约 40 千克。2010 年，句容市张庙茶场开始批量生产条形红茶，接着句容市茅山茶场、龙山茶场、高庙茶场、方山茶场、赵庄林苗场以及少数镇村集体茶场也开始生产条形红茶。2018 年，镇江茶区条形红茶产量达 18.9 吨。

2015 年，张庙茶场 QS 生产扩项，取得红茶生产许可证。2017 年，镇江市农业科学院“江苏丘陵地区特色红茶”通过镇江市科技成果鉴定。

2020 年，镇江市农业科学院联合多家生产企业，制定镇江市地方标准《镇江红 工夫红茶加工技术规程》。随着市场对红茶需求的增加，镇江已有数十家茶企生产工夫红茶，规模不大，仅为绿茶配套补充。2020 年，镇江市工夫红茶产量 29.6 吨。

2. 红碎茶

1964 年，江苏省确定 8 个国营茶场为出口红碎茶生产基地，其中镇江茶区有句容县的下蜀茶场和丹徒县的高资茶场，两场的红碎茶年产量由 30 吨增至约 100 吨，产品直接交售给上海茶叶进出口公司。两场生产的红碎茶颗粒紧结、色泽乌润、匀净度好、香气纯正，虽滋味的浓强度不及大叶种红碎茶，但仍受到进出口公司的欢迎。红碎茶的工艺流程为萎凋槽萎凋—揉切机揉条—转子机揉切—解块分筛—发酵—毛火—摊凉—足火—摊凉。

镇江茶区生产的红碎茶，在全国红碎茶区划中属小叶种产区。1966年前，红碎茶收购执行小叶种全国统一实物标准样。1967年起执行中国土产进出口总公司制定的红碎茶第四套标准样，产品分碎1、碎2、碎3、末茶、片茶。

20世纪80年代中期，句容县高庙茶场、方山茶场、赵庄林苗场、句东农场，丹徒县黄墟茶场和市郊五洲山茶场也相继生产红碎茶，由江苏省土畜产进出口公司收购。1985年，高庙茶场正式投产红碎茶，出口创汇并当年收回投资成本。1989年，茶叶产量达404.8吨。

1990年后，名优绿茶内销增长，内外销差价拉大，由于茶叶市场变化和国家对红碎茶补贴政策的取消，1994年，高庙茶场红碎茶停产。1996年，镇江茶区红碎茶全部停止生产。

三、大宗茶精制

1954年公私合营前，镇江茶商从安徽、浙江等地购进毛茶后，手工粗略加工后出售。

（一）绿茶精制

烘青绿茶精制加工采取单级付制、多回收。具体工艺为初分—切碎—定号—吸风—拣梗—拼配—烘干—出厂。

1966年，句容市张庙茶场建成绿茶精制车间。1968年前，江苏绿茶精制加工由省供销社下属的南京茶厂、苏州茶厂、扬州茶厂进行。

1968年，成立句容县茶叶联合加工厂。同年，江苏省为精制绿茶制定实物标准样，设正茶1 ~ 6级，子芯茶4、5两级，副茶设片、末、梗各2级。

1970年，句东农场、暨南农场也开始烘青精制加工。1972年，两场改为炒青精制。20世纪70年代后期，镇江茶区有一定规模的镇村集体茶场也建成绿茶精制车间。镇江茶区逐步实现茶场初、精制一体化，茶场通过精制加工，经济效益提高17%左右。

1979年，江苏省农林厅、供销社等部门定点在句东农场生产规格绿茶，品质、价格、税率介于苏绿毛烘青与精制绿茶之间，后因产销形势变化，于1983年春停止产销。1983年，精制绿茶设1 ~ 6级和片、末标准。1985年12月，江苏省标准局发布、实施江苏省企业标准《精制绿茶（烘青）》。1993年12月，江苏省技术监督局发布、实施江苏省地方标准《精制绿茶》。

精制绿茶是镇江茶区主要的茶叶产品，2006 年产量为 761.7 吨，占全市茶叶总产量的 61%，2020 年产量增至 1580.9 吨。

（二）红茶精制

20 世纪 70 年代后期，丹阳县按照江苏省统一标准样生产精制红茶（工夫红茶），年产量 30 吨左右。从 90 年代中期开始，产量有所增加，至 2006 年达 40 吨。红碎茶精制按出口标准，多数生产场均有完整的红茶精制设备，如句容市下蜀茶场红茶精制有专门车间，小规模生产单位委托精制或以毛茶销售。

四、花茶窨制

1954 年前，镇江茶区窨制花茶是花商从外地买花回来手工窨制。

20 世纪 70 年代初，句容县茶叶联合加工厂根据市场上花茶比较紧缺的情况，从广州购买 5 万株茉莉花苗和 300 多株白兰花苗，从安徽歙县买 600 余盆珠兰花苗。1976 年，镇江市有茉莉花 6 万余盆、珠兰花 637 盆、代代花 700 盆、白兰花 750 盆。鲜花最高年产量 12000 千克，窨制茉莉、白兰、珠兰等花茶 75000 千克，由供销部门收购调拨，主要供应镇江市区、扬中县等地。

1974 年，镇江地区“五七”干校茶场（句容市高庙茶场，现江苏茗苑茶叶科技开发有限公司）也调进 5000 多盆茉莉花和 80 余盆白兰花，花茶年产量 3500 千克左右。

1984 年，句容县下蜀茶场购买 1.2 万盆茉莉花、100 多盆白兰花和玫瑰花、桂花等，窨制花茶 7500 ~ 10000 千克。其间，丹徒县黄墟茶场、屯甸茶场，润州区五洲山茶场等也相继生产花茶。1984 年，句容县张庙茶叶联合加工厂生产的四级茉莉花茶被农牧渔业部评为名优茶。

窨制花茶的工序包括茶坯准备、鲜花采收及培养、窨花拌和、通花散热、复火干燥、提花等。珠兰花茶和白兰花茶不需要提花，茉莉花茶根据窨次和下花量的多少分为多窨次、一窨、半窨、压窨等档次。镇江生产花茶的茶场茉莉花的产量不多，一般很少窨制用花量大的多窨次的高档茶，而以一窨、半窨、压窨等档次为主。句容县茶叶联合加工厂除生产代代花茶外，也有直接烘成花干出售，消费者把代代花干放入茶叶冲泡后饮用。

80年代后期，由于茶叶价格放开，加上茉莉花、珠兰花、白兰花在镇江地区因气候因素花期短、产量不高，冬天还要进花房，生产成本较大，窨制花茶没有利润，甚至要亏本，句容、丹徒、丹阳、润州等地茶场先后停止花茶生产。1990年，丹徒县黄墟茶叶良种场、高资茶叶试验场停止生产花茶，至此全市全部停止生产花茶。

五、边销茶加工

20世纪60年代中后期，句容县下蜀茶场、丹徒县高资茶场把从茶树上修剪下来的嫩枝叶，利用日光晒干，作为边销茶原料由供销部门收购，年产量5吨左右。

1970年，句容县下蜀茶场购置蒸气锅炉、茶砖机，并建造60平方米厂房作为砖茶生产车间，以修剪下来的枝叶和红碎茶边角料为原料生产茯砖茶，年产量10吨左右，主要销往内蒙古自治区、青海省等地。茯砖茶的加工工艺是先把原料用蒸气蒸煮，然后用茶砖机压成砖状，再将茶砖茶坯堆放在烘房里，一边发酵，一边低温烘干，烘房温度保持在15℃以上，最高不超过35℃，发酵15天，茶砖生出金花，称为茯砖茶，每块茶砖重1.5千克左右，经包装后出厂。由于茯砖茶加工、运输成本高、销售价低，后未继续生产。

1974—1979年，丹阳县大部分茶场把春茶前修剪下来的枝叶稍作处理后作边销茶原料，年产50余吨，由供销部门收购。

阳光初照——丹阳市曲阿茶叶专业合作社（2022 年）

第四章 名特绿茶

镇江名特绿茶多以偏嫩采摘的单芽和一芽一叶初展鲜叶原料制成，是 1985 年以后为适应市场需求所创制，主要代表有金山翠芽、茅山长青、长山剑毫等。名特绿茶的兴起使镇江在茶树栽培、茶叶加工和品牌培育方面得到快速发展。

清代丹徒的“碧萝春茶，清宣统二年列入劝业会，获奖金牌”。民国4年（1915年），句容空青山云雾茶获巴拿马国际博览会奖。清末民国初期，句容空青山云雾茶及玉门桥所产绿茶皆为上品。这些茶的风格品质特征、加工技术、产销情况，史无稽考。

中华人民共和国成立后，镇江茶叶生产有很大发展。1953年前，镇江产区年产手工炒青绿茶1吨左右。1954年，镇江蚕种场第六分场从浙江余杭请进制茶师傅传授技术，手工炒制扁形茶旗枪。从20世纪60年代起，生产少量碧螺春、旗枪茶和雨花茶等名特绿茶。20世纪80年代中期，全市旗枪茶年产近2吨。

1984年，茶叶产销彻底放开，中低档茶滞销，名优绿茶生产迅速发展。自1985年起，各县（市、区）先后创制多种扁形类、卷曲形类名特茶，加工出的产品品种越来越丰富。

以金山翠芽、茅山长青为代表的各种地方名特茶创制进入“快车道”，但加工方式仍多为全手工炒制，除国营茶场、规模茶场有部分电炒锅外，其余多采用连排柴灶进行手工炒制，称“手工茶”。20世纪80年代末开始，大力推广电炒锅炒制名特茶。1990年，镇江市园艺技术指导站从中国茶叶研究所采购电炒锅200台。为增加名特绿茶产量，提高品质，1994年开始名特茶加工机械化工艺试验。1995年春在句容市春城茶场召开名特茶机械化推广现场会，金山翠芽、茅山长青等扁形类名特茶加工逐渐实现机械化。90年代末，卷曲型类名茶除提毫工序仍需手工辅助外，所有名特茶加工都实现加工全程机械化。2006年，碧螺春茶产量2.5吨。随着名特茶生产机械完善配套，各种名特绿茶加工工艺日臻完善。市场对扁形名优茶需求量增加，名优茶生产出现“卷”减“扁”增趋势。至2020年年底，通过市级以上技术鉴定的镇江名优绿茶共有17个。

为提升名特绿茶的品质，提高市场知名度，自20世纪80年代始，市相关部门积极组织茶叶生产企业参加名优茶的各级各类评比活动。各届评比活动中，镇江参评茶样花色多、数量多，并屡获殊荣，扩大了镇江茶叶知名度，促进了茶叶品质提高，使名特茶生产得到长足发展。2006年，镇江茶叶精制绿茶占总产量的61%，精制红茶占3%，名特茶占36%，名特茶的产值占镇江茶叶总产值的65%。

2010年前后逐渐减少单芽原料，增加一芽一叶原料的产品和等级，效益提升，受到市场欢迎，种类有南山滴翠、长山剑毫、翠眉等。2020年，镇江名优茶产量696吨，产值3.39亿元，占镇江茶叶总产量、总产值的43.2%和70.1%。

1985—2013年镇江市名特绿茶一览表

表4-1

茶名	产地	创制时间	品质特征
金山翠芽	全市茶区	1985年	外形扁平挺削，匀整，色翠显毫，滋味鲜浓，汤色翠绿明亮，香高持久，叶底嫩匀肥壮
茅山长青	句容市	1987年	外形扁直挺秀，色泽翠绿，香高持久，汤绿明亮，滋味鲜爽醇和，叶底嫩绿匀整
雾岐翠眉	下蜀茶场	1989年	条索匀整，扁弯似眉，色泽翠绿，汤绿明亮，香高持久，滋味醇和，叶底嫩绿
三山香茗	丹徒区、润州区	1991年	扁平挺秀，色泽翠绿，汤色清明，香高持久，滋味鲜醇，叶底嫩绿
墅山翠萝	丹徒区上党镇里墅茶林场	1993年	紧结卷曲，色绿显毫，汤绿明亮，香气鲜嫩，滋味鲜爽，叶底嫩绿明亮
宝华玉笋	句容市林场	1995年	条索挺直饱润似笋，色泽翠绿显毫，汤色浅绿明净，香气高雅持久，滋味鲜醇爽口，叶底嫩绿明亮
凤美剑毫	丹阳市	1995年	肥嫩显芽，形扁色绿，汤绿明亮，嫩香高长，滋味浓醇，叶底绿明亮
惊春灵芽	镇江市五洲山茶场	1997年	扁平挺秀，色泽翠绿，汤绿明亮，嫩香持久，滋味鲜爽，叶底匀整明亮
五峰迎春	镇江市五峰茶场	1998年	全芽微扁似矛，翠绿匀整，汤绿明亮，清香浓郁，滋味鲜爽，叶底肥嫩绿明
南山滴翠	镇江市南山茶林研究所	2001年	全芽挺直，色泽翠绿，汤色绿亮清澈，香气清香，滋味鲜爽，叶底嫩匀绿亮
润扬翠茗	丹徒区黄墟茶场	2002年	全芽微扁，翠绿匀整，汤色嫩绿明亮，香高持久，滋味清甘，叶底绿亮匀齐
金谷阳春	镇江市丹徒区谷阳茶场	2003年	全芽肥嫩微扁，翠绿匀整，汤色嫩绿清澈，香气清香，滋味鲜爽，叶底绿嫩匀齐

续表 4–1

茶名	产地	创制时间	品质特征
吟春碧芽	江苏吟春碧芽股份有限公司	2005 年	色泽嫩绿，微扁形似矛，汤色嫩绿明亮，清香持久，滋味醇爽，叶底完整明亮
墅香剑毫	镇江市丹徒区墅香茶场	2009 年	全芽似笋，翠绿整齐，汤色嫩绿清澈，香气清香持久，滋味清爽，叶底匀齐绿亮
山水映竹	丹徒区山水湾农业公司	2009 年	条索平直、匀整，翠绿显毫，汤色嫩绿明亮，香气嫩香持久，滋味鲜爽、爽口，叶底嫩绿匀整，芽叶完整
茗苑曲毫	江苏茗苑茶叶科技开发有限公司	2010 年	条索紧曲披毫，色泽绿润匀整，汤色嫩绿明亮，滋味清鲜爽口，清香持久、带花香，叶底肥壮，嫩绿匀齐
长山剑毫	丹徒区	2013 年	条索扁平似剑，翠绿隐毫，汤色嫩绿清澈，香气清香持久，滋味鲜醇，叶底嫩绿匀整

第一节　金山翠芽

金山翠芽主产区位于宁镇、茅山丘陵山区，润州区、镇江高新区、镇江新区、丹徒区、丹阳市、句容市等产茶市区均有生产。金山翠芽为全国新创名茶，属扁条形炒青绿茶类。

一、历史演变

（一）创制历程及荣誉

1981 年，镇江茶叶科技工作者开始创制名茶的探索。

1982 年 7 月，镇江地区林特水产局、供销合作社、商业局联合召开名茶试制座谈会，成立名茶试制领导小组，动员和组织茶叶技术人员开展试制工作。

1983 年，将试制的 2 个小样送安徽农学院茶业系陈椽教授审评。陈椽教授组织茶学专家审评：“该茶很有特色，全芽制成，色泽翠绿，形似镇江金山的宝塔，就叫金山翠芽吧。”故名。1983 年因镇江地区改为镇江市，参与研制单位和人员有所变化。

1984 年，镇江市科委下达“名茶金山翠芽的研制”项目（编号 AS8441），由镇江市多种经营管理局承担，镇江市多种经营管理局副局长、农艺师陈武生主持，主要参加研制人员有江苏省土畜产进出口公司镇江市支公司农艺师陈夕寿、句容县下蜀茶场科长杜金海、润州区五洲山茶场技术员夏小马、润州区多种经营管理局助理农艺师邵素珍、句容县多种经营管理局助理农艺师田保良、镇江市多种经营管理局桑茶果技术指导站技术员李传德等，以及句容县下蜀茶场、郊区五洲山茶场、丹徒县高资茶场、镇江市林特产科学研究所等 7 家生产单位。课题组制定详细的实施方案，组织有关技术力量，围绕品质、风格，开展技术攻关。

1985 年 4 月，形成较完整的采制工艺。1985 年 5 月 13 日，通过由镇江市科委组织、主持的技术鉴定。

“金山翠芽”鉴定会（1985 年）

1985—2020 年金山翠芽获奖（荣誉）一览表

表 4-2

获奖时间	授奖单位或比赛名称	奖项
1985 年	江苏省政府	科技进步奖三等奖

续表 4-2

获奖时间	授奖单位或比赛名称	奖项
1985 年	镇江市政府	科技进步奖一等奖
1985 年	江苏省名茶评审委员会	江苏名茶
1985 年	农牧渔业部、中国茶叶学会	全国优质农产品（名茶）
1988 年	首届中国食品博览会	银奖
1989 年	农牧渔业部	全国优质农产品（名茶）
1992 年	首届中国农业博览会	金奖
1994—2016 年	江苏省“陆羽杯”名特茶评比	特等奖
1995 年	第二届中国农业博览会	金奖
1995 年	首届中国国际食品博览会	金奖
1996 年	中国茶叶博物馆	收为藏品
1997 年	第三届中国农业博览会	名牌产品
1997 年	第二届“中茶杯”全国名优茶评比	总分第一，特等奖
1997—2017 年	“中茶杯”全国名优茶评比	特等奖
2005 年	第六届“中茶杯”全国名优茶评比	总分第一，特等奖
2016 年	首届江苏省茶叶展销会	金奖
2017 年	第十二届“中茶杯”全国名优茶评比	金奖 3 个 （全国绿茶共 21 个）
2017 年	浙江大学中国农村发展研究院中国农业品牌研究中心	最具溢价力品牌
2018 年	中国茶叶博览会江苏名特茶遴选	特等奖
2019 年	北京世界园艺博览会江苏“十佳名茶”遴选	总分第一，江苏省“十佳名茶”
2020 年	浙江大学中国农村发展研究院中国农业品牌研究中心	最具溢价力品牌
2020 年	江苏省第十九届“陆羽杯”名特茶评比	特等奖

金山翠芽获农牧渔业部全国优质农产品奖杯（1985年）

（二）金山翠芽生产发展历程

金山翠芽对原料要求十分严格，必须选择无性系大、中叶多毫类型的良种，主要有福鼎大毫、福鼎大白等优良品种。在采摘上，原料标准为单芽至一芽一叶初展。在生产季节上，最适时期为春季3月下旬至4月中旬（采用大棚覆盖的可提早至3月上旬），以及秋季9月上中旬至9月底，全年生产适合期较短。早期金山翠芽由手工炒制而成，炒制主要工序分青锅（手法为抖、带、抓）、辉锅（整形、干燥）、精制（筛分、拣剔）三个部分。1995年后，随着机械化加工技术的成熟和机械的配套，生产逐渐实现加工机械化，2005年后实现全程机械化生产。

1. 研制、创制、小批量生产阶段（1981—1985年）

1981年开始探索，1982年试制，1983年制出小样，1984年立项研究，1985年经鉴定后正式投入批量生产。当时产量较低，生产基地仅14公顷。

2. 建设基地扩大生产批量阶段（1986—1993年）

为尽快扩大生产批量，形成规模商品基地，1986年，农牧渔业部下达金山翠芽基地建设计划。1987年建立下蜀、高庙2个无性系良种茶苗繁育基地，当年即引种建采穗圃、苗圃。1988年批量从福建省等地调进优良种苗，以后的几年时间，茶苗年出圃近百万株，主要是适制金山翠芽的福鼎大毫等茶树品种。同时从外地调入部分茶苗，每年发展金山翠芽生产基地 7 ～ 14 公顷。至 1993 年，生产基地已扩大到近 70 公顷，并逐年陆续投产，产量也逐年增加。

此间，镇江市多种经营管理局为尽快普及生产技术，扩大生产规模，每年春、秋茶季开展技术培训、质量评比等活动，金山翠芽原料基地管理技术逐渐普及，产品产量迅速增加。

句容市下蜀茶场制作金山翠芽（1986 年）

3. 改进提高阶段（1994 年起）

改进工艺技术，提高质量，向规范化、标准化、机械化生产方向发展。随着一批新基地的陆续投产，1994 年，金山翠芽的生产厂家已扩大到 20 多家，在主要生产单位所制金山翠芽已成为拳头产品。在传统的手工炒制已不能适应生产发展需要的情况下，针对保持风格、提高品质的要求，镇江市进行机械加工技术的研究，并取得成功，逐步实现机械化制茶。

加工工艺：摊放—拣剔—杀青—理条—整形—辉锅—烘干—精制。

1996 年开始立项推广，1997 年全市开展机械加工技术协作攻关，1998 年已基本实现机械或半机械加工。

1998 年，全市已有生产基地 100 多公顷，年产量达 3 吨以上。

2004 年，镇江市南山农业科技示范园吸纳社会资金，成立镇江市金山翠芽茶业有限责任公司，主要进行金山翠芽等名茶的产业化开发与示范。

2018 年，镇江市茶业协会组织使用“金山翠芽”农产品地理标志的 9 家生产企业出资组建镇江金山翠芽茶业股份有限公司。

2019 年，镇江市茶园面积达 5180 公顷，其中金山翠芽适制品种福鼎大毫和福鼎大白种植 733 公顷，包含 2004 年以来种植的无性系良种约 367 公顷。

4. 标准化生产（1995 年起）

1995 年，由镇江市多种经营管理局副局长、农艺师陈武生等起草，为几家主要茶场制定金山翠芽的企业标准。

2005 年，由镇江市园艺技术指导站站长、高级农艺师李传德等起草、制定金山翠芽的产品、生产、加工技术规程省级地方标准 3 个，由江苏省质量技术监督局发布、实施。

2006 年，制发实物标准样 1 套，实物标准样特级、一级、二级共 3 只。

2007 年，建设江苏省金山翠芽茶标准化示范区。

2010 年 6 月至 2014 年 9 月，建设全国茶叶（金山翠芽）栽培标准化示范区，项目以 98.5 分通过验收。

2019 年，由镇江市园艺技术指导站高级农艺师赵云等起草、制定农产品地理标志金山翠芽市级地方标准，由镇江市市场监督管理局发布、实施。

二、产业状况

（一）产区分布

金山翠芽是唯一覆盖镇江全市茶区的区域公用品牌茶叶。金山翠芽适宜产区包括润州区七里甸街道办事处，镇江高新区蒋乔街道办事处，镇江新区丁卯街道办事处，丹徒区上党镇、高资镇、辛丰镇，丹阳市司徒镇、后巷镇，句容市下蜀镇、边城镇、白兔镇、后白镇、茅山镇、天王镇、茅山管委会等镇（街办）。至 2020 年，总覆盖面积约 2000 平方千米。

（二）生产主体

2003 年，经镇江市农林局审核确定首批 15 个金山翠芽茶定点生产单位，为镇江市南山茶林研究所、镇江市南山农业科技示范园、镇江市五洲山茶场、镇江市五峰茶场、镇江新区甘露茶园、丹徒区里墅茶林场、丹徒区谷阳茶场、丹徒区上党海燕林茶场、句容市下蜀茶场、句容市赵庄林苗场、句容市高庙茶场、句容市方山茶场、句容市茅山茶场、句容市春城茶场、句容市下蜀窑业茶场。

2010—2015年，镇江市茶业协会按照《农产品地理标志金山翠芽使用管理规则》的要求，实行准入制，获准使用农产品地理标志的5家茶叶生产企业分别为镇江市南山茶林研究所、句容市下蜀茶场、镇江市五洲山茶场、镇江市五峰茶场、丹徒区春沁茶叶专业合作社。

2010年，5家茶场核准的金山翠芽茶叶种植面积为34公顷左右，年产量2.5吨。同年，发放农产品地理标志金山翠芽统一包装10000套。

2016年，增加4家企业，即丹徒区上党三泉茶场、镇江市丹徒区谷阳茶场、镇江市润州南郊茶场、丹阳市丹北镇后巷建林茶场。

2019年3月，在市政府重视下，9家授权生产企业共同出资组建镇江金山翠芽茶业股份有限公司，镇江市茶业协会将“镇江金山翠芽”地理标志证明商标授权该公司使用和管理。实施“五统一”管理，即统一制作标准、统一包装设计、统一审评定级定星、统一进行包装、统一销售指导。产品全部集中审评打分、评定等级、现场集中统一包装、分场自销，按得分定星级，低于85.5分者为不合格，不得包装成金山翠芽茶上市，85.5 ~ 90.0分为3星级，90.0 ~ 92.5分为4星级，92.5分以上为5星级。2020年，增加“一开放”管理，面向镇江市所有茶企、茶农开放，实现“五统一、一开放”管理模式。

（三）品牌建设

2007年4月，由镇江市人民政府主办、镇江市农林局等承办的首届江苏镇江金山翠芽茶叶节开幕。

2008年，由镇江市人民政府授权、镇江市茶业协会组织、镇江市园艺技术指导站参与，组织农业部农产品地理标志金山翠芽申报。在广泛调查的基础上，上报划定金山翠芽的生产区域，绘制划定范围地图，制定《金山翠芽茶质量管理办法》《金山翠芽茶农产品地理标志的管理规则》和《金山翠芽茶质量控制技术规范》。

2009年4月，由镇江市人民政府主办、镇江市农林局承办的主题为“宣传地理标志，同品金山翠芽”的第二届金山翠芽茶叶节暨农产品地理标志启动仪式在镇江市中心大市口城市客厅举行。获准登记农业部农产品地理标志金山翠芽，是江苏省获得的种植业首个国家农产品地理标志。同年，镇江市茶业协会组织相关人员围绕金山翠芽品牌保护与农产品地理标志管理开展调研，面向全部调查对象，制定具体调查方案，对金山翠芽原料基地进行逐块定位、登记、编号，为金山翠芽茶质量可追溯打下基础。

2009年，为推进统一包装，镇江市茶业协会发布《“金山翠芽”茶叶包装设计邀标方案》，面向全国征集包装设计，共征集设计方案15个，经专家、市民、茶叶生产企业评选，初步确定包装方案。

2010年，以统一包装为载体，采用“农产品地理标志+企业商标”双标识方法管理农产品地理标志“金山翠芽”。同年3月，镇江市政府召开农产品品牌“金山翠芽”地理标志新闻发布会，重点发布地理标志使用“七个统一”的管理信息，对首批获准使用地理标志的5家茶场发放统一包装。镇江市茶业协会制定《农产品地理标志金山翠芽茶产品质量监管制度》，并设置监督举报电话，接受对统一包装产品的咨询和鉴评服务，建立消费维权制度。2010年，浙江大学中国农村发展研究院农业品牌研究中心和《中国茶叶》杂志组织成立课题组，首次发布全国83个茶叶区域公用品牌价值，“金山翠芽”品牌评估价值4.43亿元。

2012年，镇江市人民政府成立金山翠芽品牌建设领导小组。

2015年11月，“镇江金山翠芽”注册为国家工商总局地理标志证明商标。

2016—2018年，“金山翠芽”采用“1+N”商标品牌。即：1个“镇江金山翠芽”地理标志证明商标，是区域公用品牌，为镇江市知名商标；9个企业商标，其中有6个为江苏省著名商标，1个为镇江市知名商标。

2017年2月，为加强区域公用品牌保护，镇江市茶业协会联合市工商局向全市茶产品生产经营者及经营者市场主办方发放《关于使用“镇江金山翠芽”证明商标的提示书》。5月11日，市农业委员会联合市工商局、润州区市场监督局等部门，邀请市茶业协会共同参与开展“镇江金山翠芽”商标专项整治行动。

2018年，制定《镇江市名茶打假治劣活动方案》，在市级媒体发布《关于开展金山翠芽品牌打假治劣活动的通告》，组成市政府办、市委宣传部、市农委、市工商、市食药监、市质监等部门联合检查小组，开展金山翠芽茶打假治劣和市场整治行动。2019年，继续开展此项活动。

2019年3月，在镇江西津渡景区举办“金山翠芽品鉴推介活动”。同年，浙江大学中国农村发展研究院中国农业品牌研究中心发布“金山翠芽”品牌评估价值为12.08亿元。

2020年3月，在镇江市南山茶林研究所举办金山翠芽茶开采仪式，镇江市电视台等新闻媒体全程报道。

（四）市场销售

金山翠芽原料基地建园后，第三年开始打顶采摘，第四年正式投产，产量为50～70千克/公顷，每公顷产值20万元以上，茶农每公顷能获得净效益6万元左右，是镇江丘陵地区农民增收致富的好项目之一。多年来，金山翠芽很少能进入商业流通，均在生产单位销售一空。镇江人对地产茶特别偏爱，把金山翠芽视为茶中极品、礼品首选，作为礼品不仅销往国内主要省（自治区、直辖市），还常馈赠给外国友人。2018年实施以“镇江金山翠芽”地理标志证明商标管理金山翠芽产品的生产和销售以来，开展过多次市场专项整治行动，基本规范了金山翠芽的生产和销售，侵权行为大大减少。2016年，9家授权使用农产品地理标志“镇江金山翠芽”的茶场，金山翠芽原料基地面积约80公顷，年产量5.5吨，产值1600万元以上。

金山翠芽自投产后，一直供不应求，售价一再攀升。

1995—2004年，特级产品均价稳定在2000元/千克左右，大大高于省内其他名茶的价格水平。其中，1998年首届中国名茶拍卖会上，镇江市五洲山茶场生产的金山翠芽以16000元/千克的高价拍出，创出当时镇江茶价的最高纪录。

2004—2009年，金山翠芽特级产品均价在2400元/千克左右。

2010—2017年，特级产品均价在3000元/千克左右。

2019年，金山翠芽按“五统一”模式管理，统一审评定级后，统一集中包装，按照等级确定产品价格。其中，五星为2200元/450克，四星为1500元/450克，三星为800元/450克。

三、原料要求

（一）品种

根据金山翠芽茶的风格特点，选择无性系福鼎大毫、福鼎大白等多毫、芽肥壮的良种茶树芽叶为原料。3月下旬萌动，较原产地迟20～30天。其中，福鼎大毫茸毛特多而粗，百芽重可达104克，比中、小叶茶树重一倍。抗寒、抗旱性较强，抗病性较强。制茶毫香醇正，绿茶的适制性特别好，且红绿茶兼制。

（二）采摘与分级

金山翠芽的采摘面采取低定短放、夏剪秋养的方式，培养立体采摘树冠。适时嫩采，保证芽苞肥壮。在3月下旬或4月初至谷雨节前后，当越冬茶芽有20%伸长至一芽一叶初展时开始采摘（常年在3月28日前后）。这时芽苞最饱满，芽叶内含物也最丰富，要选择芽长相近、饱满肥壮的芽苞。每批鲜叶应大小匀称、新鲜、纯净。特一级以单芽为主，芽长2.5厘米左右，单芽率不低于80%。特二级以一芽一叶初展为主，单芽率不低于30%。一级以一芽一叶为主，一芽一叶初展率不低于30%。

四、加工技术

按《农产品地理标志 镇江金山翠芽茶》（DB 3211/T 1010—2019）要求，采摘的芽叶，春茶在萎凋槽摊放4～6小时，至芽叶柔软、叶色变暗，散发出清香或果香为适度。

（一）手工炒制工艺

1. 杀青

杀青锅温120℃左右，每锅投叶0.25千克，抖闷结合杀青3～4分钟，随后锅温降至80℃左右做形，手法主要是抖、带、抓、炒，到七成干，起锅摊凉，时间约为25分钟。

2. 辉锅

两锅杀青叶并为一锅，锅温70～80℃，边整形边炒干，时间在20分钟左右，干茶含水量控制在6.5%以内。

3. 精制

剔除破碎茶叶，筛去茶末。

（二）机械加工工艺

1. 杀青

高温快杀，透杀匀杀。设备选用6CST-40滚筒及以上型号杀青机。投叶温度为杀青机筒腔空气温度 100℃以上。6CST-40 杀青机每小时投叶量为 20 千克左右。鲜叶在滚筒内杀青时间为 2 分钟左右。以叶色由鲜绿转为暗绿色，青草气消失，叶质柔软，无红梗、红叶，无焦边、焦斑，手捏茶叶成团，松手即散，发出淡茶香或果香、清香为适度，杀青失重率在 40% 左右。杀青叶应及时置于通风透气处摊凉，摊凉厚度为 2 ～ 4 厘米，摊凉时间 15 ～ 20 分钟。

2. 理条整形

快理凉软，恒温轻压。从理条整形到辉锅过程中，保持叶温在 40℃左右。设备选用 6CLZ-60 振动理条机等多用理条设备。投叶温度为槽锅温度达到 70 ～ 90℃时。投叶量为每次投入杀青叶 1 ～ 1.5 千克，时间为 10 分钟左右。茶条理直，失重率达 40% ～ 50% 为适度。理条后的茶叶及时摊凉，厚度不超过 3 厘米，摊凉 20 分钟以上，至芽叶回软。

整形设备选用 6CMD 多用机。温度为槽锅内温度 80 ～ 90℃。慢炒 3 分钟，至芽叶回软时加压，特级加轻压 1 ～ 2 分钟，一级、二级再加重压 1 分钟，茶叶成形后减压，再加速快炒，速度先慢后快，加压先轻后重，以茶叶能在槽锅内轻度抛起翻动为适度。整形时间约 20 分钟。茶叶在槽锅内炒至芽尖部发硬，有触手感，失重率达 60%。摊凉厚度不超过 3 厘米，时间为 20 分钟左右。

3. 辉锅干燥

平滑挺锅，足干提香。可选用设备 6CLZ-60 型振动理条机等，温度为 60 ～ 70℃，温度先低后高，渐升至 80 ～ 90℃。投叶量为每槽投入整形叶 100 ～ 150 克，时间为 10 ～ 15 分钟。达到手捻茶叶有少量碎片，失重率为 65%。摊凉 20 分钟以上，茶叶冷却至室温。足干设备选用 6CH-941 烘干机或茶叶烘焙机。热风温度为 60 ～ 80℃。茶叶的厚度为 1 ～ 1.5 厘米，边烘边翻 5 ～ 10 分钟。手捻茶叶成粉末，水分在 6.5% 以下即可。摊凉至室温。

4. 精制

各级金山翠芽精制用风选、手工簸、拣梗机等方式，除去片、断碎茶叶，筛去茶末，即可包装。

五、品质特征

（一）感官品质

在 1985 年全国名优茶展评会上，专家组称金山翠芽茶“风格独特，品质优异”，感官品质特征为外形扁平挺削匀整，色翠显毫，滋味鲜浓，汤色翠绿明亮，香高持久，叶底嫩匀肥壮。金山翠芽原料品种适制绿茶的优势明显，奠定了其优质名茶的物质基础。以肥壮单芽为标准原料，每千克干茶单芽数在 3.6 万个左右，仅为小叶种茶树嫩芽的一半左右。

金山翠芽茶实物照（2019 年）

2019 年金山翠芽茶感官品质指标表

表 4-3

级别	外形			内质			
	条索	色泽	匀净度	香气	滋味	汤色	叶底
特一级	扁平挺削	色翠显毫	匀齐	毫香、嫩香	鲜醇甘爽	嫩绿明亮	壮匀嫩绿
特二级	扁平挺直	翠绿显毫	匀整	清香持久	鲜爽醇厚	淡绿明亮	绿明亮

续表 4-3

级别	外形			内质			
	条索	色泽	匀净度	香气	滋味	汤色	叶底
一级	扁直	翠绿带毫	匀净	清香	醇厚回甘	绿尚明亮	明尚亮

资料来源：引自《农产品地理标志 镇江金山翠芽茶》（DB 3211/T 1010—2019）

（二）理化品质

同一茶树品种越向北引种，越适制绿茶。所选原料品种——福鼎大毫种经适应后，能在镇江的土壤和气候条件下生长，可大面积栽培，其品质适制绿茶。该品种原产地的氨基酸含量为 3.5%，水浸出物含量小于 35%，镇江栽植的福鼎大毫茶品种氨基酸含量为 4.3%，水浸出物含量高达 40%，与原产地福建省福鼎市相比，氨基酸含量显著增高，水浸出物含量增高，酚氨比明显下降，绿茶适制性显优于南方各茶区该品种特性。

1985 年 5 月，镇江市多种经营管理局送检金山翠芽至无锡市茶叶研究所，检测 4 个样品的水浸出物含量分别为 44.55%、42.58%、46.17% 和 43.12%；送检金山翠芽至安徽农学院，检测结果为粗纤维 8.675%、碎茶 0.17%、末茶 0.33%、灰分 5.70%。2006 年 4 月，镇江市园艺技术指导站送检金山翠芽至镇江市农产品质量检验测试中心，检测结果为水浸出物含量 39.8%、游离氨基酸 4.8%、多酚类物质 24.8%。

2019 年金山翠芽茶理化指标表

表 4-4

项目		指标（%）		
		特一级	特二级	一级
水分	≤	6.5	6.5	6.5
水浸出物	≥	36.0	36.0	34.0
总灰分	≤	6.5	6.5	6.5
粗纤维	≤	10.5	12.5	14.0

续表 4-4

项目		指标（%）		
		特一级	特二级	一级
粉末	≤	1.0	1.0	1.0

资料来源：引自《农产品地理标志 镇江金山翠芽茶》（DB 3211/T 1010—2019）

第二节　茅山长青

句容市是江苏省重点产茶县（市），也是全国产茶重点县（市）之一，2010年被评为“中国名茶之乡”，为茅山长青茶主产区。茅山长青茶属扁条形绿茶。

一、历史演变

茅山是革命老区，茅山丘陵地区是镇江茶叶的主产地。为纪念革命先烈，寓意革命精神万古长青，创制茅山长青茶。由镇江市多种经营管理局副局长、农艺师陈武生取名，并任课题顾问，1986年镇江市科委立项。项目句容县多种经营管理局农艺师田保良主持，主要参加研制人员有句容县多种经营管理局副局长、农艺师顾穆、句容县茅山茶场场长糜三元、镇江市多种经营管理局助理农艺师李传德、句容县高庙茶场副场长魏德明等。1986年4月15日，开始在茅山茶场进行试制工作，原料采自中叶类群体种的单芽，主要是槠叶种和鸠坑种，手工炒制。当年秋茶后期进行多次试制，并对试制的样品进行审评，初步形成茅山长青茶的炒制工艺流程和产品风格。1987年，对春茶又进行多批试验，进一步完善炒制工艺流程。同年6月，通过由镇江市科委组织、主持的技术鉴定。1988年后，句容县高庙茶场、春城茶场、赵庄林苗场、张庙茶场等先后生产茅山长青茶，之后产量逐年增加，并推广至句容市全境种植。

1994年，引进小型名优茶杀青机和多功能机，在春城乡茶场利用名优茶机械加工茅山长青茶。同年，机械加工出来的茅山长青茶首次参加“陆羽杯”评比并获特等奖。通过多次试制对比，结果显示机械加工可节省劳动力、减轻劳动强度，机械加工出来的茶叶品质还优于手工炒制。茅山长青茶开始逐步实现机械化加工，原料大部分选用龙井长叶、浙农 113、浙农 117 等无性系良种，茶叶品质进一步提高。为规范茅山长青的品质，实行标准化生产，1998 年制定茅山长青茶企业生产标准。2002 年，句容市林特产技术指导站农艺师王芳等起草《茅山长青茶》和《茅山长青加工技术规程》江苏省地方标准，2007 年重新进行修订。

2010 年，江苏省茅山长青茶标准化示范区建设通过省级验收。

1987—2019 年茅山长青获奖一览表

表 4-5

获奖时间	授奖单位或比赛名称	奖项
1987 年 12 月	镇江市政府	科技进步奖三等奖
1992 年	林业部	林业部名茶
1994—2016 年	江苏省“陆羽杯”名特茶评比	特等奖
2000 年	国际茶叶博览会	金奖
2001 年	中国农业博览会	名牌产品
2002 年	国际名牌产品与知识产权博览会	金奖
2003—2017 年	“中茶杯”全国名优茶评比	特等奖、金奖
2018 年	中国国际茶叶博览会江苏名特茶遴选	特等奖
2019 年	北京世界园艺博览会江苏“十佳名茶”遴选	江苏省“十佳名茶”

二、产业状况

（一）产区分布

茅山长青茶叶产地地域范围包括句容市天王镇、茅山镇、郭庄镇、后白镇、白兔镇、边城镇、下蜀镇、宝华镇、华阳镇、茅山风景区、句容经济开发区。

（二）生产主体

茅山长青茶的生产主体是句容市茶叶协会的团体会员单位，共 49 家会员单位，主要是国有茶场和有一定规模的集体及私人茶企。

（三）品牌建设

句容市始终把“茅山长青”品牌创建作为一项最重要的工作来抓，“茅山长青”品牌也是句容市最知名的茶叶区域公用品牌。茅山长青茶虽然在句容研制成功，但当时由于商标意识不强，“茅山长青”商标被溧阳市王某抢先注册。句容市茶叶协会在句容市人民政府的支持下，筹资23.1万元，于2006年3月28日购回“茅山长青”注册商标专用权。句容市茶叶协会为加强品牌管理，对茅山长青系列茶实行“统一商标、统一生产标准、统一操作规程、统一包装、统一基地建设管理”的区域、集约、规模管理模式，提升茅山长青茶的市场价值和品牌地位。2006年8月24日，茅山长青通过ISO 9001质量管理体系认证。2007年，茅山长青茶被认定为“江苏省名牌产品”。2008年，“茅山长青”商标被认定为“江苏省著名商标”。

2013年，“茅山长青”商标被评为“我最喜爱的江苏商标”，是镇江市茶叶行业唯一获评商标。同年，茅山长青茶通过省级农产品地理标志相关的产品品质鉴评报告、现场报告以及质量控制技术规范。2014年，茅山茶场生产的茅山长青代表江苏名茶被央视七套专题报道。2016年3月，开展中国森林认证（茶叶）资料的收集整理，同年通过森林认证。2017年，使用“茅山长青”中国森林认证（茶叶）标贴。同年，句容市市场监督管理局、句容市农业委员会为加强“茅山长青”品牌管理，要求所有茅山长青茶叶产销单位必须建立真实、完整的农产品产销记录，实行责任追溯。2019年9月26日，“茅山长青”登记为农产品地理标志，登记证书编号AGI2820。2020年12月，句容市茶叶协会制定茅山长青农产品地理标志使用管理办法；同年，“茅山长青”品牌价值达15.58亿元。

为加强“茅山长青”品牌的宣传，句容市人民政府于2018年4月15日举办主题为“生态句容　茅山长青”的首届中国茅山长青茶文化节。2019年4月，举办主题为“福地句容　茅山长青　茶香下蜀”的“2019茅山长青茶文化节暨茅山红色旅游年”活动。

（四）市场销售

多年来，茅山长青茶的销售以各生产单位自销为主，主要销往省内的大多数市县和北京市、上海市等地。当地消费以礼茶为主，也是当地重大活动的伴手礼。

三、原料要求

（一）品种

根据茅山长青茶的风格特征，应选择适制绿茶的中、小叶良种。适宜品种主要有龙井长叶、浙农 113、浙农 117、中茶 108 等。这些品种芽叶茸毫适中，育芽能力强，节间长度适中。春茶萌发力强，持嫩性强。抗寒、抗旱、抗病虫能力强。游离氨基酸含量达到 4% 左右。

（二）采摘与分级

1. 采摘

茅山长青茶的鲜叶原料为细嫩芽叶。采摘时，严格按茅山长青茶鲜叶原料的分级标准，适时采摘，立体采摘茶园应防止漏采。采摘手法为提手采，以保持芽叶完整、新鲜、匀净，不夹带鳞片、鱼叶及茶枝、茶梗等。采用清洁、通风性良好的竹编、网眼茶篮或篓筐采摘、盛装鲜叶。采下的茶叶应及时运抵茶厂加工车间处理，防止鲜叶质变和混入其他物质。

2. 分级

特级原料的芽叶组成是单芽，芽长 2.0 厘米以上，感官标准为芽头肥壮，叶质柔软，匀齐，色绿，新鲜，净度好。

一级原料以一芽一叶初展为主，单芽率不低于 30%，质柔软，匀齐，色绿，新鲜，净度好。

二级原料以一芽一叶为主，一芽一叶初展率不低于 40%，叶质柔软，匀齐，色绿，新鲜，净度好。

四、加工技术

（一）传统手工炒制工艺

1. 摊放

鲜叶进厂后先进行拣剔，拣出不符合标准的鲜叶和非茶类夹杂物。摊放在通风、阴凉、洁净的场所，摊放采用摊青槽、竹帘、竹匾等器具，摊叶厚 4 厘米以内，时间 4 ~ 6 小时，中途翻抖 1 ~ 2 次。摊放能促进鲜叶内含成分的水解作用及适度散失水分，并保持芽叶的新鲜度。摊放至芽叶由鲜绿转为暗绿，叶质由硬变软，青草气消失，减重率约为15%。一般掌握在上午采、下午制，下午采、当夜制。

2. 初炒

使用电炒锅，锅温要先高后低，区间为120 ~ 130℃。每锅投叶量300 ~ 350克，鲜叶下锅后，听闻有类似于炒芝麻声响为适宜温度，用双手或单手进行杀青。杀青炒时3 ~ 4分钟，以抖炒为主，适当闷炒，杀青叶质量总要求为透、匀、适度。当叶质成柔软状态，失去光泽，青草气完全消失，略显清香时，降低锅温至80℃左右，开始理条做形，采用“理”“带”“抖”（一芽一叶初展稍带“搭”）的手势，将茶理直做扁。当炒至形状基本形成，色泽一致，干度约达七成时，即可起锅至簸箕中，随即将初炒叶中片、末簸出。初炒时间为25 ~ 28分钟。

3. 摊凉（回潮）

回潮叶质量总要求是透、匀、平直，回潮到初炒叶松软时即可复炒。摊凉时间为30 ~ 40分钟。

4. 复炒

复炒质量总要求为鲜、直、匀整。复炒时，先将锅温升至约70℃（手距锅底6 ~ 7厘米处手心有温热感），擦净锅后，投入初炒叶350克左右（通常为两锅初炒叶，即两锅并一锅）。芽叶下锅后，先轻翻炒，待芽叶转热后，维持锅温在60℃左右，采用“理”“带”“抖”（一芽一叶加“轻搭”）的手势，继续将芽叶理直做扁，随茶叶干度增加，达九成干时，或出锅摊凉，或让锅温上升至70 ~ 75℃，轻巧地将芽叶在锅壁轻抓轻翻，炒握在手心芽叶应有发烫感。复炒时间约20分钟。

当茶叶表面扁直平滑，含水量在6%左右时，起锅摊凉，分筛（或簸除）割末，包装贮藏。

（二）机械加工工艺

1. 摊放、拣剔

茶叶摊放在通风清凉处为宜，一般设立专用的摊青室，使用竹盘或竹帘薄摊，不可堆积，适时均匀轻翻，摊青4 ~ 6小时。春茶生产季节里，天气经常时晴时雨，雨水叶处理非常重要，应置于通风场所用竹帘薄摊，雨水叶适当延长摊放时间，一般不超过 8 小时，降低鲜叶的细胞液泡含水率及细胞壁的脆硬性，并勤翻、轻翻、及时付制。

2. 杀青

常用机型为 50、60 型电热式滚筒式连续杀青机。滚筒杀青机内筒腔内温度在 110 ~ 120℃，杀青过程要符合先高后低的温度要求，严格掌控出叶口的杀青叶程度，保持杀青温度、投叶量的相对稳定。杀青时间在 2.5 分钟左右，杀青结束前 5 ~ 10 分钟开始降温，使机温随着滚筒中叶量的减少而逐步降低，以防止杀青叶焦糊。杀青程度为芽叶失去光泽，叶色由鲜绿变成暗绿色，叶质柔软，嫩梗折而不断，用手紧握杀青叶能成团，松手不易散开，青气散失，显露清香，含水率 58% ~ 62% 为适度。杀青叶应及时摊凉，摊凉厚度为 2 ~ 4 厘米，摊凉时间 20 分钟左右。

3. 理条

采用 6CLZ-60 振动理条机，理条机速度先快后慢。当槽锅温度达到 80 ~ 90℃时投入杀青叶，每次投入杀青叶依机型而定。6CLZ-60 振动理条机每槽投入 100 ~ 150 克，茶条理直，达到四成干时为适度。理条后的茶叶及时摊凉，厚度不超过 3 厘米，至芽叶回软。

4. 整形

用 6CLZ-60 振动理条机，槽锅内温度 70 ~ 80℃。每槽投叶量 100 ~ 150 克，理条机中速炒制 3 ~ 5 分钟，至茶叶受热回软后加压辊压 1 ~ 2 分钟。理条时以茶叶能在槽内轻度翻动为适度，加压时温度和速度适当调低。至茶条扁直，基本定型，略有触手感，七八成干时下机摊凉，时间在 20 分钟以上，厚度不超过 3 厘米。

5. 干燥

初干　采用名茶烘焙机，70 ~ 80℃，先低后高，摊叶厚度 1 厘米左右，边烘边翻，达到九成干。

足干　温度为 80 ~ 90℃。摊叶厚度为 1 ~ 1.5 厘米，边烘边翻，当手捻茶叶成粉碎状，水分不大于 6.5% 时下机，摊凉至室温。

6. 精制

各级茅山长青茶，用风选或手工簸的方式除去片、末。

五、品质特征

（一）感官品质

外形扁直、挺秀，色泽翠绿，香高持久，汤绿、明亮，滋味鲜爽、醇和，叶底嫩绿、匀整。

2007 年茅山长青茶感官品质指标表

表 4-6

级别	外形			内质			
	条索	色泽	匀净度	香气	滋味	汤色	叶底
特级	扁直、挺秀	翠绿、润	匀整、净	清香、幽雅	鲜爽	嫩绿、明亮	嫩绿、匀亮
一级	尚扁直、挺秀，叶包芽	绿、尚润	匀整、净	嫩香	鲜醇	清澈、明亮	嫩绿、尚匀亮
二级	扁平、尚直	绿	整尚匀、净	清香	醇和	绿、明亮	嫩绿、匀整

（二）理化品质

2018 年 11 月，句容市茶叶协会送检茅山长青茶至农业部茶叶质量监督检验测试中心，2 个茶样结果分别是水浸出物含量 49.5%、水分 3.59%、总灰分 5.4%、粗纤维 6.9%、粉末 0.1% 和水浸出物含量 48.7%、水分 6.3%、总灰分 5.2%、粗纤维 7.6%、粉末 0.1%。

2007 年茅山长青茶理化指标表

表 4-7

项目		指标（%）
粉末	≤	1.0
水分	≤	6.5
水浸出物	≥	34
总灰分	≤	6.5
粗纤维	≤	12.5

资料来源：引自《茅山长青茶》（DB 32/T 444—2007）

第三节 长山剑毫

长山剑毫主要产区在镇江市丹徒区，为新创名茶，属绿茶类。

一、历史演变

（一）创制及荣誉

2012 年 3 月，丹徒区在前期 6 只高级绿茶研制、加工技术推广的基础上，由丹徒区农业推广中心组织专业技术人员马汝全等，在墅香剑毫茶加工工艺基础上进行长山剑毫茶的研制，2013 年 6 月 18 日通过镇江市科技局组织的技术鉴定。2013 年，申报“江苏省长山剑毫茶标准化示范区”和“国家茶叶综合标准化示范区”，获立项支持。2015 年 6 月，由马汝全等人起草的《长山剑毫茶加工技术标准》通过省质量技术监督局组织的评审，并发布实施。2016 年 5 月，“江苏省长山剑毫茶标准化示范区”“国家茶叶综合标准化示范区”通过国家标准委委托江苏省质量技术监督局组织的项目验收，并成为国家标准委推广学习的先进项目。2017 年 6 月，《长山剑毫茶等级标准》通过江苏省质量技术监督局组织的评审，并发布实施。

2014—2020 年长山剑毫获奖一览表

表 4-8

获奖时间	授奖单位或比赛名称	奖项
2014 年	江苏省“陆羽杯”名特茶评比	特等奖
2015 年	第十一届“中茶杯”全国名优茶评比	特等奖、一等奖
2016 年	江苏省农业农村厅	江苏省优质农产品
2018 年	中国国际茶叶博览会江苏名特茶遴选	特等奖
2020 年	江苏省“陆羽杯”名特茶评比	特等奖

（二）生产发展

2012 年，开始小批量试制、试产。2013 年产品试销，当年通过市级鉴定。

2014 年起，丹徒区建设“国家茶叶综合标准化示范区”，在丹徒区江苏省现代农业产业园 13 家茶叶企业中重点推广长山剑毫茶，并逐步辐射全区茶企。随着《长山剑毫茶加工技术规程》《长山剑毫茶等级要求》推广应用，丹徒区农业技术推广中心制定长山剑毫茶标准样，分为特级、一级、二级 3 个级别。2016 年，“国家茶叶综合标准化示范区建设项目”通过验收。

二、产业状况

（一）产区分布

长山剑毫是丹徒区区域公用品牌，主要分布于丹徒区江苏省现代农业产业园范围内的上党镇、高资街道和宜城街道。

（二）生产主体

截至 2020 年年底，共有丹徒区玉雪春茶叶专业合作社、丹徒区壹零捌茶叶专业合作社、丹徒区春沁茶叶专业合作社、丹徒区茗缘茶叶专业合作社、丹徒区墅茗茶叶专业合作社、丹徒区富农茶叶专业合作社、丹徒区醉园春茶叶专业合作社、丹徒区墅春茶叶专业合作社、丹徒区农发茶叶专业合作社、丹徒区坞庄茶叶专业合作社、丹徒区西林茶叶专业合作社、丹徒区长香茶叶专业合作社、丹徒区誉诚茶叶专业合作社 13 家茶叶生产主体企业。

（三）品牌建设

2014 年，印制长山剑毫统一包装，注册“米芾”牌商标。2016 年，举办丹徒区第一届茶叶文化节。2018 年，举办丹徒区（上党）茶叶文化节。2019 年，在墅山村组织茶叶宣传展示活动，在央视八套进行系列宣传。

（四）市场销售

长山剑毫茶以生产单位自销为主，主要销往省内和上海市等地，以礼茶为主。

三、原料要求

（一）品种

长山剑毫茶以镇江市丹徒区种植的福鼎大白茶、龙井长叶、中茶 108 等中、小叶种茶树芽叶为原料。

（二）采摘与分级

长山剑毫茶的采摘采取低定短放、夏剪秋养、培养立体采摘树冠的方式。适时嫩采，即在 3 月下旬或 4 月初至谷雨前，当越冬茶芽有 20% 生长至一芽一叶初展时，开始采摘。采摘选择芽长相近、饱满肥壮的芽苞，每批鲜叶大小匀称、新鲜、纯净。特级以单芽为主，单芽占比大于 90%，其余为一芽一叶初展，全长不超过 2.5 厘米。一级以一芽一叶初展为主，单芽占比大于 40%，其余为一芽一叶，全长不超过 3 厘米。二级以一芽一叶和一芽二叶初展为主，全长不超过 3.5 厘米。

四、加工技术

（一）摊放

鲜叶适度摊放，挥发青草气，有利提高成品茶的品质。保持室温在 20℃左右，摊放厚度 2 ~ 3 厘米，摊放时间一般为晴天 3 ~ 4 小时、阴雨天 5 ~ 6 小时。摊放程度以叶面光泽基本消失、叶质较柔软、散发清香为适度。

（二）杀青

用 6CST-50 型电热式滚筒杀青机杀青。滚筒探头指示温度在 320℃左右时投叶杀青。刚开始投叶稍微多，以免产生焦边、焦叶。待滚筒探头指示温度保持在 300℃左右时，投叶量在每次 150 克左右，时间间隔 5 ~ 6 秒。杀青时间 100 秒左右，后需吹去单片、焦枯叶。

（三）摊凉

杀青叶下机后，立即散开，连续自下而上吹风，迅速散热、散发水汽，使叶温降至室温，再筛分进行分级付制，为保持长山剑毫茶色泽翠绿和匀齐的重要措施。

（四）理条

用 6CLZ60-11 型名茶振动理条机，振动频率 210 次 / 分钟，探头温度 240℃左右，同时开启吹风，理条 3 ~ 5 分钟。理条叶出锅后，立即散开，下机吹风摊凉至室温，使芽叶各部分含水量均匀。

（五）整形

用 6CLZ60–8 型名茶多用机，初理条叶上机 1 ～ 2 分钟后加轻压 20 秒，探头温度 190℃左右，振动频率 190 次 / 分钟，时间在 5 分钟左右。下机后摊凉 30 分钟左右，至室温筛分进行分级付制。

（六）做形

用 6CLZ60–8 型名茶多用机，理条叶上机 1 ～ 2 分钟后加轻压 30 秒，探头温度在 180℃左右，叶温 45℃左右，时间 5 分钟左右。

（七）干燥

用 6CHP–4 型烘干机，探头温度 150℃左右，将茶叶均匀薄摊在烘筛上，厚度不超过 1 厘米，1 ～ 2 分钟翻动一次，用时 10 分钟左右，茶叶含水量在 6% 以下时下机摊凉。

（八）精制

经摊放、撩头割末，分筛定级后包装、封存，待销售。

五、品质特征

（一）感官品质

条索扁平似剑，翠绿隐毫，汤色嫩绿、清澈，香气清香持久，滋味鲜醇，叶底嫩绿、匀整。

2017 年长山剑毫茶感官品质指标表

表 4–9

级别	外形			内质			
	条索	色泽	匀净度	香气	滋味	汤色	叶底
特级	扁平似剑	翠绿隐毫	匀整、净	嫩香	鲜醇	嫩绿、清澈	嫩绿、匀整
一级	扁平、挺直	翠绿带毫	匀净	清香持久	鲜爽	绿、明亮	色绿、明亮
二级	扁直	绿略显毫	尚匀净	清香	浓醇	绿、尚明亮	色绿、尚明

（二）理化品质

2013 年 4 月，送中国茶叶研究所质量检测中心检测长山剑毫茶理化指标数据。

2013年长山剑毫茶理化指标表

表4-10

项目		指标（%）
水分	≤	6.5
总灰分	≤	6.5
水浸出物	≥	36.0
碎末	≤	5.0

第四节　其他名茶

一、三山香茗

1989年，丹徒县林副业局、丹徒县茶场（现润州茶叶试验场）的科技人员开始研制高级绿茶“三山香茗”。首先制定研制方案，对产品的风格品质进行设计，后开始小批量试制。1990年，将手工炒制的样品送镇江市名特茶评比会审评，与会专家认为基本符合高级绿茶要求，建议立项进一步开展研制。1991年，镇江市科委〔1991〕51号文下达“三山香茗茶的研制”项目，由丹徒县茶场承担，刘杰、金庆余、解月华、邱永海、马汝全为科研组成员。项目组围绕三山香茗的品质特征“扁平挺秀、色泽翠绿、汤色清明、香高持久、滋味鲜醇、叶底嫩绿”进行反复试验，形成鲜叶采摘管理、杀青、辉锅、精制的工艺流程。同年，该项目通过由市科委组织、主持的技术鉴定。该成果1992年获镇江市科技进步奖三等奖。

1998年，丹徒县科委〔1998〕20号文下达“三山香茗机械制茶工艺技术的研究”项目，由丹徒县多种经营管理局林业站承担，上党曹付茶场、石马水台茶场、上党镇多种经营站等单位参加。通过试验，使用名优茶加工机械杀青、理条、辉锅制出的三山香茗茶不仅保持了原产品的风格品质，工效还提高了3倍以上。同年10月，该项目通过由县科委组织、主持的技术鉴定。

三山香茗为区域公用产品，产地包括丹徒区、润州区、镇江新区的重点茶场。该产品在“陆羽杯”“三山杯”名特茶评比中多次获得一等奖、特等奖。至2020年，多数茶场转产同类扁形茶“剑毫”，用该品名的茶场逐渐减少。

二、墅山翠萝

1990年，镇江市科委下达“墅山翠萝茶的研制”项目（编号Q9003-1），承担单位为丹徒县上党镇里墅茶林场，丹徒县多种经营管理局林特站参加。成立由付玉香、付兆龙、付锁虎、邱永海、马汝全组成的研制组，制定研制方案。以当地主栽茶树品种槠叶群体种的芽叶为原料，研制卷曲形高级绿茶。确定品质特征为“色绿显毫、紧结卷曲，汤绿明亮、香气鲜嫩、滋味鲜爽、叶底嫩绿明亮”。经过反复试验，产品基本定型。1991年，所制小样在丹徒县评茶会上获第一名。在此基础上，继续改进采制技术和工艺流程，基本完成项目设计任务，项目于1993年由镇江市科委组织、主持通过技术鉴定。研制成果获1994年江苏省农业科技进步奖三等奖。

墅山翠萝茶鉴定会（1993年）

墅山翠萝茶原为手工炒制，在杀青、辉锅工序中运用搓揉的手法，使外形紧结卷曲。为保持条索匀整，需通过烘焙达到足干。20世纪90年代中后期，逐步实行机械加工。

墅山翠萝为丹徒区区域公用产品，生产单位有上党镇里墅茶林场、墅香茶场、五塘茶场、曹付茶场、海燕茶场、小力山茶场、林牧场、万祥实验茶场等。该产品1995年获“中茶杯”二等奖，1996年获“陆羽杯”一等奖，2005年获“三山杯”特等奖。2006年产量7～8吨。2000年后，随着全程机械扁形茶的发展，卷曲形茶生产逐渐减少。

三、凤美剑毫

1992 年，镇江市科委下达“高级绿茶凤美剑毫的研制”项目（编号 S92025-1），承担单位为丹阳市多种经营管理局，参加单位有司徒镇前村茶场、银海茶场。项目成立由秦金锁、陈泰波、蔡金芳、邵素忠、裔刚、宦纪忠、李玉才、王辉琼组成的研制组。制定研制方案，围绕凤美剑毫的品质特征“肥嫩显芽，形扁色绿，汤绿明亮，嫩香高长，滋味浓醇，叶底绿明亮”，利用司徒镇前村茶场的福云 6 号茶园原料，进行反复试验对比，形成较完整的采制工艺流程，基本完成项目设计任务。1995 年，项目通过由镇江市科委组织、主持的技术鉴定。

凤美剑毫产地分布在丹阳市域内的主要茶场，是丹阳市区域公用产品，由于缺少生产龙头带动和优质原料基地，品牌创建、品牌宣传乏力，已很少有茶场生产。该产品在 2002 年、2004 年获“陆羽杯”特等奖。

四、茗苑曲毫

2008 年，句容市技术创新基金项目实施研制，原名“高庙香”，承担单位为江苏茗苑茶叶科技开发有限公司（原句容市高庙茶场），由孙华志、张远勤等人研制。2009 年 8 月，项目由镇江市科技局组织专家进行鉴定，2010 年更名为“茗苑曲毫”，2012 年制定江苏省地方标准《茗苑曲毫茶等级》（DB 32/T 2070—2012）和《茗苑曲毫茶技术规程》（DB 32/T 2069—2012）。茗苑曲毫茶的品质特征为“条索紧曲披毫，色泽绿润匀整，汤色嫩绿明亮，滋味清鲜爽口，清香持久、带花香，叶底肥壮、嫩绿匀齐”。2010 年获江苏省第十四届“陆羽杯”特等奖，2011 年获第九届“中茶杯”特等奖，2012 年获第十五届“陆羽杯”一等奖，2013 年获中国茶叶学会第十届“中茶杯”特等奖，2014 年获第十六届“陆羽杯”特等奖，2015 年获第十一届“中茶杯”特等奖、金奖，2016 年获第十七届“陆羽杯”特等奖，2017 年获第十二届“中茶杯”特等奖、金奖，同年通过中国森林认证茗茶品牌，2018 年获第二届中国国际茶叶博览会优质奖等。2019 年、2020 年获中国茶叶学会茶叶品质鉴定四星级名特绿茶称号。茗苑曲毫是企业产品，仅江苏茗苑茶叶科技开发有限公司生产，因其原料受限于多毫大中叶品种，故产区和产量有限。

五、南山滴翠

1999 年，由镇江市南山茶林研究所所长陈武生牵头研制，2001 年经镇江市农林局组织专家鉴定。南山滴翠茶以乌牛早、龙井系列、福鼎大白品种的一芽一叶为主要原料加工而成。其品质特征为“全芽挺直，色泽翠绿，汤色绿亮清澈，香气清香，滋味鲜爽，叶底嫩匀绿亮”。曾多次获得“陆羽杯”和“中茶杯”的特等奖。南山滴翠是企业产品，镇江市南山茶林研究所注册“南山滴翠”商标，仅注册单位使用。

六、五峰迎春

1998 年，由镇江市五峰茶场场长戴德明，镇江市多种经营管理局园艺技术指导站站长、高级农艺师李传德等人研制成功，并通过镇江市科技成果鉴定，获镇江市科技进步奖四等奖。成品茶以黄山大叶、福鼎大白、乌牛早等品种的细嫩芽叶为原料加工而成，其品质特征为“全芽微扁似矛，翠绿匀整，汤绿明亮，清香浓郁，滋味鲜爽，叶底肥嫩绿明”。经农业部茶叶质量监督检验测试中心检验，其理化、卫生指标符合国家标准，综合评价为：“品质全面，质地优良，富有名茶特色。”2004—2005 年获第四届、五届国际名茶评比金奖，2015 年 2 月获“新华社江苏省消费者最喜爱的绿色食品”称号，多次获“陆羽杯”“中茶杯”名优茶评比一等奖。五峰迎春是企业产品，仅镇江市五峰茶场生产，注册有“五峰迎春”商标。

七、惊春灵芽

1997 年，由镇江市五洲山茶场研制成功，并通过市科技成果鉴定。成品茶以乌牛早为原料，开采时间在惊蛰与春分之间，由江苏省农林厅园艺处茶叶科正高级农艺师郜大传定名为“惊春灵芽”。该茶以乌牛早的细嫩芽叶为原料加工而成，其品质特征为“扁平挺秀，色泽翠绿，汤绿明亮，嫩香持久，滋味鲜爽，叶底匀整明亮”。获第八届至第十三届“陆羽杯”特等奖和一等奖。连续获第二、第三、第四届“国际名茶评比会”金奖和银奖。被中国国际农业博览会评定为名牌产品。惊春灵芽是企业产品，仅镇江市五洲山茶场生产。

八、润扬翠茗

2002年，由丹徒区黄墟茶叶良种场和丹徒区农林局林业技术指导站共同研制，并通过市级鉴定。润扬翠茗茶的品质特征为“外形全芽微扁，翠绿匀整，汤色嫩绿明亮，香高持久，滋味清甘，叶底绿亮匀齐”。曾在市、区茶叶评比中获奖，并获得市级优质农产品称号。仅丹徒区黄墟茶场生产，没有量产过，已几乎停产。

九、山水映竹

2009年，由镇江市科技局组织专家对袁小燕、马汝全等人研制的山水映竹进行鉴定。山水映竹茶的品质特征为“条索平直、匀整，翠绿显毫，汤色嫩绿明亮，香气嫩香持久，滋味鲜爽、爽口，叶底嫩绿匀整，芽叶完整”。获得第九届“中茶杯”一等奖、第十三届“陆羽杯”一等奖。“山水映竹”品牌仅丹徒区山水湾农业科技有限公司使用，茶叶没有量产过，2012年后已停产。

十、墅香剑毫

墅香剑毫茶由镇江市丹徒区墅香茶场农艺师付玉香等于2008年研制而成。2009年，通过镇江市科技局主持的技术鉴定。墅香剑毫茶的品质特征为“全芽似笋，翠绿整齐，汤色嫩绿清澈，香气清香持久，滋味清爽，叶底匀齐绿亮”。2015年7月通过绿色认证，2016年10月通过ISO 9001:2008质量管理体系认证。获中国茶叶学会首届“国饮杯”茶叶评比特等奖、第十一届“中茶杯”特等奖、第十二届“中茶杯”银奖。墅香剑毫主要生产单位有丹徒区墅香茶场、丹徒区壹零捌茶叶专业合作社等。

十一、金谷阳春

2002年由镇江市丹徒区谷阳茶场研制而成，2003年通过由镇江市科技局主持的技术鉴定。2003—2017年，连续获“中茶杯”银奖、特等奖、一等奖18

次。2004—2017 年，连续获“陆羽杯”名特茶评比特等奖 6 次。2008 年，获世博会名茶评比金奖。连续多年获市、区名茶评比特等奖、一等奖。金谷阳春仅丹徒区谷阳茶场生产。

十二、吟春碧芽

2003 年由江苏吟春碧芽股份有限公司（原丹阳市云阳迈春茶场）研制而成，2005 年通过镇江市科技局组织的专家鉴定。吟春碧芽的品质特征为“色泽嫩绿，微扁形似矛，汤色嫩绿明亮，清香持久，滋味醇爽，叶底完整明亮”。获“中茶杯”第九届国际鼎承茶王赛绿茶组特别金奖、第九届国际鼎承茶王赛绿茶组茶王奖。连续6届（第十二至第十七届）获“陆羽杯”特等奖，连续6届（第七至第十二届）获“中茶杯”特等奖。吟春碧芽是企业产品，仅江苏吟春碧芽股份有限公司生产。

十三、宝华玉笋

1992 年，由句容县高庙茶场孙华志等在句容市林场研制，1995 年通过市级鉴定，获镇江市科技进步奖三等奖。宝华玉笋采用福鼎大毫茶树鲜叶单芽原料全程机械加工而成，是镇江首个通过全机械加工创制的名优茶。条索挺直饱润似笋，色泽翠绿显毫，汤色浅绿明净，香气高雅持久，滋味鲜醇爽口，叶底嫩绿明亮。其外形独特，与金山翠芽外形相似度较高。获第十五届、第十六届、第十七届、第十九届“陆羽杯”特等奖，获第十届、第十一届、第十二届“中茶杯”特等奖、金奖。2019 年，经中国茶叶学会茶叶品质鉴定为五星级绿茶。宝华玉笋仅句容林场生产。

十四、雾岐翠眉

1986 年由句容县下蜀茶场科长杜金海、下蜀茶场技术员杜希荣研制，1989 年通过镇江市科委组织的鉴定。以中小叶种一芽一叶为原料制成，雾岐翠眉条索匀整，扁弯似眉，色泽翠绿，汤绿明亮，香高持久，滋味醇和，叶底嫩绿。2000 年获第八届“陆羽杯”一等奖，之后“翠眉”产品在句容市全境逐渐得到推广生产。

第五章 科研与创新

中华人民共和国成立后，镇江茶叶在科技引领下迎来快速发展时期，在良种茶树引种、茶园管理、茶园灾害预防、加工设备引进与技术创新、茶叶标准化建设等方面进行科研与创新，镇江茶树栽培水平和茶叶加工水平得到提高。

第一节　无性系茶树良种引种

一、金山翠芽茶适制品种引选试验

2003—2004年，镇江市园艺技术指导站实施江苏省农业三项工程"'金山翠芽'茶适制新品种引选与无公害生产技术开发项目"，对福鼎大白、福鼎大毫、名山早、名山白毫、农抗早、浙农119、早春毫7个茶树品种的栽培特性进行观察、记载和整理。

金山翠芽茶适制新品种引选试验区（2004年）

二、白化系茶树品种引种试验

2008年，镇江市南山茶林研究所引进黄金芽茶苗，选择一块树木环绕、朝向西南、光照充足的坡地，成片栽植0.21公顷。种植方式为双行单株条植，大行距1.5米，小行距0.33米，株距0.25～0.3米，每公顷种植48000株左右。开沟整地标准，1～3年生幼龄茶园适当遮阳，成龄后施肥水平、管理措施与常规茶园相同。试验结果表明，一是黄金芽茶树品种适宜在镇江地区栽培。茶苗移栽成活率高，生长良好，抗寒性较强，萌芽早，叶色黄化明显，春、夏、秋三季芽叶呈金黄色。二是茶叶品质优，具有特色。经感官、生化检验，该品种茶叶色泽绿润、透黄，汤色嫩绿、清澈，香气清香，滋味鲜醇，叶底嫩绿透黄、鲜明；水浸出物含量48.1%，茶多酚25.9%，氨基酸6.6%。三是该品种茶树的综合性状优良，是生产名优茶的好品种。

镇江市南山茶林研究所黄金芽茶园（2015年）

2009年，句容市磨盘山林场从浙江省新昌县中亚苗木专业合作社引进安吉白茶茶苗。2009年10月，用挖掘机全面清障深翻65厘米，挖宽40厘米、深30厘米的栽植沟，每公顷施腐熟菜籽饼1950千克，覆土10厘米，土壤经冬季冻垡，2010年3月初栽苗。采用双行单株条植。大行距为150厘米，小行距为30厘米，株距25厘米。在田间管理上，安吉白茶无须遮阴，在自然条件下能正常生长。2010年，每块茶园随机抽取3行茶垄，每行茶垄抽取10米作为样本，显示当年所植安吉白茶成活率为88.3%。第4年树高82厘米、冠幅101厘米。引种的安吉白茶春茶开采期在3月底至4月初，以茶园中有15%的茶芽达到一芽一叶作为开采标准。以栽植第四年开始采茶计产，春茶留余叶，采一芽一叶制作名优绿茶。以一芽一叶计产量，2013 年安吉白茶春茶干茶产量为每公顷 95 千克左右。引种的安吉白茶品质特征为干茶色泽翠绿间黄，香气清鲜、持久，滋味鲜爽、甘醇，汤色鹅黄明亮，叶底玉白、脉绿。

2010 年 3 月，句容市磨盘山林场从浙江省余姚市德氏家茶场引进黄金芽茶苗。黄金芽引种至句容市的第 1 ～ 3 年每年 5—9 月需搭棚，用 50% 透光率遮阳网覆盖遮阴，因黄金芽在幼苗期遇到晴天 30℃以上温度时新叶会灼伤，导致茶叶生长受阻，甚至死亡。遮阴后新梢转绿，能增加茶叶叶绿素的含量，促进其生长，10 月应揭掉遮阳网提高其抗性，揭掉遮阳网后嫩梢叶会转黄。对定植后第 2 年的黄金芽成活率进行调查，其成活率为 90.2%，遮阴条件下成活率高。定型修剪后每年年底调查树高、冠幅，第 4 年黄金芽树高 91 厘米、冠幅 110 厘米。

2014—2015 年，镇江市园艺技术指导站实施的江苏省农业三新工程“茶树黄化新品种引进与配套栽培技术示范项目”，引进黄金芽、中黄 1 号（天台黄茶）、中黄 2 号 3 个新品种进行试验示范，以白叶一号为对照，一芽一叶期（开采适期）黄金芽比中黄 1 号早 4 天，于 2015 年 4 月 2 日开采，略早于白叶一号，中黄 1 号与中黄 2 号开采期相当。黄金芽适应性、抗性均较好，树势也较强，而中黄 2 号表现一般，中黄 1 号介于黄金茶与白叶一号之间。从当年生长量与成活率看，黄金芽最高（86.3%），中黄 1 号最低（67.9%）。节间距以白叶一号最长（2.0 厘米），黄金芽次之（1.9 厘米），中黄 2 号最短（1.5 厘米）。一芽一叶百芽重以白叶一号最重（8.1 克），黄金芽次之（7.1 克）。一芽三叶叶长黄金芽较中黄 1 号、中黄 2 号、白叶一号长，而百芽重与白叶一号相当。说明白叶一号茶芽较壮实，而黄金芽展叶较大。黄金芽芽体前期较白叶一号小，芽重较轻，黄金芽一芽一叶初展和一芽二叶初展时百芽重均小于白叶一号，而一芽三叶两者百芽重却相近。试验茶树品种均为白化变异型，仅白叶一号为低温敏感型，其余为光照敏感型。从白化时间看，白叶一号仅春季早春白化，而其他品种全年可白化。从白化程度看，白叶一号仅嫩梢白化，而其他品种从新芽到成叶均可白（黄化）。从白化后的叶色看，黄金芽金黄有光亮，更具有黄化白茶的特色。

黄金芽是光照敏感型茶树品种，光照对其白化程度有很大的影响，夏季强光不利于其白化，生产茶园需要有较好的光照条件。但是，幼苗期由于不采摘，不需要让其白化，遮阴转绿更有利于茶树自身的营养积累，有利于树体的生长，所以建园初期需要进行控光，以促进高生长，达到快速成园的目的。

白化茶树品种白化质量状态比较表

表 5-1

品种	变异类型	白化条件	芽叶颜色	白化芽叶状态
黄金芽	光照敏感型	全年，光照＞50%	金黄	新芽至成叶均呈黄色
中黄 1 号	光照敏感型	全年，光照＞50%	嫩黄	新芽至成叶均呈黄色
中黄 2 号	光照敏感型	全年，光照＞50%	浅黄	新芽至成叶均呈黄色
白叶一号	低温敏感型	春茶，气温＜23℃	玉白	一叶至三四叶时可呈白色

利用不同遮光度的遮阳网覆盖两年生茶园，在 2015 年 5 月 10 日统一进行二次定型修剪，定剪高度为 23 厘米，而后 6—10 月每月调查长势情况。数据表明 45% 遮阴时黄金芽生长速度最快，苗高可达 84 厘米；无遮阴时茶苗生长速度最慢，苗高仅为 40 厘米；24% 轻度遮阴和 62% 重度遮阴时茶苗生长速度相当。说明黄金芽在前幼苗期进行适当遮阴，虽然对白化程度有一定影响，但有利于树势生长、植株健壮，有利于提高树冠覆盖度，助力早日成园。

镇江市在大面积推广过程中，主要采取 50 ~ 60 厘米小拱棚加 45% 遮阳网的方式对幼龄茶树进行遮阴。农户也有采用单行间作高秆作物（如玉米等）的遮阴方式来提高茶苗成活率，如无伏旱则有利于成活，但对当年茶苗高度生长有较大影响，伏旱时则有间作作物与茶苗争水的风险，一般不提倡。

茶园生态建设与调控措施。一是黄金芽与白叶一号的白化变异不同，属于光照敏感型，黄色系变异，芽白型种，春、夏、秋三季新梢均表现黄色，以秋季叶色为最黄，在无遮阴情况下，夏季时会发生叶片或叶尖灼伤。每轮新梢黄色均可持续 2 ~ 3 个季节，春梢在秋季返绿，秋梢白化叶色能维持至第二年春茶开采。幼龄茶园因叶面积指数小，受光多而终年不返绿，茶园全年呈黄色。二是由于黄化品种对光照敏感，幼苗期需进行遮阴栽培，而成龄茶园如果同样遮阴则会影响芽叶转白，进而影响茶叶品质，所以在茶苗定植前 2 ~ 3 年需适当遮阴，投产茶园则只需要在夏季强光照的7—8月进行遮阴，如果常年同样遮阴则会影响白化。镇江市新建茶园都提倡生态化建设，茶园周边适当植乔木树种有利于茶园园相改变，同时考虑到黄色品种一年中不同季节、不同生育期、不同树龄对光照均有不同的要求，镇江市园艺技术指导站于2014—2015年对回龙茶叶专业合作社2009年引进试种植的2亩黄金芽茶园进行连续茶园间作观察，茶园间作有红枫、桂花、杨梅、珙桐、红豆杉、香樟和海棠等树种。黄金芽茶园间作树种宜选择分枝点高、蓬径较小的树种。观察结果显示：间作树种以遮阴度低且落叶树种为宜，如红枫、榉树等，其他树种在其树干遮阴周边春秋两季茶叶白化度受较大影响。三是茶园周边所种的香樟、桂花等常绿乔木均对其北侧的茶树白化有明显影响，蓬径大、分枝点高的树种因遮阴强度高影响茶树的生长势，且容易返绿，每年要根据茶树的生长势进行间伐、移植。特别是成年茶园，茶园田埂边的行道树，如选择香樟等大乔木，应选择种植在茶园的北、西面，不宜在东、南面。

三、主推茶树良种

镇江市名茶主要以扁平形名茶为主，有金山翠芽、茅山长青、长山剑毫、吟春碧芽等，其次是卷曲形的墅山翠萝、碧螺春等名茶。由于名茶千姿百态、各具特色，故对鲜叶原料的要求各不相同，由此形成对茶树品种的特殊要求。扁平形名茶的显著特点是条索扁平光滑，对茶树品种的要求是茸毫少、叶质较硬、芽叶较肥壮。这种原料有利于塑造扁平形茶的外形特色，符合这一要求的茶树代表品种有龙井系列的龙井43、龙井长叶，浙农系列的浙农113，乌牛早等。卷曲形名茶的最大特色是条索卷曲、白毫披覆，因此要求芽叶茸毫较多而密，质地柔软。能够提供这种原料的茶树品种一般为有性良种，如福鼎大白群体种、鸠坑种、槠叶种等。

2005—2020年，镇江市推广的茶树良种主要有福鼎大白茶、福鼎大毫茶、龙井系列品种、浙农系列品种、乌牛早、中茶108、鸠坑种、槠叶种、白化（黄化）品种。

（一）福鼎大白茶

又名白毛茶。无性系。小乔木型，中叶类，早生种。

原产福建省福鼎市。植株较高大，分枝较密。芽叶黄绿色，茸毛特多，育芽力和持嫩性强。产量高。春茶一芽二叶干样约含氨基酸 4.3%、茶多酚 16.2%、咖啡碱 4.4%。适制红茶、绿茶、白茶，品质优。制工夫红茶，条索紧结细秀，色泽乌润显毫，香高味醇，汤色红艳，是制工夫红茶的优质原料。制多毫类烘青绿茶，条索紧细，色翠绿，白毫多，香高爽、似栗香，味鲜醇，品质优异。抗旱性较强，抗寒性强。扦插繁殖力强，成活率高。

栽培要点：选择土层深厚的园地，按照 1.5 米大行距、0.4 米小行距、0.33 米一般每丛 1 ~ 2 株距的双行双株规格定植。加强茶园肥水管理，适时进行 3 次定剪。要分批留叶采摘，采养结合。

（二）福鼎大毫茶

简称大毫。无性系。小乔木型，大叶类，早生种。

原产福建省福鼎市。植株高大，分枝较密，芽叶黄绿色，茸毛特多，育芽力和持嫩性较强。产量高。春茶一芽二叶干样约含氨基酸 3.5%、茶多酚 25.7%、咖啡碱 4.3%。适制红茶、绿茶、白茶。制工夫红茶，条索肥壮显毫，色泽乌润，香高味浓，汤色红浓。制多毫类烘青绿茶，条索肥壮，色翠绿，白毫多，香气似栗香，味醇和。它是金山翠芽、无锡毫茶等江苏地区名茶的鲜叶原料来源。抗旱性与抗寒性强。扦插繁殖力强，成活率高。

栽培要点：植株高大，树姿较直立，幼龄期分枝较少，应选择土层深厚的园地种植。增加种植密度，适时定剪 3 ~ 4 次，促进分枝，提高发芽密度。及时嫩采。幼茶时，该品种每根新梢抽发能力特强，而新梢数量尚呈不足，故应坚持低位定剪，促进分枝。新梢生长势旺盛时，一年可做 2 次定剪，以培养强壮骨干枝。

（三）龙井系列品种

均为无性系。灌木型，中叶类。

镇江所植龙井系列品种有龙井 43、龙井长叶 2 种，均为中国农业科学院茶叶研究所从龙井群体种中采用单株育种法育成。均属少茸毛、叶片质地较硬的品种，特别适制龙井及其他扁平形名茶。

龙井 43 的植株中等，分枝密，芽叶纤细，绿梢微黄色，春梢基部有一淡红点，芽叶育芽力强，发芽整齐，耐采摘，持嫩性较差。产量高，春茶一芽二叶干样约含氨基酸 3.7%、茶多酚 18.5%、咖啡碱 4.0%。适制绿茶，制龙井、旗枪等扁形茶，品质优。制特级西湖龙井茶，外形扁平光滑、挺秀，色泽嫩绿，边缘糙米色，滋味甘醇爽口，叶底嫩黄成朵。抗寒性强，抗高温和抗炭疽病能力较弱。扦插繁殖力强。

龙井长叶的植株适中，分枝较密。芽叶淡绿色，育芽力强，持嫩性强，产量高。春茶一芽二叶干样约含氨基酸 4.1%、茶多酚 18.6%、咖啡碱 3.6%。适制扁形绿茶。制高档龙井茶，苗锋绿翠，香气清高，滋味嫩鲜，汤色嫩绿明亮。抗寒性、抗旱性均强，适应性强。扦插繁殖力强。

龙井 43 与龙井长叶相比，龙井 43 为特早生种，一芽一叶盛期在 3 月下旬，育芽力强，发育整齐，耐采，但持嫩性较差；龙井长叶为早生种，一芽一叶盛期在 4 月初，芽叶的持嫩性强，制成干茶的香气特高。龙井长叶对钾比较敏感，适当增施钾肥，可以增加单产，提高干茶的质量。全市龙井长叶栽培面积大于龙井 43。

栽培要点：选择土层深厚、有机质丰富的土壤栽培。连续采摘数年后，蓬面需轻剪整枝。春季及时防治茶丽纹象甲和炭疽病，夏季防止高温灼伤。早春需防止倒春寒危害，适宜采用大棚栽培。

（四）浙农系列品种

均为无性系。小乔木型，中叶类，早生种。

浙农系列品种由原浙江农业大学茶学系从福鼎大白茶与云南大叶茶自然杂交后代中采用单株育种法育成。浙农 113 为国家品种，浙农 117 和浙农 139 属浙江省级品种。镇江市的浙农 113、浙农 117 栽培面积相对较大。

浙农 113 的叶色为黄绿色，一芽三叶百芽重 88 克，一芽一叶盛期在 4 月上旬，干样约含氨基酸 3.1%、茶多酚 22.1%，酚氨比 7.13。适制绿茶，抗寒性、抗病虫性较强。

浙农 117 的叶色为深绿，一芽三叶百芽重 52 克，一芽一叶盛期在 3 月下旬至 4 月初，干样约含氨基酸 3.4%、茶多酚 24.5%，酚氨比 7.21。适制绿茶、红茶，抗寒性强，较抗晚霜危害。

浙农 139 的叶色为深绿，一芽三叶百芽重 58 克，一芽一叶盛期在 3 月下旬，干样约含氨基酸 3.6%、茶多酚 28.6%，酚氨比 7.94。适制绿茶，抗寒性强，抗晚霜弱。

（五）乌牛早

无性系。灌木型，中叶类，特早生种。

原产浙江省永嘉县罗溪乡，系茶农单株选育而成。植株适中，分枝较稀。芽叶绿色，茸毛中等偏少，育芽力较强，持嫩性强，产量较高。春茶一芽二叶干样约含氨基酸 4.2%、茶多酚 17.6%、咖啡碱 3.4%。适制碧螺春等毫型和龙井等扁形茶，品质优良。制乌牛龙井，为浙南地方名茶，外形扁平光滑，香气高鲜，滋味甘醇爽口。抗寒性和适应性强。扦插繁殖力较强。

栽培要点：宜按双行栽茶园规格种植。春季注意预防晚霜冻及“倒春寒”冻害，适宜采用大棚栽培。茶园秋季管理宜提早进行，早施秋、冬季有机肥和催芽肥。一芽一叶盛期在 3 月中旬，是目前镇江栽培采收的最早品种，因此需特别注意霜冻袭击，有条件的茶园宜安装防霜冻设施。

（六）中茶 108

无性系。灌木型，中叶类，特早生种。

中国农业科学院茶叶研究所以龙井 43 穗条为材料，在芽尖辐射诱变后代中经单株选择选育而成中茶 108。植株中等，树姿半开张，分枝较密，枝条稍软。春季萌发期特早，育芽力强，持嫩性强，黄绿色，茸毛较少。春茶一芽二叶含氨基酸 4.3%、茶多酚 23.9%、咖啡碱 4.2%，酚氨比 5.56。适制绿茶，品质优，尤其适制扁形茶、烘青等名优绿茶，色泽绿翠，香气高锐，滋味鲜爽。抗寒性、抗旱性较强。

中茶 108 与龙井 43 相比，顶端优势明显，春茶顶芽发芽期提早 2 ~ 3 天，抗炭疽病，持嫩性强，需特别注意防“倒春寒”及晚霜冻袭击。

（七）鸠坑种

有性系。灌木型，中叶类，中生种。

原产浙江省淳安县鸠坑乡塘联村。1985 年被认定为国家品种。芽叶绿色，茸毛中等，叶质中等。一芽三叶百芽重 40.5 克，种子百粒重 96 克，芽叶育芽力强，一芽一叶盛期在 4 月中旬。春茶一芽二叶干样含氨基酸 3.4%、茶多酚 20.9%，酚氨比 6.15。适制绿茶。

（八）槠叶种

又名祁门种。有性系。灌木型，中叶类，中生种。

原产安徽省祁门县。芽叶黄绿色，茸毛中等，叶质较厚软。一芽三叶百芽重 44.5 克，种子百粒重 165.5 克。芽叶育芽力强，持嫩性强，一芽三叶盛期在 4 月下旬。春茶一芽二叶干样含氨基酸 3.5%、茶多酚 20.7%，酚氨比 5.91。适制红茶、绿茶，制绿茶香高味浓。

（九）白化（黄化）品种

均为无性系。灌木型，中叶类，中生种。

白化茶、黄化茶统称白叶茶，是用当前不断涌现的白化、黄化茶树品种按照绿茶工艺加工而成的茶叶产品。因其氨基酸含量显著高于一般绿茶，酚氨比较低，其口感更加鲜爽。

白叶一号，又名安吉白茶。原产浙江省安吉县山河乡大溪村。植株较矮小，分枝密度中等。属低温敏感型白色变异品种，春茶气温 17 ~ 23℃时新梢芽叶变白，幼嫩芽叶呈玉白色，叶脉淡绿色，随着叶片成熟和气温升高逐渐转为浅绿色，夏、秋茶芽叶均为绿色，芽叶茸毛中等，一芽二叶百芽重 16.3 克。芽叶育芽力中等，持嫩性强，产量低，一般亩产干茶仅 15 千克左右。春茶一芽二叶干样约含氨基酸 6.2%、茶多酚 10.7%、咖啡碱 2.8%，酚氨比 1.73，适制绿茶。成茶色泽翠绿或鹅黄，香气似花香或米汤香，滋味鲜爽，叶底玉白色，颇有特色，品质优。抗寒性强，抗高温能力较弱。扦插繁殖力强。

白化品种茶树栽培要点：白叶一号茶树原生于天目山的森林中，对严寒和高温暴晒均有不良反应，所以栽植白茶的园地最好选择向阴山坡地，并适当营造防护林。由于白茶单产较低，长势弱，宜采用双行条栽种植，以增加树冠覆盖度。高温季节适当遮阳，以防芽叶灼伤。

白化茶树品种黄色系最具代表性的有黄金芽、中黄 1 号、中黄 2 号等。

黄金芽，于浙江余姚三七市镇德氏家茶场茶园偶然发现。为光照敏感型、黄色系白化茶新品种，春、夏、秋三季新梢均呈黄色。黄金芽白化主要决定于光照，光强适宜范围为 15000 ~ 60000 勒克斯，与温度、土质等关系不明显。生长势明显好于白叶一号，5 年生树高 110 厘米，3 ~ 5 年生茶园 3 年平均亩产鲜叶 72.1 千克，分别比白叶一号高 43.0% 和 32.1%。春茶干样氨基酸含量 7.0%，与白叶一号相当；夏茶干样氨基酸含量2.3%，比白叶一号略高。儿茶素总量高于白叶一号，感官品质优异。

中黄1号，由浙江省天台县当地茶树群体种的自然黄化突变体选育而成。该品种春季新梢鹅黄色，颜色鲜亮，夏秋季新梢亦为淡黄色，成熟叶及树冠下部和内部叶片均呈绿色，1年生扦插苗为黄色。芽叶茸毛少，发芽密度较高，持嫩性较好。春茶一芽二叶干样约含氨基酸7.1%、茶多酚13.3%、咖啡碱3.3%，水浸出物含量43.3%，内含物比例协调。所制绿茶外形色绿透金黄，嫩香持久，滋味鲜醇，叶底嫩黄鲜亮，特色明显，品质优异。抗寒、抗旱能力较强，与普通绿茶品种相当，适应性强，易于栽培管理。

中黄2号，原名缙云黄，由缙云县当地群体品种的自然叶色黄化突变株选育而成的珍稀黄化茶树新品种。植株中等，树姿直立。耐寒性、耐旱性强，适应性强。芽叶茸毛少，育芽能力较强，发芽密度较大，持嫩性强。春茶一芽二叶干样约含氨基酸6.8%～8.3%、茶多酚12.4%～15.9%、咖啡碱2.8%～2.9%，水浸出物含量42.1%～46.4%，内含物比例协调。春季新梢呈葵花黄色，颜色鲜亮，夏茶芽叶为绿色，秋茶新梢呈黄色，成熟叶及树冠下部和内部叶片均呈绿色。制成的绿茶，外形金黄透绿，汤色嫩绿明亮、透金黄，清香，滋味嫩鲜，叶底嫩黄鲜活，特色明显，品质优异。

黄化品种茶树栽培要点：双行双株条植，每亩栽植约5000株。幼龄茶园在夏季搭建遮阳棚架，宜选用75%遮阳率的黑色遮阳网，减少阳光直射，入秋后揭掉遮阳网，成活率可达80%以上。人工除草，务必除小、除早。害虫主要防治茶尺蠖和小贯小绿叶蝉。

第二节　良种茶园管理

一、茶树定植与管理

2010年，镇江市园艺技术指导站实施的“无性系茶树良种及其高效成园技术推广项目”获镇江市农业技术推广二等奖。

（一）无性系良种茶树定植

1. 品种选择

种苗就近就地选购，提高成活和成园后的长势。

适应性　选用抗寒、抗旱、抗病，适应能力强的品种。

适制性　不同品种的芽叶外部形态特性及茶功能性物质含量与比例不同，制成茶叶外形和内质特点也有差别，不同品种都有特定的适制性。

品种搭配　可按发芽期的早、中、晚搭配，以利于错开春茶开采期。品种单一易遭受病虫害和气象灾害的危害。

2. 种苗调运

由专业人员统一从原产地或专业育苗单位订购。

起苗　在前一天事先对苗圃地浇水，使土壤保持湿润，起苗时带土较多，伤根较少。尽量缩短自起苗到移栽完毕的时间。

数量　按每亩 5000 株左右计算，并留出部分“太平苗”。

质量　无性系中小叶品种一足龄扦插苗苗高 20 厘米以上，茎粗 0.25 厘米以上。

检疫　注意病虫检疫，实地察看整个苗圃有无病情，勿将茶苗白绢病、根结线虫病、茶苗根癌病、茶茎溃疡病等随苗带入。

3. 园地整理

选地　新拓茶园宜选择坡度小于 15°、pH 值 4.5 ~ 6.5 的宜茶缓坡地（不宜在平地上栽茶）。

开垦　全园挖除老茶树，全垦 80 厘米。因镇江丘陵地区土壤黏盘层或者犁底层只有 30 ~ 40 厘米（容易积水造成涝害），而茶树根深一般能达 60 ~ 80 厘米，应打破黏盘层或者犁底层，以改善土壤结构，提高土壤通气、透水性能。

开沟　按 150 厘米大行距放样，尽量沿等高线（减少破坏原熟土层）开挖定植沟，沟深不少于 50 厘米，沟宽 60 厘米左右。开沟时生、熟土层分开堆放，经过一段时间风化冻垡后，开始分层回填土，并分三层混施底肥。

施肥　第一层（最下层）将沟底挖松后放入秸秆（玉米秆、棉花秆）、树枝、稻草、绿肥或土杂肥等有机物，施入足量底肥，起到松土、透气、排水、增肥的作用。盖土 20 ~ 25 厘米后施入第二层肥料（在沟中层），以施饼肥或腐熟的猪牛厩肥为主，一般每亩不低于饼肥 200 千克及硫酸钾（不能用氯化钾）复合肥 50 千克，或施猪牛厩肥 1500 ~ 2000 千克，或相当肥效的其他肥料。土肥拌和，沟内肥层需均匀。再在上面覆盖一层薄土，施第三层肥料（离沟面 15 ~ 20 厘米的土层内不能有肥料，避免与根系接触烧苗），以施磷肥 25 ~ 50 千克（磷肥移动性小，深层土壤易缺磷）或复合肥为主。

填土　平整后再回填表层熟土，坡地茶园回填至略低于地面（5 厘米），开成定植沟，形成浅沟状（低沟定植法，有利于保水抗旱，注意排水），茶苗移栽后 1 ~ 2 年内结合耕锄施肥时逐渐把沟填平。如是平地茶园则应填土至与地面平齐或略高（高垄定植，有利于排水，但抗旱、抗寒能力下降）。地整好后最好种植 1 ~ 2 季绿肥，使土壤熟化，然后再种茶。

4. 配套基础

茶树既怕旱也怕涝，要建设沟渠路，并保证生态、多样种植，使林茂茶丰。建立完整的排灌系统，因地制宜开好三沟，即排灌沟、背沟（围沟）、畦沟，做到能排、能灌。排灌沟为茶园进出水的骨干沟，大小视地形和排水量而定，以大雨时排水畅通为原则。在茶园四周开挖宽 40 ~ 50 厘米、深度深于定植沟的围沟（与定植沟相通），特别是低洼处及园边要开挖 60 厘米以上的排水沟，园上方来水截面开 60 ~ 80 厘米背沟（围沟）、截水沟，将田内积水、过路水排出田外，及时降低地下水位，有条件的要备好灌溉设施。畦沟平行于茶行中间，深 20 ~ 30 厘米，与围沟接通，雨季能排除地表积水，旱季可引水灌溉。路要充分考虑投产后的运输与田间作业需要，因地制宜地配置。茶园周边的乡土树种尽量保留，并适当植树，营造良好、自然的生态环境，减少病虫害的发生。

5. 茶苗定植

定植时间　以秋分至立冬或雨水至春分间为宜，选择无风的阴天起苗定植。

定植密度　宜采取密植速生栽培技术，即双行或单行条植（双行成园快），大行距 150 厘米，小行距 20 ~ 30 厘米，呈三角形（梅花形）定植，株距 30 厘米左右（视品种、苗势而定），每穴 1 ~ 2 株。

定植深度　茶苗要适当深栽，超过原“泥门”（植株地上部分与土壤接触处）3 厘米以上，以 6 ~ 8 厘米为宜（苗高的可深些）。

定植方法 山坡地宜低沟栽，缓坡平地宜垄栽或平沟栽。在备好的定植沟中间定线，开深 10 ~ 15 厘米的定植穴或沟。茶苗主根过长要截短，两株间根系要适当分开，将茶苗放入定植穴或沟中，保持根系尽量向下舒展。在根系周围填细土，将土覆至不露须根时，一手向上轻提茶苗（使根系舒展并与土壤充分接触），一手将土压实（以轻轻用力上拉不松动为宜），栽紧、扶正、踩实，浇透、浇足定根水后，及时复土、定剪。

定剪 定剪高度 15 厘米左右（剪留过高影响成活率和成园产量）。

覆盖 定植后全园覆盖稻草（不宜用麦草），覆草厚度 5 厘米以上，也可在茶苗两侧覆膜（以黑色地膜、园艺布等为好），以防止杂草生长和水土流失。

（二）幼龄茶园管理

无性系茶苗无明显主根，侧根多呈横向生长，入土浅，根冠比小，一旦遇到梅雨、伏旱、秋旱等不良环境或管理粗放，都极易死苗。所以要落实专人负责管护，防止草、虫、病害，确保一次成园。

1. 间作

前 1 ~ 2 年可在行间间种低秆豆科绿肥（黄豆、花生、蚕豆等，不宜种高秆或爬藤作物），待绿肥开花下荚时深埋（注意间作上的虫害）。

2. 排灌

浇定根水后，视天气情况每 5 ~ 7 天浇水 1 次，每次浇水要浇透，使根部一定深度土壤全部湿润。梅雨季节土壤水分过多、积水时间过长，会导致根系生长停滞或腐烂，妨碍茶树生长，要及时排除渍害，特别是暗积水。

3. 除草

幼龄茶园除草应以人工铲除为主（草高不超过苗高），全年除草 6 ~ 7 次，近苗处宜手工拔除，做到削小、拔早。不能使用草甘膦等除草剂，以免破坏叶绿体，影响茶苗健康生长。

4. 修剪

茶苗栽后进行三次定型修剪，第一次在定植时进行，高度为离地 15 厘米左右；第二次在栽后第二年 3 月上旬前进行，高度为离地 30 ~ 35 厘米；第三次在栽后第三年 3 月上旬前进行，高度为离地 45 ~ 50 厘米，长势较好的茶园也可于 3 月中下旬打顶采摘后修剪，或以以采代剪等方式控制苗高。此后，按成年茶园的修剪方法管理。

5. 施肥

追肥在初夏第一次生长结束时（不可过早，新梢长到 5 ~ 10 厘米后），用人粪尿 50 千克（或尿素 2 ~ 3 千克），兑水稀释后浇施，夏秋季再追肥 1 ~ 2 次。基肥在 9 月下旬至 10 月中下旬。幼龄期每亩施以每年 100 ~ 200 千克饼肥或 2 吨堆肥，加复合肥 25 千克。以后随树龄的增长逐年增加。

6. 病虫害防治

必须及时发现病虫害情况，选用有针对性的高效、低毒、低残留的农药，选用茶树登记使用农药，不用禁用农药，慎用、限用农药，严格掌握施药时间和用量，有的放矢地对靶施药。秋末霜降前可用 0.5 波美度的石硫合剂封园，以减轻来年病虫的危害。

7. 补苗

缺苗的地方，当年秋或翌年春补苗，用同园备用的“太平苗”或就地间苗补缺。

二、生产茶园管理

（一）茶树修剪

茶树的修剪包括定型修剪、轻修剪、深修剪、重修剪和台刈五种形式。春茶结束后及时因园制宜进行各种修剪，以保证茶树能较好地恢复和生长。幼龄茶园要把好定型修剪关。生产茶园一般每年进行一次轻修剪，3 ~ 5 年进行一次深修剪。轻修剪时每次在剪口上提高 2 ~ 3 厘米，深修剪一般剪去树冠面上 10 ~ 15 厘米的枝梢。衰老茶树的重修剪一般离地 30 ~ 40 厘米，台刈离地 5 ~ 10 厘米处砍去其上的全部枝叶。

（二）茶树修边

茶树封行后，剪除茶树两侧边枝条，留出 15 ~ 20 厘米的操作行。

（三）茶园施肥

茶树经过春梢萌发和采摘之后，体内养分被大量消耗，只有及时追肥，才能保证茶树的正常生长。春茶后追肥宜早不宜迟，尤其是春茶后进行台刈或重修剪的茶园，须在修剪后尽早施肥。一般生产茶园每亩要施尿素 15 ~ 20 千克，高产茶园适当增加，台刈或重修剪的茶园除施尿素外增施有机肥，如菜籽饼肥、堆肥等。7—8 月的干旱季节，可适当进行根外追肥。

（四）防治病虫害

防治病虫害是茶园夏秋管理的主要内容之一，一旦疏忽，会严重影响翌年春茶的产量和品质。因此春茶结束后要做好“查地块、查病虫、查危害”的三查工作，以便及时、准确、经济、有效地防治茶树病虫害的发生。

（五）浅耕除草

茶园经春茶采收人员的踩踏、镇压，土壤板结严重。随着气温的不断升高，行间杂草开始迅猛生长，尤其是梅雨季节，杂草生长更快，如不及时松土除草，会严重影响茶树生长。因此春茶结束后，一定要进行适当的浅耕松土，清除杂草，浅耕深度一般为 10 ~ 15 厘米。

（六）茶园铺草

茶园行间铺草具有防止水土流失、减少土壤水分蒸发、抑制杂草生长、稳定地温和增加土壤有机质等作用，是一项一举多得的农艺措施。覆盖材料可选用山草、稻草、麦秆、绿肥等，铺草数量是以“土不见天”为准。

（七）茶园排水和保水

梅雨季节要特别注意低洼田茶园，切实做好开沟排涝工作。若遇干旱状态，则要进行茶园灌水，保证正常生长。

三、林茶复合生态茶园建设

林茶复合生态茶园是以人工模拟自然生态系统，建设优质、安全的茶原料生产基地。茶园周边设置防护林带，园区内部做到茶园小块分隔，建成林网，对夏季高温期易受灼伤的茶园，其中间种遮阴树，在幼年茶园和重修剪改造复壮茶园内种植绿肥作物，提高地力。复合生态茶园树种选择要点：尽量避免选择与茶树病虫害有共性或是中间寄主的树种，园内乔灌木树种选择以落叶树为主，茶园周边宜选常绿乔木树种营造防护林。树种乔灌结合，树种间复合栽植达到互利共生的目的，特别是树冠和根系要尽量少影响茶树，尤其是尽量避免与茶树争肥争水。兼顾经济效益和景观效果，尽量选择比较名贵、能美化环境的彩色树种，也可在同一茶园中进行多树种搭配间作。充分考虑当地的自然条件，尽量栽植优势乡土适生树种。镇江茶区防护林的树种可选择杉木、檫树、香樟、广玉兰、火炬松、湿地松、杜英、红果冬青、宝华玉兰、马褂木、七叶树等。栽植密度为3米 ×4米。行道树的乔木树种可选檫树、榉树、香樟、湿地松、红枫、大叶女贞、马褂木、七叶树等，中间可栽灌木油茶、桂花等。栽植密度为1.5米 ×2米。遮阴树可选择银杏、泡桐、板栗、马褂木、杜英、七叶树、青桐、宝华玉兰、榉树等。栽植密度为行距7.5 ~ 9米，株距6 ~ 8米，每亩栽植9 ~ 15株。树木长大，遮阴面积过大时，适当间伐、移除，保留每亩7 ~ 8株。

四、茶树立体采摘

传统的修剪方式是春茶前修剪，运用立体采摘技术则春茶前不修剪，采取春茶后修剪，培养采摘新枝，不采夏、秋茶。有的在秋末进行打顶，提高春季名优茶产量和质量。提早开采，可延长采摘期。20世纪90年代初，镇江在早芽无性良种茶园上实行立体采摘技术，是省内较早采用该技术并推广的地区，对推动偏嫩采摘，特别是高档芽茶的生产起到促进作用，有利于集中生产高档名茶，大大压缩夏秋茶生产，真正实现数量型向质量型茶叶增长方式的转变。应用该项技术的茶园，还可在采穗园与生产园之间进行自由调节变换。

第三节　茶园灾害预防

一、茶园抗高温干旱

茶树对温度、湿度和水分条件极为敏感，因此，茶园容易受到高温干旱等极端天气的危害，严重影响茶树的正常生长以及茶叶的产量和品质。镇江科技工作者就茶园高温干旱灾害的预防措施、应急措施和补救措施进行研究探讨，为茶叶生产者提供技术帮助，以降低高温干旱极端气候对茶园的危害。

（一）预防措施

1. 停止田间作业

在高温干旱初期，浅耕可阻断表土毛细管，减少土壤水分蒸发，但在特别高温干旱期间，应全面停止采摘、修剪、耕作、喷药、施肥、松土和除草等农事操作。

2. 遮阴覆盖

在幼龄茶园搭盖遮阳网以避免茶树被阳光直射，同时有效降低温度、增加湿度、减少蒸发，茶树蓬面温度最高可降低 8℃以上，这是目前最有效的抗高温措施之一。采用架棚覆盖方式，即在茶园离地 1.8 ~ 2.0 米搭棚架，覆遮阳网。选用黑色遮光率 75%、宽幅 1.8 米的 75 号遮阳网，每亩用量约 450 米。临时覆盖留高不低于 20 厘米。切勿直接覆盖在蓬面上，否则会加重危害。

3. 合理间作或种植遮阴树

在茶园内合理间作需肥不多、与茶树无共同病虫害的作物或种植遮阴树，可起到荫蔽降温、提高茶园空气湿度和抑制杂草生长等作用。春夏季宜间作的农作物有花生、绿豆、赤豆等。银杏、合欢则是茶园较理想的遮阴树种。

4. 培土护苗

在旱情发生初期，茶园行间浅耕松土，切断表土毛细管，可直接减少水分蒸发。茶苗根颈培土，培土从茶苗 50 厘米外的行间挖取，培厚 6 ~ 7 厘米，宽 15 ~ 20 厘米，可加厚根部土层，降低热辐射。

（二）应急措施

1. 灌水抗旱

有灌溉条件的茶园采用滴灌、喷灌、流灌、浇灌等方法进行灌溉，抗高温干旱、防高温灼伤，以喷灌整体效果最佳，滴灌最为节水。当土壤相对湿度下降至 60% 时即行灌水，如果到土壤相对湿度为 50% 以下时才灌溉则效果较差。及时灌溉不仅可增加土壤含水量，也可降低地温和茶树叶温，尤其是喷灌，可提高茶园空气湿度 10% ~ 30%，使最高叶温降低 3 ~ 4℃。采用滴灌、喷灌等方法进行灌溉，有固定或移动喷滴灌设施的尽量使用设施喷、滴灌，同时要做好灌溉设施的维护保养，确保必要时能正常工作。高温天气喷灌浇水，在清晨、傍晚时进行，有条件的可早晚各喷洒一次，灌溉水量以土壤相对湿度达 90% 为好。

浇水抗旱——丹徒区里墅茶林场（2022年）

2. 地表覆盖

地表覆盖是保水降温的有效技术措施，在茶树行间或茶行两侧覆盖作物秸秆或杂草，以铺草后不见土为原则，铺草厚度为8 ~ 10厘米，可减少水分蒸发，保持土壤湿度，抑制杂草滋生，如能在干旱发生前覆盖则能起到事半功倍的效果。幼龄茶园用稻草直接覆盖茶园，抗高温、干旱效果更为显著。

3. 深耕改土

在夏秋之交茶叶非生产季节，于茶树间深耕25厘米以上，并结合施用绿肥、有机肥和适量磷肥，改良土壤质地，能显著提高茶园保水、蓄水能力。

（三）补救措施

1. 轻剪养蓬

在干旱期间，应避免进行轻修剪、深修剪、重修剪等操作，等旱情完全缓解后，留叶养蓬，复壮树冠。受害茶树叶片有焦斑或脱落，但枝条顶部茶芽仍有活力的茶树，暂不要修剪，可让茶树自行发芽，恢复生长。对于受旱严重的茶树，应及时剪掉枯黄或干焦的枝叶，可在枯死部位以下1 ~ 2厘米处将已枯死的枝条剪去，但要注意修剪程度宜轻不宜重。

2. 适时追肥

受害的投产茶园要增施速效氮肥和钾肥，选择雨后进行追肥，促进新梢萌发，培育秋梢。亩施 15 ~ 25 千克尿素加适量钾肥，并采用“挖沟—施肥—覆土”的施肥方法。此外，茶树因受长时间高温、干旱的影响，树体生理机能降低，可于早晚时间用 0.3% ~ 0.5% 的尿素进行根外追肥，以快速恢复树势。

3. 防治病虫

干旱期间，茶园易发生病虫害危害，特别是小贯小绿叶蝉、螨类、茶尺蠖等，需抓住 8 月下旬的防治适期，及时防治。

4. 重新种植

对于死亡率较高的幼龄茶园进行归并补缺，或做好重新种植的准备。对于个别区块旱死的茶园，彻底深翻，加培客土，根除土壤障碍因子后再行种植。对于不适合茶树生长发育的区块则改作它用。

二、茶园防霜冻

茶园“倒春寒”霜冻会造成茶树芽叶焦灼甚至枝梢枯死，严重影响茶叶产量和品质。镇江就茶园霜冻的预防措施、茶园防霜冻技术、自动防霜机设施等方面进行系列研究，防霜机应用推广方面在国内处于领先水平，为茶叶生产单位有效避免或降低霜冻影响提供技术借鉴经验。

（一）早芽良种防霜冻茶园的选址与规划

1. 茶园规划

在易受低温冻害地区，避开风口、山顶和易积雪处种茶。选择背风向阳的坡地，避开空气流通不畅的低洼地。闭合的山谷地带容易形成霜，避开霜穴地带，避开水田或种过水生作物的地块种茶。设置合理的道路系统，茶园田块长度、宽度以 25 ~ 30 米的倍数为宜，便于日后安装防霜、防冻设施。建立完善的水利系统，做到沟系配套，能蓄能排，有利于茶树根系发育，提高抗寒能力。

2. 茶园环境

对土壤坡度较大、水土流失严重的茶园应退茶还林。平地和坡度 15° 以下的缓坡地沿等高线开垦定植沟；坡度在 15° 以上时，建筑内倾等高梯级茶园。茶园内不适合种茶的空地或茶行间可间植树冠高于茶树采摘面的观赏树木，遮光率控制在 20% ~ 30% 为宜。茶园的上风口和茶园周边应营造防护林，一般迎风面每 30 ~ 50 米平行设置 2 米以上的防风屏障，可有效减轻风冻。用常绿乔木林带分割茶园的田块内径应大于树高的 3 倍，否则会形成霜穴，使霜冻害加重。

3. 茶树栽植

应采用黑色地膜、稻草等覆盖幼龄茶树的根颈部，同时及时深耕除草，保持土壤通透性。有条件的茶场，可以在茶园安装喷（滴）灌装置、防霜机等固定防冻防霜设施。

4. 霜前管理

浇湿茶园地面，保持土壤湿度，潮湿的土壤热容量大，导热率也大，表层冷却慢，可减轻霜冻强度，此方法一般与喷水法同时采用。采取立体采摘方式，注意霜前抢采。平衡施肥，增强树势，深耕松土透气。植树造林改善微域环境，提倡茶园间作。

（二）早芽良种防霜冻茶园品种搭配与布局

抗寒品种的茶树引种和合理选择，能提高茶树自身抗御低温的能力，是防止茶树冻害的根本途径。

1. 品种引进

从外地引种时应尽量选择同纬度或高纬度地区品种，天气较寒冷的北部茶区宜引进种性较纯的茶籽播种，或抗寒性强的中小叶无性系良种茶苗种植。

2. 品种选择

应选择适应当地气候、环境条件和适制性好的茶树品种。在适应性方面选择叶肉较厚、叶形较小、根系发达、抗寒性强的品种，所选茶种低温敏感期需与当地晚霜频发期不相遇。

3. 品种结构

注意早、中、晚生品种的合理搭配。开采期相近的特早芽、早芽种占比适当，不同品种萌芽、开采等生育期与霜冻发生期错开，品种间开采期间隔在一周以上，早、中、晚品种比例以 3 ∶ 5 ∶ 2 或 4 ∶ 4 ∶ 2 为宜。

4. 品种布局

在霜冻害频发地区，特早生种或早生种应种植在坡地的中段或背风向阳地段，早生种或中生种种植在坡地的上方，晚生种种植在坡地的下段或缓坡地。

（三）早芽良种防霜冻茶园田间管理技术

1. 肥水管理

及时排除土壤积水，适当深耕。秋季管理增施有机肥料和磷肥、钾肥，忌施纯氮肥，宜在 9 月底结束。在施肥时，尽量开沟深施，引导茶树根系向深层土壤发育，常规茶园亩施饼肥 100 ~ 150 千克或土杂肥 1500 ~ 2000 千克，配施适量的磷钾肥。

2. 茶叶采摘

夏秋季注意留叶采，秋茶停止生长前一周及时打顶采摘，并采尽秋末生长的幼嫩枝梢，留足当年的成熟叶片，既可增加茶树抵抗低温的能力，又可使来年春茶提早萌发。采取立体采摘更有利于减轻霜冻影响。在茶园晚霜冻易发季节，尤其是有霜预警之夜，要有人值守，霜冻来临前要及时抢采，减少损失。

3. 茶树修剪

宜采取春茶后深修剪培养立体采摘茶园，在 5 月中旬前结束，并追肥。

（四）受霜冻害茶园灾后恢复技术

茶园霜冻害发生后，要及时调查确定受害等级，评估冻害影响。

1. 树冠整理

茶树受冻后，必须及时修剪，剪除枯死部分，使其重发新梢。按茶树受害程度分别对待，对轻霜冻害和原来有良好采摘面的茶园，可人工采除红变芽叶。对中霜冻应严格掌握“宁浅勿深”的轻修剪方式清理蓬面，尽量保持采摘面，以利隐芽及二轮芽的萌发。对于冬季受冻严重（枝叶冻死、冻枯）的茶树，在气温回暖后，应立即对受冻枝叶进行修剪，做到因树制宜，冻轻剪轻，冻重剪重。春季受霜冻重的茶树，经整枝修剪，当年不采、迟采或轻采，以培养生产枝和树冠。

2. 浅耕施肥

冬季茶树受冻后，应增施早春肥，用量为每亩施纯氮 20 ~ 30 千克。霜冻后应在整枝修剪的同时，及时进行浅耕施肥，用 0.5% ~ 1% 的尿素进行叶面喷施，对恢复茶树生机和茶芽萌发及新梢生长均有促进作用。

3. 补植缺株

对幼年茶树和部分衰老茶树，可能出现地上、地下部分同时死亡的现象，应视具体情况采取相应措施，如冻死率低于 20% 的采取补缺补差的方法，冻死率达到 20% ~ 50% 的采取移植归并、补植缺行的方法，冻死率超过 60% 的需重新栽种。

（五）机械自动化防霜技术

2007 年，镇江市从日本引进机械自动化防霜技术并试验成功后，全市在面上推广使用。该项技术是采用特殊的防霜风扇系统产生的风力作用进行防霜。当有霜发生时自动开启，把近地高空的暖空气源源不断地吹到地表，打破逆温层、驱散冷空气，达到提高茶树冠层温度的效果。日出后化霜时，近地温度高于上层气温，把上层冷气吹送到地表层，可有效缓解化霜速度，减少化冻对茶树叶肉细胞造成的二次机械损伤。单位面积安装密度因地形而异，一般每台有效防控面积在 800 平方米左右（每台 0.08 公顷）。具体设计与安装需由专业人员实施。

茶园防霜扇现场推广会（2007 年）

2009年，在掌握DFC1030-3K型茶园防霜扇使用的基础上，引进DFC1030-3K新型茶园防霜扇产品，可集中控制、自动开闭。温度感应敏感度0.1℃，可调启动范围-10 ~ 4℃，可调增温关闭范围1 ~ 5℃。2013年3月14日"倒春寒"来临时，试验区自动温度记录仪记录，23时气温降至2℃时，防霜机7.5米高处的温度为5.1℃，而茶蓬温度（对照区）为-0.5℃，试验区内防霜机自动开启后，防霜机前方10米处茶蓬面温度为2.4℃，高出对照区2.9℃，增温效果明显。开机后茶蓬表面未结霜，茶芽没有受到冻害，而对照区茶芽65%受到中度以上冻害。防霜机前0 ~ 30米的11个试点受霜冻害率比对照区低71.74个百分点，减少受冻90.64%，芽叶完好率92.05%。首次霜后12天茶芽平均长度比对照区长108%，平均百芽重为7.68克，比对照区增重121%。对照区乌牛早茶园霜冻受害率超过80%，有的茶园几乎绝收。4月14日，试验区每亩采茶40.8千克，对照区采茶18.7千克，较对照区增产2.18倍。仅到3月底，每亩生产干茶超过5千克，平均售价达3000元/千克，亩均收入已达1.5万元，当年即已收回全部投资。

2012年9月，引进日本最新开发的新型茶园防霜机械DFC1030-3C共6台（套），安装在镇江市金山翠芽茶业有限公司茶园进行测试。2013年春茶生产期间开展试验，新型茶园防霜机械发挥了很好的作用。

（六）传统防霜技术

1. 熏烟防霜技术

霜冻之夜，在茶园周边每亩设8 ~ 10个以上熏烟堆，每堆面积在1平方米以上。在午夜点燃，烟雾从熏烟点向外扩散，在茶园上空形成烟雾层，可以提高气温1 ~ 2℃。熏烟点用干杂草、稻草、麦秆、茶树修剪物等堆积而成的生烟物，其上面覆盖10 ~ 15厘米的泥土。烟火点设置应适当密集，120 ~ 150点/公顷，使烟雾能基本覆盖全园。点燃时间要适当，应在上风方向，午夜至凌晨2—3点无风时点燃。缺点为防护时间短，难大面积使用，且地块间不均匀，所产生的烟雾对环境的影响较大。

2. 茶蓬覆盖技术

天气预报即将出现晚霜的前夕，可在茶蓬上覆盖稻草、草帘等较厚的物品，待霜冻过后再及时揭去，但比较费工费料，难以在短时间内大面积实施到位。也可采用双层遮阳网或塑料薄膜覆盖，临时覆盖留高不低于 20 厘米，长期覆盖要建离地 1.8 米高的棚架，方便采茶作业，且需固定好以防被大风吹走。这两种覆盖物较轻，自身储热量较少，如果直接覆盖在蓬面效果甚微，有条件的可用钢架大棚加保温设施或草帘等覆盖。此法可以使茶蓬温提高 1 ~ 2℃，防霜、防冻均有较明显效果，适用于小面积待采茶园，大面积茶园则难以及时采取措施。

3. 蓬面喷水防霜除霜

在轻霜、霜冻发生前，开启茶园喷灌对茶蓬表面连续喷水，间隔时间小于 3 分钟，有效用水量 4 ~ 6 毫米 / 时，水汽凝结放热，可使其树叶温下降放慢，缓解霜害。该法在下霜时及霜冻前期、中期、雪后均有效，可以使茶蓬叶温提高 1℃左右。但要注意及时排除多余积水，如气温降至 0℃以下的霜冻发生时，则不宜采用此方法防霜，否则喷出的水雾在茶芽叶表面结冰会加重受冻程度。该 方法用水量大，水源不足时，后期缺水仍有受霜冻危险，如过低温的冰冻害反而加剧茶园受害。此种方法可结合茶园抗旱喷灌使用。

4. 茶园加热

如果是小盆地的茶园，当霜冻发生较轻时，可利用加热与熏烟结合的方式。无风时，在盆地中部空旷地带，燃放较大堆的烟火，带动较大范围的气流流动，打破相对静止状态，避免冷空气沉降于盆底、谷底，可使盆地周边地块茶园得到保护。加热是利用局部的热辐射提高温度，在其他常绿乔木作物多，但茶园植株低，上部空旷，蓬面又接受不到辐射热时，效果较差，每亩要 20 ~ 30 个加热点才可能有升温效果。

第四节　加工设备引进与技术创新

一、绿茶初制加工新设备引进与技术创新

20 世纪 50 年代后期至 60 年代初，由江苏省农林厅从金坛茅麓茶场调拨几台臼井式揉捻机分别配发给句容县下蜀茶场、张庙茶场，丹徒县高资茶场、普

渡桥（现句东农场）等茶场，他们成为镇江茶区第一批用上揉捻机的茶场，动力为人力、畜力或柴油机。

1965年，镇江地区农机厂在省农林厅支持下，试制成660型揉捻机，每台造价6000多元。1966年，镇江地区农机厂承制30多台手拉百叶式烘干机，供给当时省内已经投产但产量不高的中小型茶场使用。20世纪70年代中期，镇江农机厂停止生产制茶机械。

20世纪60年代中后期，随着输电设施的架设，句容等地国有茶场的加工逐渐实现半机械化，干燥工序也用上手拉百叶式烘干机。1964年上半年，句容九华茶场依靠地理上的便利条件，在全县国有茶场里率先用电。通电后，开始添置机械设备。首先购置日本臼井式揉捻机1台。60年代末至70年代初，先后购进镇江陶瓷式揉捻机1台、百叶烘干机1台、锅式杀青机1台。一些单位开始使用电动双锅或三锅杀青机，句容等地还购进杀青机和传动部件后自行组装。1964年，下蜀茶场、高资茶场红碎茶加工实现机械化。1965年，高庙茶场购置12匹柴油机1台作为动力带动揉捻机，开始半机械化制茶。1966年，添置50型揉捻机1台。1968年，张庙茶场建立联合精制厂，开始机械化精制绿茶。1970年，高庙茶场添置杀青机、揉捻机、烘干机各1台，初步实现机械化制茶。1995年引进名特茶加工机械，逐步实行机械化加工名特茶。2005年，拥有国内先进的名茶加工流水线1条、烘炒青绿茶加工流水线1条，年加工能力达50余吨。

70年代起，乡村茶场陆续投产，经历了从铁锅杀青到木质揉捻机揉捻、烘笼烘干等过程，但延续时间不长。70年代中期，由于滚筒杀青机、揉捻机、手拉百叶式烘干机及自动烘干机的应用，烘青绿茶初制实现机械化，初制加工工艺也日趋完善，其工艺流程为鲜叶摊放—杀青—揉捻—干燥（毛火和足火）—毛茶。部分茶叶产量少的乡村茶场继续生产炒青绿茶，用瓶式炒干机杀青，摊凉后揉捻，然后在炒干机上分两次炒干。

1973年，随着茶叶产量的逐年增加，丹阳县胡桥公社苗圃通过县林副业局，从句容石山头农场调运回60型滚筒杀青机1台，从宜兴调运回265型陶瓷盘揉捻机1台，从浙江新澄茶机厂调运回手拉式百叶烘干机1台，不仅可满足自身加工需要，还为建山公社林场和建山公社高桥大队林场加工茶叶。

70年代后期，大部分茶场实现初、精制一体化。随着投产茶园面积的扩大，丹阳县林副业局每年拿出十余万元专项资金购买茶籽和制茶机械。丹阳县计划经济委员会也每年调拨数十万块红砖、红瓦和数十吨水泥、钢材，支持茶场建设制茶厂房。至1979年年底，丹阳全县48个茶场建成制茶厂房246间，制茶机械有265型茶叶揉捻机26台、55型茶叶揉捻机82台、手拉百叶式烘干机36台、110型炒干机46台、茶叶杀青机48台、吸风机3台、其他制条机具20余台（套）。

这一时期，镇江茶区添置的揉捻机多数是从浙江杭州、绍兴、临安、富阳茶机厂购进的6CR-55型、6CR-65型揉捻机。20世纪90年代中后期开始，许多单位从浙江衢州微型茶机厂购置用于名茶生产的6CR-35型揉捻机。

1979年，丹阳县屯甸茶场从浙江引进杭州农机厂生产的CH-513型自动烘干机。同年，丹阳、句容、丹徒等地国有茶场使用金坛县抽水机站仿照湘451型复干机制造的坛-79型茶叶滚筒炒干机，可兼作杀青用，炒干每台每小时7.5千克干茶，杀青每台每小时125千克鲜叶。1980年后，国有茶场主要使用的都是从浙江各专业茶机厂购进的51型、120型、16型及6CH系列的各种自动烘干机，小型茶厂则用手拉百叶烘干机。80年代中后期，滚筒炒干机都从浙江专业茶机厂购进。

这一时期，镇江市研发制造制茶设备，特别是杀青机械影响力较大。1972年，句东农场茶机厂制成650型滚筒杀青机，后经改进和完善，于1976年试制成650-J型滚筒杀青机。该机内径650毫米，长度3300毫米，内壁焊有均匀分布的6条螺旋导叶板（高55毫米），以煤为燃料，炉灶设3个炉膛，有利于按杀青要求控制滚筒温度，台时产量200 ~ 350千克鲜叶。1977年，江苏省革命委员会农业局曾委托该厂生产30台滚筒杀青机，分配给苏州、镇江、扬州地区和南京、无锡、常州市郊区使用，20世纪80年代中期批量生产300多台，主销省内。20世纪80年代中期，该厂以销定产，生产6CC-100型和CAJ-80型滚筒炒干机。此外，该厂还创制、仿制过揉捻机等制茶机械和茶园耕作机械，在全国茶机具生产中具有领先与带动作用。

80年代后，句东农场茶机厂、茅麓茶场茶机厂以销定产，生产滚筒杀青机，前者型号为CSI-650型，后者为6CZS-60型和6CZS-65型。从1986年到

1997年，两厂共生产滚筒杀青机116台，少部分销至省内，其余主要销往浙江、安徽、江西等地。同期，省内大多数茶场则从浙江专业茶机厂购进滚筒杀青机，但炉灶仍采用江苏的三个炉膛形式（浙江式为一个炉膛），有效防止了杀青焦烟味的产生。

80年代后期，随着茶叶市场的开放，镇江市的绿茶生产加工也逐渐改变为以名优茶为主，重点采制春茶，不制夏茶，少量采制秋茶。烘青绿茶改为半烘炒绿茶，其加工方法是：鲜叶经杀青、揉捻后，先用烘干机打毛火烘至7～8成干，摊凉后再用炒干机炒20～30分钟至足干。制茶设备也进一步更新换代为60型、70型、80型杀青机，微波杀青机，汽热式蒸汽杀青机，55型、65型、265型揉捻机，炉灶式、整体式茶叶烘干机、炒干机等。

镇江名特茶的生产较早，从1954年就开始炒制旗枪茶（仿龙井）、碧螺春等品种。1985年起，各地先后创制多种扁形类、卷曲形类名特茶，加工工艺日臻完善。为增加名特茶产量，提高品质，1986—1992年，春城乡茶场从中国农科院茶叶研究所先后两次购置电炒锅16口，代替传统烧柴草的锅灶。90年代中期后，一些茶场引进浙江微型茶机厂生产的6CST-30型或30D型微型杀青机，筒径300毫米，筒长1350毫米，加热方式有煤柴灶和电加热两种。此后各茶场普遍使用燃气式或电热式30型、40型、50型、60型杀青机，5槽、8槽、12槽、16槽、18槽等名茶多用机，8槽、11槽理条机，3斗、5斗碧螺春烘焙机，以及名茶烘焙机、提香机等清洁能源设备。

1994年，镇江市林科所、句容市春城茶场承担镇江市科委“名特茶机械化加工技术的研究（S9408）”项目，王建国、何荣庆、景玉林等参加，针对金山翠芽等扁形类名特茶品质特点及加工工艺要求，对多种名茶加工机械进行选型配套，实现加工全程机械化。1995年12月，镇江市科委对该课题进行鉴定。1996年，该课题获镇江市人民政府科技进步奖二等奖，同年获江苏省农林厅农业科技进步奖三等奖。1998年，江苏省农林厅将该成果列为江苏省农业丰收计划推广项目，由江苏省农林厅园艺处和宜兴市、溧阳市、句容市、溧水县多种经营管理局及句容农校等单位合作扩大推广应用范围。

1994年春茶期间，句容县多种经营管理局从浙江衢州微型茶机厂购进第1台微型杀青机和第1台6CMD型名优茶多用机，在春城乡茶场试验加工扁形类名茶茅山长青获得成功。新工艺利用多功能机将杀青后的茶叶理条，并加入压力棒压成扁平、挺直的外形，完全代替手工整形，再在电炒锅内用手工复火炒干。利用该工艺加工的茅山长青茶、金山翠芽茶参加当年的江苏省“陆羽杯”名优茶的评比，均获特等奖，结束句容县在“陆羽杯”名优茶评比中无奖的历史。1995 年，开始通过现场会向全市推广名特茶机械化加工技术。

1998—1999 年，镇江是农牧渔业部丰收计划（9805）江苏省名特茶加工机械技术项目实施点之一。在项目实施期间，全市引进名优茶加工机械 200 多台（套），将名茶机械加工的成本、工效、成品茶品质等方面与手工茶进行对比分析，名特茶机械加工成本较手工节省 30%，工效提高 3 倍以上，茶叶品质提高 7 个百分点。该项目 1999 年通过省级鉴定，2000 年获农牧渔业丰收计划二等奖。到 20 世纪 90 年代末，除卷曲型类名茶显毫工序仍需手工辅助外，其他名特茶加工均实现了机械化。

进入 21 世纪，更为先进的各类制茶机械设备不断出现，全市各国有茶场和镇、村茶场都根据自身实际情况进行添置与更新。2001—2003 年，“江苏省名特茶机械化加工和配套技术推广”项目在镇江地区实施，该项目的推广成果来源之一是“镇江市名特茶机械化加工技术”。通过发展无性系良种，增施有机肥，使用高效低毒、低残留农药，改善制茶环境，实行清洁化生产，进一步提高全市的茶叶品质和经济效益，满足广大消费者的需求。该项目于 2003 年获省政府农业技术推广二等奖。

2003 年，丹阳市迈春茶场引进茶叶加工机械 7 台（套），建立茶叶加工厂房 200 平方米，引进连续摊青机、回潮机等设备，布局名茶连续化生产线。2005 年，中国茶叶研究所等单位组织全国茶区在该场召开推广茶叶全程清洁化生产技术的会议。句容市下蜀茶场成功申报“茶叶清洁化生产技术”项目，使得茶场布局合理化、茶叶加工清洁化、生产卫生标准化，经验在全市得到推广。仅句容市就改造加工车间 3 万多平方米，添置设备几百台（套），其中句容市浮山茶场制茶车间改造升级，机械设备按生产线要求进行了全面更新。句容市赵庄林苗场先后添置制茶机械设备 60 余台（套）。句容市方山茶场先后添置制茶机械设备 30 余台（套），除碧螺春绿茶半机械化制作外，其他绿茶全部实行机械化制作。句容市下蜀茶场配备冷却机、输送机、连续理条机等加工设备30余台（套），组成清洁化茶叶生产流水线。句容市张庙茶场2001年引进蒸汽杀青机1台，2009年引进高清香绿茶制茶流水线1条、设备5台（套），2010年引进包括微波缓苏机在内的名优茶流水线1条。江苏农林职业技术学院江苏茗苑茶叶科技开发有限公司（原高庙茶场）拥有国内先进的名优茶清洁加工流水线1条，炒青、红茶、乌龙茶机械化加工流水线各1条，2015年引进茶饼压制机械，十二生肖茶饼试制成功。

2005年，农业部南京农业机械化研究所在句容市方山茶场推广6CW-6E型茶叶微波杀青机，分别进行春、夏、秋茶的制作试验。试验结果表明微波杀青机具有多项优点。其一，加热速度快。微波可直接对茶叶的内外部同时加热，不需要预热，开机即可加工。其二，加热均匀。微波杀青是通过磁控管产生的电磁波均匀地照射到茶叶上，内外同时加热，无焦叶、焦边、碎屑等。其三，茶叶营养损失少。茶叶在微波加热箱内停留的时间较短，又不需要空气和蒸汽导热，所以能最大限度地保留茶叶中的营养成分。其四，灭菌、醇化作用大。茶叶在采摘、制作过程中，往往有二次污染的可能，微波杀青、烘干具有灭菌、醇化功能，微波去除夏、秋茶苦涩味效果明显。其五，茶叶品质有所提高。微波杀青时茶叶表面温度不高，出叶时不需吹风冷却，故叶绿素破坏少，色泽翠绿，耐藏，干燥均匀，同时由于水分蒸发速度快，容易形成多孔性，产品的复水性好。

微波杀青机在应用上也存在不少缺点。其一，工作效率不高。微波杀青是将茶叶鲜叶平铺在进料槽上送进微波机中进行杀青，进叶时要使叶片平铺均匀，不能有重叠。所以投叶量不能大，在进料口两边都要有人工及时铺平重叠的叶片，杀青进度不快。其二，需要及时调节杀青时间。茶叶生长因时间不同，叶片大小、老嫩程度都不一样，加之采摘受时间和天气的影响，叶片的含水量不一致，在杀青时对每一批次的茶叶要重新试调杀青时间，调节不好会影响杀青效果。其三，不易杀透。因茶叶叶片边缘与中间的叶脉厚度不一致，在一批次叶片中，大叶、嫩叶、壮芽的鲜叶中间叶脉不易杀透，影响做茶的质量。

微波杀青机应用存在缺点，未能在镇江市大面积推广应用，在方山茶场试用两年后也终止用于杀青工序，仅作制茶辅助加热设备使用。

二、红茶初制加工新设备引进与技术创新

20世纪60年代初，下蜀茶场、高资茶场和丹阳部分茶场用夏、秋茶的鲜叶制作条红茶，加工量不大，后来开始生产红碎茶。加工过程为：茶叶在室内自然萎凋，揉捻后放在匾子里，盖上湿布进行发酵，然后用烘笼分毛火和足火两次烘干。

1963年，上海茶叶进出口分公司在江苏设点试制分级红茶（红碎茶），下蜀茶场、高资茶场派员到宜兴芙蓉茶场学习，并于1964年开始生产红碎茶。开始采用室内自然萎凋的方式，茶叶萎凋时间较长。1966年改用萎凋帘萎凋，摊叶厚度2 ~ 3厘米，萎凋时间12小时左右。20世纪60年代后期，用萎凋槽萎凋，槽宽1.2 ~ 1.5米，摊叶厚度20 ~ 25厘米，根据萎凋槽的长度和鲜叶的老嫩程度，每槽可摊放鲜叶200 ~ 250千克。萎凋槽配有锅炉、鼓风机等设备，春季温度低时鼓热风，通风口温度为24 ~ 34℃，室温高时鼓冷风萎凋。开始生产红碎茶时，揉切工序是把揉捻机揉盘上的棱骨由光滑形变成齿切形，再将茶叶在揉条过程中切碎，这种揉切方法效率低，揉切时间要120分钟左右。

原来发酵室温度达不到要求时用炭盆加温，湿度不够时则向地面泼水，20世纪60年代后期改用锅炉产生蒸汽控温控湿，春季时向发酵室内供蒸汽增加温湿度，夏季喷雾降温增湿，发酵室温度保持在24 ~ 28℃，相对湿度90%以上，发酵时间30 ~ 40分钟。70年代中期，开始使用芙蓉茶场生产的705型转子揉切机和茅麓茶场生产的270型转子揉切机，萎凋叶先经揉捻机揉捻，待茶叶成条形后，上转子揉切机挤压、切碎、揉切，时间约80分钟，比原来减少1/3的时长，碎茶率和浓强度有明显提高。发酵工序生产条件也得到改善。

1993年，红碎茶生产达到高峰，此后逐步减少生产。2012年后，茶文化逐渐兴起，镇江生产绿茶销售压力增大，各地开发多茶类产品，开始少量生产工夫红茶。

三、绿茶精制加工新设备引进与技术创新

镇江的绿茶精制加工茶场起步于20世纪60年代中后期。1966年，经省农

林厅批准，在句容县建一座绿茶精制加工厂，1967 年筹建，厂址选在位于句容县中部、104 国道旁的张庙茶场，投资 3.55 万元建成 400 平方米厂房。在宜兴芙蓉茶场购买木质圆筛机 1 台、抖筛机 1 台，在镇江地区农机厂购买手拉百叶式烘干机 1 台。由张庙茶场、方山茶场、高庙茶场、茅山茶场、九华茶场和浮山果园 6 个生产绿茶的县属茶场组成句容茶叶联合加工厂，1968 年投产，生产内销烘青绿茶。

1970 年，作为“五七”干校的句东农场和暨南农场开始精制加工，先是烘青茶精制，1972 年改为炒青茶精制。1978 年，丹阳县社队茶场逐步开始精制茶叶，先从苏绿茶开始，将烘青绿毛茶根据不同等级，用 5 孔圆筛先筛头，将 5 孔以下的茶叶再用 20 孔圆筛割末，并将 5 孔以上的撩头并入下一等绿毛茶中，再筛头、割末。当时苏绿茶的收购价格较绿毛茶高出 30% 左右。扣除撩头和末茶，也能增收 17% 左右，该办法一直应用到 1980 年。

为提高劳动生产率和产品质量，在江苏省革命委员会农业局的支持下，句容县林副业局、句容县茶叶联合加工厂与南京汽车制造厂冲压体分厂和南京晨光机械制造厂科技人员协作攻关，从 1975 年至 1977 年建成烘青绿茶精制联装设备。该设备易操作、效率高，制茶品质稳定，使制茶加工车间的操作工由原来的 13 人减到 3 人，劳动生产率提高 3 倍多。1978 年，平均每日加工成品茶 1010 千克，比 1977 年日均加工 677.5 千克提高 49%，缩短毛茶、半成品茶留厂时间和资金周转期。回收 1 ~ 6 级精茶数量比 1977 年提高 8.2%，提高茶叶精制率和品质。同时还节约厂房面积，改善劳动环境条件，收到较好的效果。

1979 年，江苏省供销社颁布规格茶茶样，简化精制工艺，镇江部分茶场根据市场需要，把苏毛烘青“去头割脚”（捞除上部粗大茶，筛去下部粉末茶），拣梗后上市销售。

1980 年，丹阳县社队茶场在县屯甸茶场的技术指导下，一些大茶场开始精制、拼配茶叶，购入圆筛机、吸风机、切茶机、静电拣梗机和车色机等机械，以及5 ~ 24孔的不同孔目的小圆筛。将不同等级的绿毛茶按照长身路、圆身路，分成 32 个筛号茶，再对照标准样进行拼配，并将拼配好的成品精制茶交售给丹阳县棉麻公司或丹阳县棉麻公司设在公社的茶叶收购站。

精制技术的推广应用，大大增加了茶场经济收入，也促进了全市各茶场技术人员的学习、交流活动。丹阳县多种经营管理局每年组织举办茶叶培训班和茶叶生产工作会议多达 10 余次。丹阳县计划经济委员会也积极扶持，每年分配全县制茶用煤多达 800 余吨，柴油多达 20 余吨。丹阳县供销社大力支持社队茶场，每年从支持农村人民公社款中拨出经费帮助茶场发展生产。丹阳县棉麻公司负责茶叶收购的茶叶科技人员也时常深入茶场作技术辅导。

20 世纪 70 年代后期至 80 年代初，乡村茶场也逐步建成绿茶精制车间，绿茶精制加工实现机械化。

1985 年，丹阳县大泊乡多种经营服务公司联系到一批北方所需的花茶业务，指导茶场先按精制茶标准提供等级内绿茶，后再按照花茶窨制技术要求窨制茉莉花茶。同年，丹阳县建山乡三李大队茶厂联系到徐州一座大型煤矿的大批福利用茶订单，因自产的精制绿茶不够完成订单需要量，于是到胡桥乡张家庵茶场调运，并按照徐州人喝茶的口味，重新进行拼配。

四、红茶精制加工新设备引进与技术创新

红碎茶精制是单级付制。根据外形颗粒大小分为碎一、碎二、碎三，根据原料的老嫩程度，各号茶又分上、中、下三档。对照红碎茶第四套标准样：16 目以下、24 目以上主拼碎一；10 目以下、16 目以上主拼碎二；7 目以下、10 目以上主拼碎三；24 目以下、60 目以上为末茶；各筛号茶经吸风分出片茶。为缩短精制加工周期，做到快制快运，红碎茶初制后立即进行精制，基本上是当季原料拼配。茶叶精制使用的是木制风选机，竹制手筛、簸箕和切碎机。手筛以扬中县生产的最好，篾细，边框薄而轻，规格含括 4 孔 / 英寸至 24 孔 / 英寸。

1964 年，下蜀茶场和高资茶场生产出口红碎茶，初期精制加工基本为手工操作，圆筛、撩筛、抖筛、飘筛等工序用扬中县生产的竹筛进行人工分筛，利用粮食生产上用的木制手摇风选机分茶叶轻重，利用软匾簸去朴片，利用切碎机切头子茶，筛号茶做净后对照标准样进行拼配，复火后包装出厂。20 世纪 60 年代后期，红碎茶精制实现机械化，圆筛机分大小，吸风机分轻重，飘筛机去茶筋，小圆筛机替代撩筛，利用静电拣梗机拣梗。

第五节 标准与标准化示范区

一、标准制定

（一）企业标准

1995年，由镇江市多种经营管理局副局长、农艺师陈武生等起草，为镇江市林特产所、下蜀茶场、五洲山茶场等几家主要茶场制定金山翠芽茶产品的企业标准，经镇江市标准计量局（现市场监督管理局）备案发布实施，成为全市首批茶叶企业标准。

（二）市级地方标准

2019年12月，发布《农产品地理标志 镇江金山翠芽茶》（DB 3211/T 1010—2019）。

2019年12月，发布《非物质文化遗产保护 点茶操作规范》（DB 3211/T 1011—2019）。

2020年12月，发布《镇江红 工夫红茶加工技术规程》（DB 3211/T 1022—2020）。

（三）省级地方标准

2004年7月，发布《无公害农产品 金山翠芽茶》（DB 32/T 700—2004）、《无公害农产品 金山翠芽茶栽培技术规程》（DB 32/T 701—2004）和《无公害农产品 金山翠芽茶加工技术规程》（DB 32/T 702—2004）。

2007年9月，发布《凤美剑毫茶》（DB 32/T 1069—2007）和《凤美剑毫茶——栽培技术规程》（DB 32/T 1067—2007）、《凤美剑毫茶——加工技术规程》（DB 32/T 1068—2007）。

2007年11月，发布《茅山长青茶》（DB 32/T 444—2007）[代替（DB 32/T 444—2002）]和《茅山长青茶生产技术规程》（DB 32/T 445—2007）[代替（DB 32/T 445—2002）]。

2009年7月，发布《“吟春碧芽”茶》（DB 32/T 1372—2009）和《“吟春碧

2005 年 3 月 17 日,《金山翠芽茶》省级地方标准发布推广会召开

芽”茶加工技术规程》(DB 32/T 1373—2009)。

2012 年 5 月，发布《茶园防晚霜冻技术规程》(DB 32/T 2065—2012)。

2012 年 5 月，发布《茶园间种果树生产技术规程》(DB 32/T 2066—2012)。

2012 年，发布《茗苑曲毫茶等级》(DB 32/T 2070—2012) 和《茗苑曲毫茶生产技术规程》(DB 32/T 2069—2012)。

2015 年 9 月，发布《长山剑毫茶加工技术规程》(DB 32/T 2820—2015)。

2017 年 9 月，发布《长山剑毫茶等级要求》(DB 32/T 3302—2017)。

二、标准化示范区建设

(一) 省级标准化示范区

2005 年，江苏省标准质量技术监督局下达江苏省金山翠芽茶标准化示范区项目。2007 年 5 月，江苏省金山翠芽茶标准化示范区通过考核验收。新建标准化示范加工车间 500 多平方米，添置配套加工设备 2 套，植树 2000 多株，新增加工设备 3 套，加工能力达 1500 千克，带动了下蜀、五洲山、五峰、赵庄、高庙 5 个示范点。

2010 年 5 月，江苏省茅山长青茶农业标准化示范区以 97 分通过江苏省质监局组织的考核验收。建成由 8 家国有茶林场、集体茶场和民营茶场组成的茶园面积 266.7 公顷的核心示范区，示范户 2000 户以上，标准覆盖率 100%，辐射带动面积 1000 多公顷。核心示范区内，茅山长青茶的平均亩产 4.5 千克，平均亩产值 5000 元以上，平均产值比实施前增加 1200 元，年产值增加 1800 万元。产品质量安全抽查合格率达 100%，5 家核心示范点取得有机产品认证。

（二）国家级标准化示范区

2014 年 4 月，全国茶叶（金山翠芽）栽培标准化示范区通过考核验收。通过标准化示范区建设，全市新增金山翠芽规模基地 208.7 公顷，新建连续化生产线 5 条，新增加工能力 15 吨。全市有清洁化加工线 13 条，金山翠芽加工机具 200 多台（套），检验设备 46 台（套），示范户数达 1100 多户。全市金山翠芽茶特级产品比例提高 11.2%，年产量 25 吨，实现产值 5700 多万元，亩单产金山翠芽茶产品 6.3 千克，比实施标准化示范前提高 26%。按平均售价 2000 元 / 千克计，亩均收入 12600 元，亩均增收 4600 元，销售收入增加 57.5%。示范区内茶农人均收入 16500 元，比全市农民人均收入高 11.6%，年均增收 18.79%。示范区茶园共安排农村劳动力 1222 人，季节用工 5055 人，为农民增收和农村稳定做出贡献。全市有茶叶注册商标 158 件、省著名商标 12 件、市知名商标 28 件，43 家企业取得 QS 认证，有 40 多家规模茶叶专业合作组织、13 家茶叶家庭农场。示范区示范推广《无公害食品 茶叶》（NY 5244—2004）等 20 多项国家、行业茶叶标准，重点推广金山翠芽茶等 3 项省级地方标准。示范区实现标准 100% 全覆盖，整体用标面积达 96.7%，生产规模扩大 52%，设施茶园占比增加 125%，良种化率提高 6.9 个百分点。

2016 年 6 月，镇江市丹徒区国家茶叶综合标准化示范区以综合得分 97.5 分通过考核验收。示范区建设期间，制定《长山剑毫茶加工技术规程》（DB 32/T 2820—2015）等具有特色的省级农业地方标准，并围绕茶叶综合标准化关键环节，建立栽培管理、原料产地、产品加工、质量管理等标准体系。示范区严格执行《无公害食品 茶叶生产技术规程》（NY/T 5018—2001）等相关的国家、行业及地方标准，标准化示范区生产规模由900公顷增加到1073.3公顷，设施茶园由74.7公顷增加到168公顷，良种茶园由320.5公顷增加到440公顷，标准化覆盖率达100%。共举办各类培训班12期，培训茶农905人次，发放相关技术资料1200余份，拍摄长山剑毫茶专题宣传片2部。示范区建成市级农业产业化龙头企业3家、区级龙头企业5家、省级茶叶标准园1个。示范区内11家茶叶生产企业通过QS认证，所有茶叶生产企业均通过无公害茶叶基地认证，获得绿色食品认证和有机食品认证企业各1家。示范区充分发挥龙头企业的作用，成立茶叶专业合作社，茶农入社率达到100%。2016年，示范区总产值达到1.60亿元，其中新增茶叶经济效益8414.5万元，辐射带动农户2800余户，茶农人均收入22048元。

三、省级茶叶标准园创建

2011年，江苏省发布茶叶标准园创建规范，开始茶叶标准园创建。至2020年，创成省级茶叶标准园8个，分别为丹徒区上党镇坞庄茶叶合作社、镇江市五峰茶场、句容市方山茶场、句容市茅山茶场、丹徒区春沁茶叶专业合作社、镇江市丹徒区玉雪春茶叶专业合作社、镇江市南山茶林研究所和句容市下蜀窑业茶场。

第六节　名优绿茶贮藏与包装

名优绿茶因其质嫩，容易陈化变质，因此选择正确的贮藏方法，是提高名优绿茶经济价值的重要保障。

影响茶叶变质的外部因素：

温度　如果茶叶在5℃以下条件中存放，可以较好地抑制茶叶褐变的过程。在0℃以下条件中贮藏，可以较好地防止陈化变质。

水分　一般将干茶含水量控制在6%以内，再进行冷藏。

氧气　茶叶中各种成分的自动氧化，都是空气中氧气直接参与的结果。

光线　透光对茶叶贮藏十分不利，特别是叶绿素极易受光的照射而导致茶叶褪色。

一、名优绿茶贮藏方法

1995年前，镇江市名优绿茶贮藏方法以瓦坛法、石灰法等为主，利用相对密闭的房间，地面铺设木架子，架下放生石灰，定期更换，架子上堆放茶叶。1995年，高庙茶场首建保鲜冷库贮藏茶叶。2000年以后，随着农产品保鲜冷库补贴推广，镇江市茶企逐步建成大小不等的各类茶叶保鲜冷藏库。

入库时间　比较经济的入库时间在5月中旬之前。

入库包装　一般以麻塑袋大包装为主，对冷藏时间不长而陆续出售的名优绿茶，也可适当采用小包装的方式进行冷藏。小包装以铝塑复合袋效果较好，听装及纸盒装的效果较差，应在小包装外加一层密封性较好的大包装再入冷库。

冷库温度　实践表明，冷藏温度宜选择0 ~ 5℃。

名优绿茶在入库冷藏前，需严格控制茶叶含水量，一般控制在6%以下。尽量避免在高温季节出库，出库切忌立即打开大包装，将密封原装的茶叶在阴凉处静置24小时后开袋。茶叶冷藏需使用专业冷库，以防串味。

二、名优茶包装

1984年前，统购统销政策下，批发以麻塑袋大包装为主，零售茶以250克、500克包装大宗茶为主，有的没有封口机，就用绳扎。

1984年，金山翠芽特制25克一盒的小包装，主要用于礼品品鉴，为当时最精制、最小包装单元。

1989年，镇江市多种经营管理局在句容县林场召开茶叶包装专题会议，邀请市内3家印刷厂参加，会议展示日本部分茶叶包装产品及包装设计集锦，对镇江名优茶包装产品精品化开发起到推动作用。1990年，句容县下蜀茶场设计的金山翠芽包装，在华东区茶叶包装设计大赛中获金奖；采用5克包装金山翠芽茶，为当时省内茶叶最小包装单位，称“杯泡茶”。

2000年后，各生产单位因名优茶生产需要，开始重视茶叶个性化包装，制作精美系列包装产品，满足不同消费需求。

20 世纪 80 年代的金山翠芽包装及产品展示

在外包装改进的同时，配套内包装也在变化，从包装材料选择、保质效果、封口机械等方面改进。外包装规格有 500 克、250 克、125 克、100 克等销售单元包装，内层包装规格有500克、250克、125克、100克、50克、25克、10克、5 克、4 克、3 克等。

2010 年后，金山翠芽、茅山长青、长山剑毫等区域公用品牌管理单位设计开发统一包装。

镇江市茶叶科技成果及荣誉汇总表

表 5-2

项目名称	承担（参加）单位	成果及荣誉	时间	主要完成人
名茶金山翠芽的研制	镇江市多种经营管理局	江苏省科技进步奖三等奖 镇江市科技进步奖一等奖	1985 年	陈武生等
茅山长青研制	句容市多种经营管理局	镇江市科技进步奖三等奖	1987 年	田保良等
桑茶果园杂草化学防除配套技术	镇江市多种经营管理局	江苏省农业科技进步奖三等奖	1990 年	刘朝芝等
金山翠芽包装	句容县下蜀茶场	华东区茶叶包装设计大赛金奖	1990 年	汤莲芳

续表 5-2

项目名称	承担（参加）单位	成果及荣誉	时间	主要完成人
三山香茗茶的研制	丹徒县茶场	镇江市科技进步奖三等奖	1992 年	刘杰等
墅山翠萝茶的研制	丹徒县上党镇里墅茶林场	江苏省农业科技进步奖三等奖	1994 年	付玉香等
宝华玉笋的研制	句容市林场	镇江市科技进步奖三等奖	1995 年	孙华志等
名特茶机械化加工技术的研究	镇江市林科所、句容市春城茶场	镇江市科技进步奖二等奖 江苏省农业科技进步奖三等奖	1996 年	何应庆等
名优茶开发	镇江市园艺技术指导站	农业部科技进步奖三等奖（镇江）	1996 年	李传德等
凤美剑毫茶的研制	丹阳市多种经营管理局	江苏省农业科技进步奖三等奖	1997 年	秦金锁等
乌牛早茶树引种试验及名优茶研制	镇江市五洲山茶场	江苏省农业科技进步奖三等奖	1997 年	夏小马等
“三山香茗”机械制茶工艺技术的研究	丹徒县林业站	江苏省农业科技进步奖三等奖	1999 年	马汝全等
江苏省名特茶加工机械化技术	镇江市园艺技术指导站	全国农牧渔业丰收奖二等奖	2000 年	李传德等
高香型桑叶茶的研制与开发	镇江市丹徒区蚕桑技术指导站	江苏省农业科技进步奖三等奖	2000 年	张志俊等
名特茶机械加工和配套技术推广	镇江市园艺技术指导站	江苏省农业技术推广奖二等奖	2003 年	李传德等
早芽良种茶茶园霜冻害对策新技术	镇江市园艺技术指导站	镇江市科学技术进步奖三等奖	2010 年	李传德等
茶树基因库建设及无性良种推广	镇江市园艺技术指导站	江苏省丰收奖二等奖	2010 年	李传德等
无性系茶树良种及其高效成园技术推广	镇江市园艺技术指导站	镇江市农业技术推广奖二等奖	2011 年	李传德等
高级绿茶墅香剑毫加工技术推广应用	镇江市丹徒区墅香茶场	镇江市农业技术推广奖三等奖	2011 年	付玉香等

续表 5-2

项目名称	承担（参加）单位	成果及荣誉	时间	主要完成人
甘露翠螺茶制作方法	镇江市陆羽茶叶研究所	镇江市科技进步奖三等奖	2012 年	马淳沂等
茶园病虫害现代防控技术集成与推广	镇江市园艺技术指导站	江苏省农业技术推广奖三等奖	2020 年	赵云等

镇江市茶叶地方标准一览表

表 5-3

标准名称	主要起草单位	制定及修订时间	主要起草人
茅山长青茶（DB 32/T 444—2007）	句容市林特产技术指导站	2002 年（制） 2007 年（修）	王芳等
茅山长青茶加工技术规程（DB 32/T 445—2007）	句容市林特产技术指导站	2001 年（制） 2007 年（修）	王芳等
无公害农产品 金山翠芽茶（DB 32/T 700—2004）	镇江市园艺技术指导站	2004 年（制）	李传德等
无公害农产品 金山翠芽茶栽培技术规程（DB 32/T 701—2004）	镇江市园艺技术指导站	2004 年（制）	李传德等
无公害农产品 金山翠芽茶加工技术规程（DB 32/T 702—2004）	镇江市园艺技术指导站	2004 年（制）	李传德等
惊春灵芽茶加工技术规程（DB 3211/T 039—2006）	镇江市五洲山茶场	2006 年（制）	言燕华等
惊春灵芽茶生产技术规程（DB 3211/T 038—2006）	镇江市五洲山茶场	2006 年（制）	夏小马等
凤美剑毫茶（DB 32/T 1069—2007）	丹阳市农林局	2007 年（制）	王辉琼等
凤美剑毫茶——栽培技术规程（DB 32/T 1067—2007）	丹阳市农林局	2007 年（制）	王闯等
凤美剑毫茶——加工技术规程（DB 32/T 1068—2007）	丹阳市农林局	2007 年（制）	王辉琼等

续表 5-3

标准名称	主要起草单位	制定及修订时间	主要起草人
“五峰迎春”茶（DB 32/T 1407—2009）	镇江市五峰茶场	2009 年（制）	戴德明等
“惊春灵芽”茶（DB 32/T 1408—2009）	镇江市五洲山茶场	2009 年（制）	夏小马等
“吟春碧芽”茶（DB 32/T 1372—2009）	江苏吟春碧芽股份有限公司	2009 年（制）	王金和等
“吟春碧芽”茶加工技术规程（DB 32/T 1373—2009）	江苏吟春碧芽股份有限公司	2009 年（制）	王金和等
茶园防晚霜冻技术规程（DB 32/T 2065—2012）	镇江市园艺技术指导站	2012 年（制）	李传德等
茶园间种果树生产技术规程（DB 32/T 2066—2012）	句容市林特产技术指导站	2012 年（制）	王芳等
茗苑曲毫茶等级（DB 32/T 2070—2012）	江苏茗苑茶叶科技开发有限公司	2012 年（制）	孙华志等
茗苑曲毫茶生产技术规程（DB 32/T 2069—2012）	江苏茗苑茶叶科技开发有限公司	2012 年（制）	孙华志等
长山剑毫茶加工技术规程（DB 32/T 2820—2015）	镇江市丹徒区农业技术推广中心	2015 年（制）	马汝全等
长山剑毫茶等级要求（DB 32/T 3302—2017）	镇江市丹徒区农业技术推广中心	2017 年（制）	马汝全等
农产品地理标志 镇江金山翠芽茶（DB 3211/T 1010—2019）	镇江市茶业协会	2019 年（制）	赵云等
非物质文化遗产 点茶操作规范（DB 3211/T 1011—2019）	江苏大学	2019 年（制）	宋联可等
镇江红 工夫红茶加工技术规程（DB 3211/T 1022—2020）	江苏丘陵地区镇江农业科学研究所	2020 年（制）	马圣洲等

春满茶园——镇江市丹徒区上党西江月家庭农场（2017 年）

第六章 茶叶主体

宋代，官商办理买卖茶叶事务的淮东总领所设在镇江。清乾隆时期，镇江茶叶销售占全国的1/6。民国19年（1930年），镇江有17家茶叶行号。

中华人民共和国成立前，镇江茶场以私营为主。民国35年（1946年），私营镇江四益农场第六分场（现镇江市丹徒区高资茶叶实验场）种植成片茶园1公顷左右，国立中央大学农学院下蜀林场（现南京林业大学下蜀林场）种植成片茶园约1公顷，句容宝华山、方山、浮山、武岐山也种有小块茶园。茶叶经营以官方为主，也有茶号、茶行、茶栈等多类型的经营主体。

中华人民共和国成立后，初期主要发展一些国有茶场。20世纪70年代初，镇江出现发展社队茶场的高潮，1990年后再度出现社队茶场生产高潮，1996年后出现个体或合伙茶场。在茶叶经营上，初期镇江市有29家茶叶行号。20世纪50年代实行代购统销，60年代初至1984年实行配购统销，茶叶经营实行30多年的国家计划控制。1984年，茶叶销售开始进入市场经济的运行轨道。

第一节　茶叶生产主体

一、发展概况

中华人民共和国成立前的镇江茶场规模都较小。中华人民共和国成立初期，茶叶生产主要是垦复荒芜茶园，同时在国有场圃发展少量茶园。国有茶场大多数是在20世纪50年代、60年代初兴建。1982年，镇江茶区有国有茶场19个。

1926—1982年镇江国有茶场建场时间表

表6-1

场名	建场时间
镇江市丹徒区黄墟茶叶良种场	1926年
镇江市丹徒区高资茶叶实验场	1929年
句容市林场茶场	1951年
江苏省暨南农场	1951年
句容市下蜀茶场	1952年
句容市张庙茶场	1957年
句容市赵庄林苗场	1957年
句容市九华茶场	1958年
句容市茅山茶场	1958年
句容市方山茶场	1958年
镇江润州茶叶良种场	1958年
象山茶场	1958年
句容浮山果园	1958年
江苏省句东农场	1958年

续表 6-1

场名	建场时间
丹阳市茶叶实验场	1959 年
句容市高庙茶场	1960 年
丹阳市林场	1972 年
句容市磨盘山林场	1973 年
句容市东进林场	1982 年

1984 年，根据中央一号文件办好家庭农场指示精神，句容县张庙茶场、高庙茶场等先后试办家庭小茶场。高庙茶场家庭小茶场实行茶叶联产承包责任制，改变过去“吃大锅饭”的局面。1990 年前后，承包期满后又改为“分队（组）承包核算、集中采制、管理到劳”的形式。

20 世纪 80 年代初，各地积极支持办工业，银行也给予贷款支持，有的茶场也兴办一些效益较好的工业，进而支持茶叶生产。但多数国有茶场办工业项目未经科学论证，盲目立项、盲目投资，导致工业亏损，以茶叶养工业，让茶场背上很大的“包袱”。随着市场经济大潮的冲击，加之偿还茶场办工业时亏损留下的债务，尤其是 1994 年、1995 年两年又连续遭遇严重干旱，致使茶场陷入前所未有的困境，许多茶场亏损。1995 年 12 月，句容市成立农林场圃管理委员会，并委托市政协组建和代管。1997 年，句容市出现国有茶场树龄老、机械设备老、人员老的困境，省农林厅、财政厅联合立项扶持茶场，对茶园进行更新改造。项目一定三年，每亩改造复壮茶园扶持资金 800 元、改种换植 1500 元，开始以改种换植为主要形式的大规模茶园更新改造工作，张庙茶场连续大规模改种换植无性良种茶园，2000 年该场无性良种茶园占比近 50%。

2000 年，句容市以“退事还企、就近套改、有效分离、合理负担”为基本工作思路，全面深化农林场圃的各项改革。至 2002 年，镇江市由多种经营管理局管辖的所有国有茶场由原事业单位性质改制为国有农业企业，丹阳市、丹徒区的国有茶场也推行此项改革。

二、国有茶场

（一）句容市下蜀茶场有限公司

民国时期系私营镇江四益农场的一部分，中华人民共和国成立后成为江苏省镇江蚕种场第七分场。1952 年改建成茶场。1955 年 4 月为江苏省镇江茶场，属省农林厅管理。1958 年 7 月交句容县管辖，为句容县下蜀茶场。1960 年 10 月为省属茶场，属省农林厅管理。1978 年，复交句容县管辖。1995 年 10 月，成立句容市下蜀茶场有限公司。茶场位于句容市桥头镇戴公山，南靠 312 国道，北临长江，交通十分便利。土地面积约 113.3 公顷，其中茶园 63.3 公顷、林地 13.3 公顷、其他 36.7 公顷。下辖 4 个茶叶队、1 个茶叶加工厂。主要产品为金山翠芽茶、茅山长青茶、雾岐翠眉茶、黄金芽茶、下蜀白茶等名优绿茶及金山红红茶、花茶。企业通过 QS 认证，是无公害放心茶生产单位。茶叶加工一直遵循“制作严谨、工艺精湛、选料标准”的原则，精心制作。有高标准茶叶加工车间 1000 平方米，配备冷却机、输送机、连续理条机组等茶叶设备 30 余台，组成清洁化茶叶加工生产流水线。

该场 20 世纪 50 年代开始制茶，60 年代生产红条茶和边销茶，由供销社统购统销。70—80 年代以生产大众绿茶和红碎茶为主，其中红碎茶由上海茶叶进出口公司和江苏省土畜产进出口公司收购。90 年代中期，外贸出口受阻，红茶停止生产，以生产绿茶为主。

1978 年，引进福鼎大毫、福鼎大白、梅占、福云 6 号等品种试种。1979 年，种植福鼎大毫 1 公顷。1980 年，开始繁育无性系良种茶苗，每年扦插四五十万株，出圃茶苗二三十万株。1983 年，被江苏省农林厅认定为省级良种繁育基地，每年繁育茶苗 100 万株左右，由省统一定价、调配，按调出苗数给予补贴。1991 年停止育苗。

1990 年，该场大力发展良种茶园建设，换植面积约 7 公顷，主要品种为福鼎大毫，同年开始生产 5 克装金山翠芽的杯泡茶。2001 年和 2002 年，引种白叶一号 1 公顷。1991 年，机械化采茶项目被列入省科委科技攻关项目，下蜀茶场作为全省建立的 9 个试验示范点之一，为全省逐步推广机械化采茶提供相关数据，为该项目的结题作出贡献。

下蜀茶场作为金山翠芽茶的研制单位之一，生产的金山翠芽茶于 1985 年获首届农牧渔业部金杯奖；1988 年获首届中国食品博览会银质奖；1992 年获中国农业博览会金奖，其检测评比总分名列前茅，为江苏省唯一获得金奖的单位；1993 年送意大利维罗纳国际农业博览会参展获二等奖。1988 年研制成功雾岐翠眉茶，2000 年后，“翠眉”渐成句容市主要名特茶之一。

该场曾获句容市文明单位称号，被定为镇江市龙头企业。2002 年，通过无公害茶叶产地认证。2005 年，通过中绿华夏有机茶产地认证；在全国第六届“中茶杯”名优茶评比中，金山翠芽茶荣获全国总分第一、特等奖。2007 年，通过工业生产许可认证，实现茶叶生产的全程管控。

（二）句容市张庙茶场有限公司

1957 年，在句容原桑苗圃的基础上建立。位于句容市市区往南 7 千米、104 国道旁。1968 年，县属 5 个国营茶场（张庙、方山、茅山、九华、浮山）在张庙茶场建立联合精制厂，并发展花茶。后改名为张庙茶叶联合加工厂。1985 年后，各茶场制茶条件得到改善，可自行精制，不再联合加工。1969 年，句容县张庙茶场改名为句容县“五七”干校张庙茶场，1977 年恢复为句容县张庙茶场。生产绿茶、红茶、花茶。建场初期，茶园面积 7.9 公顷，茶树品种基本是老土种。下设 5 个生产队，各队自行生产管理。1985 年，茶园面积 65.6 公顷，年产干茶 46.7 吨。1993 年 7 月，成立句容市张庙茶场有限公司，总面积 100 余公顷，其中茶园面积 50 公顷。

20 世纪 90 年代，该场提出茶园要实现茶香、花香、果香、菜香“四香结合”，即茶、果、林间植的生态栽培理念。随后，依托农业科研机构技术支持，围绕“整体、协调、循环、再生”的原则，模拟自然生态系统，示范推广“茶—果—林”复合生态良种茶园。1996—2006 年，进行大面积的茶树品种改良，先后引进龙井长叶、龙井 43、浙农 113、浙农 117、浙农 139、乌牛早、锡茶 5 号等无性系良种。运用无公害标准化茶叶生产技术，茶园间植苗木 2 万余株，建成无公害生态型无性系良种茶园 26.7 公顷；建成有机农业生产方式培育与加工的茶园 13.3 公顷。2001 年，该场成为江苏省农林厅无性系良种茶园科技示范基地，同年茅山长青茶获国际农业博览会名优产品称号。2003 年，茶场被认定为镇江市茶叶标准化示范区。2004 年，被评为镇江市无公害绿茶科技示范园，同年通过中国农业科学院中农质量认证中心有机食品认证有机茶园 13.3 公顷，“华阳”品牌入选《中国茶叶品牌指南》一书。2005 年，茶场被中国茶叶研究所、农业部茶叶质量监督检验测试中心作为定点服务企业，与中国茶叶研究所签订服务协议，依托茶研所的技术服务，进行茶产业创新，并被授予“无公害放心茶”标志使用权。2006 年，通过产品质量 QS 认证，并荣获句容市人民政府颁发的“科技创新十佳企业”称号。同年，江苏省副省长黄莉新到场考察茶叶结构调整情况。2007 年，张庙茶场由张德敏个人承包，茶场运营方式发生变化。同年，与茶叶研究机构合作开展“无性系良种茶大棚抗逆栽培研究与应用”项目，栽培示范性大棚茶 1 公顷。2008 年，重建大棚茶园及葡萄大棚 1.3 公顷，完成 33.3 公顷茶园复壮更新改造任务。2009 年创建的全国茶叶标准园通过农业部认定，创建面积 66.7 公顷。引进高清香绿茶制茶流水线 1 条、设备 5 台（套）。2010 年，用树苗 1.5 万株，复合种植 6.7 公顷生态茶园，引进包括微波杀青机在内的名优茶制茶流水线 1 条。在场部办公室改建完成办公、接待茶楼 1300 平方米，包括会议中心、茶艺表演厅、产品展示厅及餐厅等。2012 年，绿茶和安吉白茶分别获无公害农产品证书。2013 年，完成张庙茶艺园各项建设，包括新植无性系良种茂绿 3.3 公顷、舒茶早 17 公顷；建设长 1000 米、宽 5 米的生态长廊观光道；茶园主干道和园区管理房安装太阳能路灯 30 套；在园区重点区域及主干道安装监控设施；在示范园水库小岛建设木质结构的茶艺馆及展销服务中心；功能区划分为茶艺表演大厅、茶叶品鉴厅、茶叶展览馆、多功能厅及餐厅。2014 年，新建两层茶叶生产车间，一层为加工车间，二层为鲜叶处理车间。2015 年栽种浙农 113 茶苗 1 公顷、白茶 1.5 公顷、舒茶早 2.2 公顷，2016 年栽种白茶 3.2 公顷，2017 年栽种中茶 108 约 1.3 公顷、白叶一号约 2 公顷，建设微喷灌溉设施近 10 公顷，缓解茶园夏季高温热害问题。

2013 年，获国家知识产权局“一种兰花形红茶的制作工艺”发明专利证书和“一种水果采摘机械手臂”实用新型专利授权。2011 年—2013 年另获有 6 项专利申请受理，包括 2011 年的“一种花香型绿茶的加工工艺”，2012 年的“一种茶树的修剪方法”，2013 年的“一种茶树嫁接换种方法”“一种中低档炒青绿茶的加工工艺”“一种无性系茶树定植方法”“转光膜在大棚茶种植中的应用”。

（三）句容市赵庄林苗场有限公司

始建于 1957 年 12 月，初名赵庄苎麻场。1969 年，南京化工学院、南京铁道医学院、南京体育学院于此联合置建“五七”农场，1972 年交还句容县，原种植的苎麻被毁，改种苗木，并更名为赵庄林苗场。1993 年 8 月，成立句容市赵庄林苗场有限公司，位于句容市城东 10 千米处的宁镇山脉高骊山西南侧。建场初期拥有面积 176.7 公顷，以生产林苗为主，营林 66.7 公顷。1979 年由县林业局规划开始种植茶叶，始转产茶叶并成为主业。2003 年，句容市政府为促进地方农业结构战略性调整，辐射带动更多农户增收致富，划拨土地约 53.2 公顷给江苏省农林职业技术学院，创建江苏农林科技示范生态园。2018 年，全场总面积 133.3 公顷，其中林地 53.3 公顷、茶园 66.7 公顷。在茶园中，无性系茶园面积为 20 余公顷。全场分设 7 个茶叶队、1 个林业队。主导产业是茶叶，主要茶树品种有大毫茶、浙农 113、浙农 117、龙井 43、龙井长叶、乌牛早、福鼎大白、福云 6 号、白叶一号等。主要产品有金山翠芽、茅山长青、清谷香（手工精制炒青）、赵庄翠眉、碧螺春、赵庄翠毫、赵庄白茶、精制炒青等高档名优绿茶。为实施品牌战略，先后添置制茶机械设备 60 余台（套）、茶园管理机械 20 余台（套），改造拓植茶园 53.3 公顷，新建改造厂房 100 余间。

1987 年，在由江苏省农林厅主办的省林业场圃茶叶评比中，该场生产的炒青绿茶获优质奖；1992 年生产的茅山长青茶获林业部优质名茶称号；1996 年—2017 年生产的名优茶茅山长青、金山翠芽、清谷香和赵庄白茶等产品在历届名茶评比中共获得金奖 6 个。2000 年，“句曲”牌精制炒青绿茶获中国绿色食品发展中心颁发的“绿色食品”商标标志使用证书，成为镇江市茶叶行业首家绿色食品生产单位，同年生产的金山翠芽茶被江苏省人民政府选定作为在香港举办联谊会上的馈赠礼品。2003 年和 2005 年，两年被江苏省人民政府指定参加上海市、江苏省农特产品博览会。2004 年，通过中绿华夏有机食品中心有机食品和 AA 级绿色食品认证。同年，苗场被中国茶叶学会认定为茶叶科技示范基地。2005 年制定《碧螺春茶》企业标准，同年获评省工商局消费者协会推荐商品，被省质量技术监督局授予“计量信得过企业”称号。2006 年 4 月，获省知识产权局、工商局、版权局授予的“正版正货单位”称号；11 月，获国家质量监督检验检疫总局颁发的 QS 证书。2007 年 12 月，“句曲”牌绿茶被江苏省质量技术监督局授予“江苏省质量信用产品”称号。2008 年 1 月，被句容市人民政府授予“食品安全诚信示范单位”称号；5 月，被授予“文明单位”称号。同年，被句容市人民政府指派参加澳门茶叶国际博览会。2012 年 3 月，被江苏省人民政府授予“江苏省放心消费创建先进单位”称号；12 月，被镇江市农业委员会授予“镇江市名牌农产品”称号。

（四）句容市方山茶场有限公司

始建于 1958 年。1993 年 8 月，成立句容市方山茶场有限公司。方山的海拔高度 300 多米，古人称其为“四平山”。位于茅山丘陵腹地，俗称“江苏小九寨沟”的江苏省有机农业圈内。山上有一座寺庙，寺名是康有为亲笔书写。那时山顶上种有茶树，因终年吸收雾气，制作出来的茶叶入水有种浓郁的醇香，为此一些老茶客经常专程上方山吃茶，使方山茶名声大振。20 世纪初，寺庙里僧人取一两茶下山就能换一担稻谷。很多香客在朝圣之余都会带点方山的土回去种茶。方山的土壤也确有特色，湿而不黏，捏起来成团，松开来即散，也就是民间俗称的“香灰土”，特别适合种茶、养花。随着岁月的流逝，古寺已荡然无存。

1958 年年初，省农林厅勘察队进驻方山实地勘察，根据土质，设计绘图规划 513 公顷茶园，其中方山顶上 31 公顷。同时规划梨园、桃园、板栗园、胡桃园各 1 个，通往邻村道路 5 条。4 月下旬，场部组织 100 余人，砍杂树、除杂草、捡乱石，开垦荒山 144 公顷。建场初期一无所有，各方面条件非常艰苦，租住老百姓三间草房作为办公用房。1959 年，继续开垦荒山，建造茶园。当时茶种紧缺，茶场发动职工在周围山区将生长在山中的野茶苗挖回场移栽，5 天共挖茶苗 2200 株。同时到宜兴捡茶籽 600 千克，进行育苗种植。到 20 世纪 70 年代，已发展茶园 73.3 公顷。20 世纪 90 年代，茶叶生产向创名牌、高档次、高效益方向发展，对茶园进行改植换种，发展无性系茶园 13.3 公顷。

该场通过不断优化茶树品种、改造低产茶园、提升产品档次、转换经营机制、完善生产责任制、创建企业品牌等举措，不断地提高企业竞争力和产品的市场占有率。2003 年，通过江苏省质监局的无公害农产品认证。2005 年，获绿色食品认证标志。2006 年 11 月通过 QS 认证，12 月通过中国食品发展中心 AA 级产品认证，并通过北京中绿华夏有机食品认证中心的有机食品认证。2007 年，被句容市工商行政管理局命名为重合同守信用企业。2015 年，“一种绿茶微波杀青工艺”“一种种植方山翠眉的肥料使用方法”“一种白茶树与红豆杉的套种方法”等发明专利获授权。2018 年生产的茅山长青茶被句容市政府作为中国首届茅山长青茶文化节馈赠礼品，产品销往全国各地。

2018 年，该场拥有制茶厂房 3000 多平方米，加工机械设备 30 余台（套）。全场土地面积 114.7 公顷，其中林地 54 公顷、茶园 60.7 公顷，无性系良种茶园面积占 33.3%。茶树品种主要有福鼎大毫、龙井长叶、乌牛早、浙农 113、白叶一号等。产品主要有茅山长青、金山翠芽、九龙翠竹、方山翠眉、方山春芽等高档名优绿茶及红茶。

（五）句容市茅山茶场有限公司

1958 年 2 月创建，定名茅山茶场。1960 年与东进林场合并，更名为江苏省东进林场后河分场。1964 年交句容县，复为茅山茶场。2003 年 7 月，注册句容市茅山茶场有限公司，位于句容市茅西集镇东 500 米处。主要茶叶产品有茅山长青、茅山翠眉、茅山白茶等。2018 年，茶园面积 73 公顷，其中无性系茶园 51 公顷。2020 年，茶园面积 73.3 公顷。

该场一直致力于提升茶树种植和加工技术，以提高茶叶品质。1983 年，生产的一级烘青茶被评为省级优质茶。1986 年，茅山长青茶创制启动会在该场召开并开展试制工作。1987 年茅山长青茶创制成功，在句容全县推广并快速生产，在全国性茶专业评比中多次获奖。为适应市场需求，该场积极进行茶园更新换种，逐年夯实基础，每年发展 1 公顷以上无性系品种，以龙井 43、龙井长叶、乌牛早等良种替代句容当地茶种，实现品质与数量的双重突破。2010 年引进良种白茶种植，由于气候与土壤等立地条件的先天优势，出产的白茶氨基酸含量高于市场同类产品，色泽更鲜亮、口感更鲜爽。

该场生产的“金茅”牌绿茶于 2004 年通过“江苏省无公害农产品”认证，2011 年获镇江市名牌农产品称号。该场 2011 年被江苏省农委确认为“江苏省第一批农业科技成果转化基地”，2012 年被农业部确定为“茶叶标准化试验示范基地”。该场的茅山长青茶于 2014 年作为江苏省名茶代表被中央电视台专题报道，2017 年通过国家“非木质林产品”认证。从 2012 年开始，“一种茅山翠眉茶的加工方法”（2012 年）、“一种茶树与葡萄树套种方法”、“一种茶树与榉树套种方法”（2015 年）先后获国家知识产权局发明专利证书。

随着经济社会的发展，供求市场改变，该场将传统茶叶生产转向多元化发展，从单一的茶叶生产向茶林间作、茶果间作、茶菌（食用菌）间作发展。开发以茶文化宣传推广为主，集观赏花卉，应时鲜果栽种，畜禽、鱼鳖养殖等多元文化于一体的旅游观光项目，让游客在亲近自然的同时，能体验乡村趣味，体会茶文化的博大精深。2005 年，获江苏省文广旅游局“江苏省乡村旅游 AAA 级景点”称号。

（六）句容市浮山果园有限公司

1958 年 3 月兴建。1993 年 8 月成立句容市浮山果园有限公司，位于句容市天王镇农林村。该场地跨浮山上下，平坦的山顶地势较高，上接云雾，下有夜潮黑土，春暖花开之季，地气升腾、云雾缭绕，盛产云雾茶及各种果品。每年春茶开采季节的早晨，满山茶园被雾幕笼罩，时值中午则茶树新梢湿润，傍晚时，棵棵茶树挂滴滴露珠，使得浮山云雾茶非同一般。

浮山果园初建场时有土地约 313.3 公顷，多数为农业社岗坡荒地。全场共分 6 个队。1958 年冬至 1959 年春种植桃、梨、苹果、板栗、枇杷、葡萄等果树，两年后果园种植面积达 133 余公顷。1961—1965 年，部分平调的土地退还给生产队，果园失管，其中 46.7 公顷果园报废。1964 年，种植的 53.3 公顷油桐也遭淘汰。当年改种茶园，其中浮山山顶 16 公顷，包括原有“古茶园”。至 1974 年，茶园面积约 53.3 公顷。

1999—2001 年，按照江苏省国有茶场茶树更新改造项目要求，3 年内共完成老茶树改造 43.3 公顷，改种换植无性系良种 10 公顷。建成优质丰产示范园，成为金山翠芽、茅山长青、碧螺春等高档名优茶的原料生产基地。

2000 年后，对全场的农网进行改造升级。2006—2007 年，共发展龙井 43 无性系良种茶园 3.3 公顷，使全场茶树良种率达到 23%。2007 年，茶场被省农林厅认定为“江苏省无公害农产品生产基地”。2008 年 1 月，通过“江苏省无公害农产品”的产品认证。2009 年，把 20 世纪 60 年代用人工和雷管、炸药开辟的通往浮山顶的一条崎岖的山石路，改造为一条长 5 千米、宽 3 米的水泥路。2012 年，发展中茶 108 约 1 公顷、乌牛早约 1 公顷；获“镇江市放心消费创建活动先进单位”称号。同年 6 月，与苏州硒谷科技有限公司进行技术服务合作开发富硒茶面积 6.7 公顷，茶园土壤通过施硒改良后，生产的茶叶经上海市农业科学院农产品质量标准与检测技术研究所检验，测得其含硒量为 1.05 毫克 / 千克，达到富硒茶含量标准，实现茶叶产品升级；当年还实施江苏省农业三项工程项目，推行富硒茶生产技术。2013 年，“浮翠硒茶”牌茅山长青茶经句容市质量技术监督局审查，获食品生产许可证；同年，获镇江市名牌农产品证书。2014 年，新发展良种茶园约 3.3 公顷，品种有龙井长叶、黄金芽、白叶一号、中茶 108 等；同年，被评为江苏省十佳名特优富硒茶叶基地。2016 年，按江苏省茶叶标准园建设，新拓植优质品种中茶 108 约 5.3 公顷，购置安装 30 台防霜扇，在 10 公顷良种茶园中套种薄壳山核桃，发展林下经济，促进茶叶生长；同年，获“江苏省放心消费先进单位”称号。2017 年，为进一步改善茶叶生产制作环境，按清洁化生产要求对制茶车间和包装车间进行设备更新与改造升级。为美化、亮化场区环境，营造适合宜居的优美乡村，修建 500 平方米的市民广场，安装 100 盏路灯，栽种 200 株行道树。2018 年，该场茶园面积约 40 公顷，其中无性系茶园面积 8.7 公顷。

（七）句容市九华茶场有限公司

原为句容市林场的一个苗圃工区，1958 年改建为九华茶场。1993 年 6 月成立句容市九华茶场有限公司，位于句容市开发区九华村，因境内的九华山而得名。土地面积 35 公顷，其中茶园面积 26.7 公顷、水面面积 8.3 公顷。

九华茶场成立后，开始在原林苗圃地上改植茶园。1962 年开始少量产茶，年产干茶 20 余千克，全部为手工制作。1964 年上半年，在全县场圃中率先通电，之后开始添制电力机械设备，不断提高劳动生产率。从 1977 年起，该场连续 4 年利用冬闲时间，发动全场干部职工和 1976 年左右下放到九华茶场的 40 多名知青，组成前进队、中心队和跃进队 3 个作业队，在荒山坡开挖茶园约 6.7 公顷，使全场茶园面积达 26.7 公顷。1983 年前后，由于茶园管理精细，茶叶长势较好，干茶平均产量 1125 千克 / 公顷，在当时全省茶叶单产中产量最高，经常有其他茶场员工到场参观学习。1986 起先后购进红茶生产设备及茶叶精制设备 12 台（套），年产红茶达 30 吨，昼夜生产，出口创汇。

同时，该场注重坚持大积大造自然肥料，铲草皮垫猪圈，刈青草和猪粪肥混合，沤制成水肥，灌溉茶树。全场养猪最多时，平均每公顷茶园有 15 头猪。

由于茶园中施用的都是有机肥，所以茶叶茶芽肥大，生产出的干茶香气持久，滋味鲜醇，回味甘爽。当时生产的高级炒青绿茶“九眉春”深受客户好评，曾在南京市场上有一席之地。

2002年、2003年，该场引进龙井43、乌牛早、龙井长叶、浙农113等优良茶树品种，换植茶园约1.3公顷。2010年，新拓无性系良种龙井43品种0.67公顷。2012年，该场实行租赁承包，由江苏泰和生态农业发展有限公司整体租赁，租期30年。2013年开始，泰和公司对原九华茶场进行全面整治，把低洼茶园和荒地改造成6.7公顷水面。同时对低产茶园和荒山进行平整改造，新拓茶园6.7公顷，于2014年全部新栽无性系的白色系和黄色系茶树品种。将茶园地块的道路全部铺设为砂石路面，栽树绿化，美化环境。

（八）句容市林场茶场

句容市林场于1951年10月成立，位于下蜀镇境内，地处宁镇山脉中段南侧。1995年11月注册为全民所有制企业，下设句容市林场茶场。2018年，茶园面积为25.9公顷，其中无性系品种种植面积23.3公顷。主要茶树品种有安吉白叶一号、福鼎大毫、龙井43、乌牛早等。为保证茶叶的品质，该场制定质量管理制度手册，从茶园管理到干茶入库全过程都严格按照无公害农产品生产技术操作规程进行质量管理。每年主动接受国家、省、市有关质检部门的抽检，抽检结果均符合标准。

该场重点生产高中档茶叶，清明前以生产宝华玉笋茶、句林白茶为主，谷雨前以生产碧螺春茶、特级炒青绿茶为主。1995年，该场研制成功宝华玉笋茶，为该场特有名茶，其独特风格为业界公认。全程采用机械炒制，是众多茶品中的新品。1999年，制定宝华玉笋茶企业标准。

2003年8月，获省农林厅无公害茶叶生产证书；12月，获农业部农产品质量安全中心无公害农产品认证证书。2006年10月，茶园基地被中绿华夏有机食品认证中心认定为有机食品茶叶生产基地，绿茶产品获AA级绿色食品认证。同年，被镇江市质量技术监督局授予放心消费产品生产企业称号。2010年、2011年连续两年被江苏省放心消费创建活动办公室授予“放心消费食品创建活动先进单位”和“放心消费活动示范单位”称号。2013年—2016年，“句林”牌茶叶被镇江市农业委员会评为镇江市名牌农产品。2014年，被镇江质检局评为2013年度“规范生产、诚信经营”示范企业，并被江苏有线电视台评为“诚信优质环保、绿色生态种植基地”。2017年，获江苏省“放心消费创建示范单位”、镇江市级“农产品创牌立信示范单位”称号。2018年，“句林”牌白茶获第二届中国国际茶业博览会江苏名特茶遴选特等奖，获中国首届茅山长青茶文化节斗茶大赛白茶组一等奖（第一名）。

（九）句容市磨盘山林场

磨盘山林场系1973年10月从东进林场分离而出，于2000年5月注册的全民所有制企业。林场位于句容市境内最南端，横贯于江苏省句容茅山有机农业示范区内。林场下辖3个林业工区和1个专业性茶场。1986年，开始开垦茶园种植茶树，种植面积约3.3公顷。2018年有茶园面积约25.3公顷，其中无性系茶园10公顷。茶叶产品有茅山长青、白叶绿、黄金芽、炒青绿茶等。2007年，获有机茶、有机食品认证。茅山长青、炒青茶、白叶绿茶在“中茶杯”“国饮杯”茶叶评比中均有获奖，精制绿茶在1995年第二届中国农业博览会上获银奖。

（十）句容市东进林场

东进林场创办于1934年，1935年8月正式建场。茶场成立于1982年，2008年5月注册为全民所有制企业。场址位于句容市茅山风景区东进林场老虎洞工区。建场初期茶园面积约32公顷，2014年发展无性系良种茶园6.7公顷，2018年茶园面积约38.5公顷。茶树品种主要有福鼎大毫、福鼎大白、群体小叶种、白叶一号、龙井长叶、龙井43等，部分茶园间种山核桃。茶叶产品主要有茅山长青、翠眉、碧螺春、特级烘炒青绿茶。

茶园管理上，每年年底深翻开沟施有机基肥，每公顷7500千克；实行人工锄草，不打除草剂；由于茶园地处公益林中间，基本无病虫害发生。茶场无茶叶制作车间，主要由茅山茶场代加工。2006年11月，茶场由江苏省物联再生资源有限公司承包经营，场部每年收取承包金。

（十一）江苏茗苑茶叶科技开发有限公司（原句容市高庙茶场）

简称为茗苑公司，位于句容市城东10千米处。中华人民共和国成立前原系江苏省暨南农场三中队。1960年3月由句容县接收，并改建为句容县高庙畜牧繁殖场。1961年冬季开始改植茶树，1964年经省林业特产厅批准，改名为句容县高庙茶场，确立以茶为主的种植结构。1969年，改名为镇江地区“五七”干校高庙茶场。1980 年后交句容县管辖，恢复原名句容县高庙茶场。2008 年 9 月 3 日，由句容市政府与江苏省农林职业技术学院签订合作办学协议，将高庙茶场整体划归江苏省农林职业技术学院管理。2009 年 5 月，成立江苏茗苑茶叶科技开发有限公司，将原高庙茶场人、财、物划入管理。

1961 年冬季，栽茶苗 20 万株，成活率较低，只有 40% 左右。1963 年，开始林相改造，拓植茶园，种植茶树（槠叶种）。1964 年，茶场有油茶 0.67 公顷。

1964 年更名后，指导方针是大力发展茶叶，逐年进行林相改造，建造茶园。1965 年，新建厂房 7 间（180 平方米），是全场第一座厂房。1969 年扩大新建厂房 300 平方米，1971 年新扩建厂房 300 平方米。

1973 年 3 月建造花房，从江苏丘陵地区镇江农科所引进茉莉花 700 余盆，窨制花茶。1974 年，建成茶叶精制车间 250 平方米，实现茶叶初、精制“一条龙”配套。1977 年，全场茶叶生产产量达 64.5 吨，收入 37 万元，是建场以来的最高产年。

1984 年建立林业苗圃，后逐步发展为茶苗无性系繁育基地。

1985 年 9 月，镇江市多种经营管理局在该场举办“金山翠芽”名茶特制现场培训班。全市各茶叶单位 20 多人参加培训。1986 年，引进无性系良种茶福鼎大毫用于制备金山翠芽茶，后陆续栽植近 6.7 公顷，成为镇江市金山翠芽茶的主产地之一。后陆续引进 17 个新品种，种植面积 13.33 公顷。1990 年开始引进茶叶修剪机、采茶机，并成立机械作业组，成为省机械化采茶重点试验示范场。

1994 年，第 43 届世乒赛组委会函告句容县，高庙茶场生产的“容宝”牌绿茶被列为 1995 年 5 月在天津举行的第 43 届世乒赛运动员指定饮料。

1995 年，拥有茶叶冷藏保鲜库 2 座，保鲜能力为 5 吨干茶。1995 年开始不断更新换植发展良种，至 2005 年年底共引进新品种 18 个，发展无性良种茶园近 350 公顷，成为省茶叶品种库之一。

2002 年，针对老厂房的破、旧、乱，对名特茶制作车间进行改造出新。同年 7 月，所产“容宝”牌绿茶（金山翠芽、茅山长青、炒青）获无公害农产品认证。

2003 年开始进行为期 3 年的国家农业开发项目科技示范基地建设，7 月建成全省一流的茶园大棚，并于当年年底开采销售，茅山长青大棚茶售价达6000元 / 千克。同年年底，发展20公顷无性新品种安吉白茶。

2004年10月，获中国茶叶学会科技示范基地称号。2005年4月，130公顷茶园及加工厂通过杭州中农质量认证中心有机茶认证。同年，获省“C”计量标志认证。2006年，获首批生产许可证。为拓展茶叶销路，建立高庙茶场网站，进行网上宣传和销售，并注册“茅山长青”网络实名。2008年，制定无公害茶生产技术操作规程第一部分——无公害金山翠芽茶生产技术操作规程企业标准。2009年，试制成功新名茶“茗苑曲毫”（原“高庙香”）。

2011年，制定无公害茶茗苑曲毫茶生产技术规程、无公害炒青茶生产技术规程两项企业标准。茶园基地获长三角城市群茶香文化体验之旅示范点称号。从2011年开始，先后实施国家级、省级项目6项，即2011年的江苏省茶叶科技创新公共技术服务中心项目，2013年的丘陵山区茶树良种繁育及生产示范基地建设项目，2014年的丘陵山区低产茶园改造及生产示范基地建设、茶树工厂化繁育技术的示范与推广、茶园机采鲜叶分级加工关键技术与装备研究3个项目，2016年的机采茶园建植技术的示范与推广项目。

2012年，获江苏省四星级乡村旅游示范点称号。2013年，获江苏省园林式单位称号。2014年，获中国茶叶学会茶叶科普教育示范基地称号。2015年，获江苏省科普教育基地称号。同年引进茶饼压制机械，进行十二生肖茶饼试制。2015年，“一种茶园养殖系统”“一种茶树专用肥料及其制备方法”2项发明专利获得授权；“一种桑叶特制茶及其制备工艺和应用”“一种茶叶红酒及其制备工艺和应用”“一种发酵茶及其制备工艺和应用”3项专利申请受理。2016年，获江苏省质量追溯示范单位称号。同时，还获得国际互认ISO 22000质量体系认证。

2018年，该公司占地面积166.7公顷，其中成片林地33.3公顷、无公害茶园80公顷（其中林网生态茶园33.3公顷）、茶叶科技试验示范基地13.3公顷。公司集茶叶生产销售、科技示范、学校教学实训及乡村旅游观光等功能于一体。机械设备条件优越，拥有高科技温室1座、高科技防霜设施1套、现代化厂房4000平方米。其中，习茶院有国内先进的名优茶清洁化加工流水线1条，炒青、红茶及乌龙茶加工流水线各1条，年加工能力100余吨；拥有茶叶冷藏保鲜库

3座，保鲜能力达50吨干茶。公司依托江苏农林职业技术学院、江苏省茶业研究所和江苏省茶叶科技公共服务中心，承办各届江苏省中职类手工制茶竞赛及国赛集训工作。公司还为企业研究生工作站、江苏省手工制茶及茶艺竞赛基地。

该公司生产的名优茶于2000年获农业部名特茶加工机械化技术二等奖。茅山长青、金山翠芽茶分别获中国（南京）国际茶博览会金质奖。炒青绿茶于2001年获江苏省市场质量调查办公室授予的江苏市场名优产品称号。茅山长青茶于2002年获韩国国际茶叶研究会、国际名茶评审委员会、中国国际茶博览交易会银奖。

（十二）江苏句东农场有限公司

位于句容市石头山。1958年始称为句容县普渡桥茶场，1973年改名为江苏省句东农场，以种茶为主。1985年，有茶园70余公顷，年产干茶90吨。1990年6月，注册江苏句东农场有限公司。2001年，因管理要求，茶园逐步承包出去。2008年，共有茶园103.6公顷，另植有松树10公顷，全部由个人承包，以加工翠眉茶、翠芽茶、碧螺春茶和茅山长青茶等高档茶为主。后因建筑用地以及改种其他作物，茶园逐步减少。至2018年，茶园面积仅剩46.7公顷，其中场留10.7公顷、个人承包36公顷。在2018年的第五届“国饮杯”名优茶评比中，该场生产的“鹤山牌”翠眉茶获一等奖。

（十三）江苏省暨南农场

1951年建场，初名为江苏省暨南农场，1957年改名为句容县暨南农场。1960年，恢复原名称为江苏省暨南农场。2008年，改名为江苏省新暨南有限公司。原以种茶为主，1985年有茶园63.3公顷，年产干茶59.2吨。2000年后，逐渐由茶改林，茶园全部转由个人承包。2008年，有茶园53.3公顷、林地33.3公顷。之后不久，茶园全部改种其他作物，停止茶叶生产。

（十四）丹阳市茶叶实验场

建于1959年11月，原名丹阳县屯甸茶场，1989年更名为丹阳市茶叶实验场，位于丹阳市司徒镇屯甸村。建场初期，场地面积13.33公顷，有职工32人。1963年，分设茶叶专业队和副业队，有职工31人。20世纪60年代至70年代初，茶场以抚育幼龄茶园为主，茶叶生产水平很低。1969年，茶叶产量5.37吨，产值1.71万元。20世纪60年代，丹阳县仅屯甸茶场制作茶叶。1973年，茶叶产量20吨，产值由1972年的2.73万元增加到6.51万元，扭亏为盈。此后，因地制宜，就地取材，组装切茶、滚片、圆筛、吸风等茶叶精制机械，向茶叶生产集约化经营迈出一步。1977年进行茶树半切杆试验，茶树普遍叶形增大，芽头粗壮，为茶园更新复壮提供经验。1978年虽遭百年难遇的干旱，茶叶产量仍取得26.5吨的好收成。此后茶树逐渐趋向老化，茶叶产量逐年下降。1979年产干茶18.9吨，1980年减为18.4吨。1981年下半年，封园复壮，更新茶园。1984年，茶园恢复投产，当年自给有余。1985年，全场有职工50人，茶叶产量7.5吨。1985年，工业产值31.5万元，占茶场年总产值的80.7%。1990年后，该场开办的工厂因产品质量等原因陆续关闭，茶叶产量则逐年增加。1996年，职工人数为34人，场地面积为18公顷，茶叶产量15吨。2002年，根据丹阳市政府文件精神对该场进行改制。

（十五）丹阳市林场

1972年2月，由丹阳县双墩林场和苎麻场合并建立，定名丹阳县“五七”林麻场。1979年10月，改名为丹阳县胡桥林场。1988年1月，更名为丹阳市林场，场址在胡桥镇西侧。林场以营造林木为主，发展部分茶叶种植。至1985年，营造林木和苗圃面积300.5公顷，其中茶园20公顷。1988—1989年开始创制苏丹青茶，年产量40多千克，未鉴定，后停产。1993年，丹阳市林场生产的炒青绿茶获第二届农业博览会铜牌奖。1985年后，在市场经济竞争中，该场效益萎缩，土地经营面积减少。2002年，丹阳市政府对该场进行改制。

（十六）镇江市丹徒区黄墟茶叶良种场有限公司

建于民国15年（1926年）4月，原为私营永安蚕种场，占地面积10公顷。1952年改名为江苏省蚕种繁殖场，1956年公私合营时本立蚕种场并入。1957年，改名为镇江市四摆渡蚕种场生产区，有冬播茶园9.8公顷。1958年，更名为黄墟茶场，总面积57.7公顷。1963年，茶园发展到31.1公顷。1980年，茶园占地面积35.5公顷，有固定职工104人。1985年，茶叶产量达28.3吨，产值31.2万元。1990年5月，成立镇江市丹徒区黄墟茶叶良种场有限公司。2020年，茶园面积21.3公顷。

（十七）镇江市丹徒区高资茶叶实验场有限公司

位于镇江市五洲山北麓，原为江苏省育种股份有限公司之裕民场，由严惠宇于民国 18 年（1929 年）创办，有土地 10 公顷，以油桐为主，有 16 亩茶园和部分桑树。1952 年由人民政府接管，为地方国营镇江蚕种场六场。1956 年，六场与七场（下蜀茶场）合并为镇江茶场，1957 年分开，改名为丹徒县高资茶场。1963 年 1 月，由省农林厅接管，定名为国营高资茶场。1969 年，改名为江苏省“五七”干校高资茶场。1972 年，恢复江苏省国营高资茶场名称。1974 年划归丹徒县，复名为丹徒县高资茶场。1985 年，茶场有土地 91.3 公顷、茶园 64.9 公顷，当年所产“金山翠芽”绿茶获镇江市优质茶奖。1990 年 11 月，成立镇江市丹徒区高资茶叶实验场有限公司。2020 年，茶园面积 45.3 公顷，其中无性系良种茶园 4 公顷。

（十八）镇江市润州茶叶良种场

创建于 1958 年，前身是在江苏省农业厅筹建下成立的镇江市麻场，后更名为丹徒县麻场，企业性质为全民事业自筹自支事业单位。1973 年，原来的丹徒麻场实施以麻改茶政策，更名为丹徒县茶叶试验场。1997 年区划调整，由原来的丹徒县整建制划拨给镇江市润州区管辖，更名为镇江市润州茶叶良种场，为区属国营场圃。2001 年，改为全民所有制企业。2019 年 6 月棚改搬迁，棚改前茶园面积 30 公顷，棚改后茶园管理荒废。

（十九）镇江市京露茶场（原象山茶场）

1958 年年初，镇江市财贸部在城区东北部象山境内建财贸农场（为象山茶场前身），农场分第一、第二、第三工地。同年 10 月，建立象山园艺场（全民带集体性质）。1959 年，第二工地更名为国营镇江市象山园艺场京岘山分场。1967—1980 年多次变化。1981 年，恢复象山茶场名称，属镇江市郊区管辖。1984 年划归润州区，不久改名为润州茶叶试验场。1984 年 11 月，象山茶场生产的一级炒青绿茶经省茶叶评审委员会审定为省优产品。1990 年，始研制生产“润露春”绿茶。1991 年，注册“润露春”商标。1992 年 10 月，区划调整后润州茶叶试验场划归京口区，更名为京口茶叶试验场，位于京岘山余脉（含晋陵郡城遗址）和京岘山西麓一部分（2005 年，市政府规划给镇江高等专科学校）。1997 年，研制生产的“润露峰”绿茶通过区科技项目立项，获京口区委、区政府颁发的“农业创特色奖”。全场占地面积 11.7 公顷，其中茶园面积 7.83 公顷，属全市小型国营场圃。年产干茶 26.5 吨，产值 175 万元。2002 年 1 月，由全民事业改制为全民企业单位，更名为镇江市京露茶场。2007 年，场区面积缩小，仅有不足 0.2 公顷茶园被古城公园征用。

三、其他茶叶生产主体

（一）镇江市南山农业科技示范园

1999 年 9 月成立，位于镇江市南郊回龙水库西侧。主要开展茶叶新品种、新技术、新模式试验示范及推广。茶园面积 13 公顷，后部分茶园被高铁和武警部队征用，2020 年茶园面积 7.1 公顷，主要有福鼎大毫茶、龙井长叶、龙井 43、乌牛早等 10 多个品种。2004 年注册“梦溪”商标。2004 年 7 月，与镇江市南山茶林研究所等创办镇江市金山翠芽茶业有限责任公司，具体负责园区茶叶生产经营。2005 年，金山翠芽等茶产品获无公害农产品认证。2006 年，与日本古田电机公司达成引进防霜设施和开展合作示范推广协议。2006 年 9 月，获农业部无公害产地认定。2007 年，安装调试试验用茶园自动防霜机 6 台，是国内首家引进单位。2007 年 10 月，与日本古田电机公司共同创办镇江古田农业环境工程有限公司（中外合资），推广机械自动化防霜设备及技术。2013 年，获省科协授予江苏省茶叶学会首批“科技服务站”称号。2014 年，成为全国茶叶（金山翠芽）栽培标准化示范区核心示范点。2017 年 7 月，成为江苏省现代农业（茶叶）产业技术体系镇江推广示范核心基地。2018 年 5 月，镇江市金山翠芽茶业有限责任公司更名为镇江市沁香园茶业有限责任公司。

（二）镇江市五洲山茶场

1965 年，七里甸公社成立五洲林业队，1973 年组建，1984 年 4 月成立。茶场位于镇江高新区戴家门 312 国道西侧。1981 年，茶场为职工全员购买养老保险，成为江苏省首家为职工购买保险的农业企业。1992 年，从浙江永嘉县引进特早芽种乌牛早。1998 年以乌牛早为原料，研制地方名茶惊春灵芽。2020 年，茶园面积 33.3 公顷。主要产品有金山翠芽、惊春灵芽。注册的“五洲牌”“惊春灵芽牌”是江苏省著名商标。

（三）镇江市五峰茶场

1987 年 2 月成立，位于镇江市高新区戴家门 346 国道 270 千米处。以五洲山村 4.53 公顷老茶园为基础，1987 年引种黄山大叶种，1988 年引种福鼎大毫。20

世纪90年代陆续引种乌牛早、龙井长叶、白叶一号等良种，形成早、中、晚品种搭配的梯队形茶园，规模达到60公顷。1999年创制地方名茶五峰迎春，并通过市级鉴定。茶场主要产品有五峰迎春、金山翠芽、五峰香怡等，注册“彭公牌”“五峰迎春牌”“五峰香怡牌”等品牌，其中“彭公牌”是江苏省著名商标。

（四）镇江市润州南郊茶场

2005年3月成立，位于镇江市润州区环山路90号。2005—2008年，引种浙农117、白叶一号、黄金芽等品种。2012年，引种中茶108。2020年茶园面积17.5公顷。主要产品有正点奶白茶、林隐红茶、南山翠茗。2012年，“林隐牌”获评江苏省著名商标。

（五）镇江金山翠芽茶业股份有限公司

2018年5月成立，2019年3月挂牌运营，位于镇江市润州区南郊回龙水库西侧。公司是在镇江市政府和市农业委员会推动引导下，由市茶业协会授权使用农产品地理标志“金山翠芽”和“镇江金山翠芽”地理标志证明商标茶企组建而成的股份制有限公司，公司股东有镇江市南山茶林研究所、句容市下蜀茶场、镇江市五峰茶场、镇江市五洲山茶场、丹徒区上党三泉茶场、镇江市丹徒区谷阳茶场、镇江市丹徒区上党镇里墅村茶林场、镇江市润州南郊茶场、丹阳市丹北镇后巷建林茶场。2019年，金山翠芽获江苏省“十佳名茶”称号。2020年，金山翠芽获“陆羽杯”特等奖。

（六）镇江市大港圌山茶场

1959年1月，由龙泉、聂家、鸿（宏）成3个林业队合并组成圌山园林场，总场设在鸿（宏）成大队，下设邱家姜湾、北山寺、蔡家湾分场（包括丁岗乡华墅林场）。1960年春，获江苏省人民政府奖旗一面，场址迁至聂家大队（村）万寿庵。1962年，所属分场撤销，场址迁返原处。1970年春，开始直播茶园50亩。1975年开始采收少量茶叶。1987年，茶园面积达8公顷，茶叶产量3307.5千克。1988年9月，成立镇江市大港圌山茶场，位于镇江市大港镇东霞寺，从事茶叶生产经营。2020年，大港圌山茶场有茶园10公顷，产量0.5吨，主要产品为碧螺春。

（七）镇江市丹徒区上党镇里墅村茶林场

始建于20世纪70年代初，1991年在工商部门注册登记，位于镇江市丹徒区上党镇墅山村。茶园面积 17.5 公顷，主要品种有龙井 43、乌牛早、福鼎大白等，主要产品有墅山剑毫、金山翠芽、墅山红茶等，产品在全国“中茶杯”评比中多次获特等奖。1992 年注册“墅山”商标，2007 年获 QS 认证和无公害生产基地认证，先后获评全国首批人才培养实训基地、全国绿色食品产业化示范基地、镇江农民创业实训基地、江苏省“五好”农民专业合作示范社等荣誉。

（八）镇江市丹徒区壹零捌茶叶专业合作社

2011 年 7 月，以丹徒区上党镇墅香茶场为基础，茶场带领附近 108 户茶农成立镇江市丹徒区壹零捌茶叶专业合作社，合作社位于镇江市丹徒区上党镇上方头 61 号。2020 年，茶园面积 20 公顷。主要产品墅香剑毫曾多次荣获“中茶杯”“国饮杯”特等奖。2016 年，墅香剑毫获首届江苏名茶展销暨休闲观光农业博览会金奖。合作社一直坚持按社员鲜叶交售比例实行二次分红，2017 年发放金额达 25 万元，占利润的 20% 左右。合作社先后荣获国家巾帼示范岗、省巾帼示范岗、省巾帼现代农业科技示范基地、省高效农业“三八”培训基地、省“百强”示范合作社、省放心消费示范单位、省科普惠农服务站等荣誉称号，“墅香”牌是江苏省著名商标。

（九）镇江市丹徒区谷阳茶场

2002 年 2 月成立，位于镇江市丹徒区上党镇上党村。2003 年研制的金谷阳春茶通过市科技鉴定。2004 年注册“金谷阳”商标，2008 年被认定为镇江市知名商标，2012 年获省著名商标称号。2020 年，茶园面积 13.3 公顷。产品多次获“中茶杯”“陆羽杯”特等奖。

（十）丹徒区上党三泉茶场

2010 年 8 月成立，位于镇江市丹徒区上党镇墅山村。茶园面积 34.1 公顷，主要品种有金观音、乌牛早、楮叶齐、龙井长叶等。累计投资 1500 余万元，建设无公害标准茶园、名茶生产车间、清洁化绿茶生产线和红茶标准生产线。主要产品有长山剑毫、三泉红茶、玉雪白茶、金山翠芽等，多次获“中茶杯”“陆羽杯”特等奖等奖项。

（十一）镇江丹徒区上党五塘茶林场

2000 年 4 月成立，位于镇江市丹徒区上党五塘村。茶园面积 18.7 公顷，主要品种有乌牛早、龙井长叶、福鼎大白、鸠坑等。茶场场区占地面积 6000 平方米，其中标准化生产厂房1800平方米，有清洁化生产线2条、冷库2座。2008年，牵头成立镇江市丹徒区醉园春茶叶专业合作社。场长陈美成研制的气热式蒸汽制茶工艺有国家发明专利4件、实用新型专利14件。注册有“醉园春”商标，醉园春蒸汽茶多次获“陆羽杯”一等奖。

（十二）镇江市丹徒区坞庄茶叶专业合作社

2008年4月，镇江市丹徒区上党小力山茶场（2002年10月成立）牵头，带领周边茶农成立镇江市丹徒区坞庄茶叶专业合作社，合作社位于镇江市丹徒区上党镇老街。2012年，创成江苏省级茶叶标准园，同年通过ISO 9000质量体系认证。2020年，合作社有社员426名，茶园面积66.7公顷。注册有“上丹”“仙湖圣叶”商标，茶产品多次获“中茶杯”“陆羽杯”特等奖等奖项。

（十三）镇江市丹徒区茗缘茶叶专业合作社

2010年1月成立，注册资本1260.8万元，位于镇江市丹徒区高资街道西斛村下新甸茶园。是集茶叶研发、种植、加工、销售、技术指导于一体，以春茶为主，兼顾夏秋抹茶生产及推广的农民合作社。注册有“水台月芽”“水月雨”商标。茶产品获第二届中国国际茶叶博览会特等奖、第九届国际鼎承茶王赛特别金奖。产品通过NGV体系认证，获绿色食品证书。

（十四）镇江市丹徒区上党幸福茶场

2004年2月成立，位于镇江市丹徒区上党镇墅山村。2020年，茶园面积21.3公顷。注册有“茗海雪燕”商标。主要产品有长山剑毫、墅山翠萝，获“中茶杯”“陆羽杯”特等奖各2次。

（十五）江苏吟春碧芽股份有限公司

2003年6月成立，注册资本3万元，位于丹阳市丹金路迈村88号。至2020年，注册资本达3000万元，是集茶叶科研、生产、贸易、茶文化、培训于一体的单位。2020年，茶园面积22公顷。公司是省级农业龙头企业、省第一批农业科技型企业、省第一批创新型企业、省首批现代农业科技示范园、省农机化科技示范区、省科技厅下达的第一批企业院士工作站单位；建有省研究生工作站、省博士后创新实践基地、江苏茶叶及深加工工程技术研究中心、江苏农村科技服务超市、省科技创新服务能力机构建设等平台。被授予全国绿色食品示范企业、全国科普惠农先进单位称号。“吟春碧芽”被评为江苏省著名商标，是江苏名牌产品。公司申请国际发明专利 1 项、国家发明专利 25 项、实用型专利 18 项，获国际第六届发明展览会银奖，多次获“中茶杯”“陆羽杯”特等奖等奖项。

（十六）丹阳市丹北镇后巷建林茶场

1996 年，丹阳市建山林场改制，丁建林承包部分茶园经营。2006 年 6 月，成立丹阳市后巷镇建林茶场。2014 年 8 月，更名为丹阳市丹北镇后巷建林茶场。2020 年，茶园面积 6.7 公顷，主要有福鼎大毫、龙井 43、浙农 113、白叶一号等茶树品种。注册有“丁建林”商标。主要产品有金山翠芽等，多次获“中茶杯”“陆羽杯”特等奖等奖项。

（十七）丹阳市丹北镇管山茶叶专业合作社

2010 年 5 月成立，位于丹阳市丹北镇管山村。2020 年，茶园面积 73.33 公顷，主要以龙井长叶为主，有社员 212 户，茶叶加工厂房 500 平方米。2009 年注册商标“管山雲峯”，2014 年 7 月获无公害产品认证，2017 年 1 月获食品生产许可证，产品多次获“中茶杯”“陆羽杯”特等奖等奖项。

（十八）丹阳市曲阿茶叶专业合作社

2008 年 12 月成立，位于丹阳市司徒镇屯甸村委会。2020 年，茶园面积 66.7 公顷。合作社采用“合作社 + 农户 + 基地 + 市场”的经营方式，统一技术培训、统一田间管理、统一鲜叶收购、统一产品加工、统一质量标准、统一品牌销售和保证社员收益的管理运营模式。合作社是丹阳市高级技能人才工作先进单位、江苏消费者信得过 AAA 级品牌企业。2012 年，被评为江苏省优秀示范合作社。

（十九）句容市龙山茶场（普通合伙）

1995 年成立，原名句容行香茶场，2004 年 2 月注册句容市龙山茶场（普通合伙），位于句容市行香镇龙山村 118 号。2020 年，茶场总面积 18.7 公顷，其中茶园面积 16 公顷。茶场有发明专利 2 个、实用新型专利 8 个，注册有“容华”“龙山白玉螺”“容华红”商标。主要产品有龙山白玉螺、茅山长青、龙山白茶、碧螺春、龙山春芽、容华红等。该场是中国茶叶学会茶叶科技示范基地，绿茶产品多次获“中茶杯”“国饮杯”“陆羽杯”特等奖和一等奖。2015 年，“容华”牌被评定为江苏省著名商标。

（二十）句容市下蜀窑业茶场

1991 年 9 月成立，位于句容市下蜀镇窑业村。2020 年，茶园面积 44 公顷，年产干茶 50 吨，注册有“窑业”商标，是镇江知名商标。主要产品有窑业白茶、窑业雨花、窑业雾眉等。2000 年，获中国（南京）国际茶博览会金奖。2011 年，获中国优质名牌产品称号。

（二十一）句容市下蜀镇窑业雾起山茶场

2006 年 3 月成立，位于句容市下蜀镇上庄村 68 号。该场从事茶叶种植、采摘、加工及销售。截至 2020 年，茶园面积 26.7 公顷，注册有“雾起山”商标，主要产品有茅山长青、碧螺春、翠眉等，3 次获江苏省“陆羽杯”一等奖。

（二十二）句容市西冯茶场

2018 年 8 月成立，位于句容市后白镇茅西西冯村 8 号。2020 年，茶园面积 33.33 公顷，有苗木 1 万多株。注册有“茅缘”商标，主要产品有茅山长青、茅山翠眉、茅山春芽和茅山白茶，获绿色食品认证。

2020 年年末镇江市主要茶叶生产主体情况表

表 6-2

生产主体名称	成立时间	地址	茶园面积（公顷）	主要产品
镇江市五洲山茶场	1984 年	镇江高新区戴家门 312 国道西侧	33.3	五洲香翠、五洲红茶
句容市方山顶云雾茶场	1986 年	句容市茅山风景区李塔村方山顶	13	茅山长青、翠眉
镇江市五峰茶场	1987 年	镇江高新区戴家门 346 国道 270 千米处	60	五峰迎春、金山翠芽
镇江市大港圌山茶场	1988 年	镇江市大港镇东霞寺	10	碧螺春
江苏句东农场有限公司	1990 年	句容市石头山	46.7	翠眉
镇江市丹徒区上党镇里墅村茶林场	1991 年	丹徒区上党镇墅山村	17.5	墅山剑毫
句容市下蜀窑业茶场	1991 年	句容市下蜀镇窑业村	44	窑业白茶、窑业雨花
句容市赵庄林苗场有限公司	1993 年	句容陈武赵庄林苗场	46.7	绿茶

续表 6-2

生产主体名称	成立时间	地址	茶园面积（公顷）	主要产品
句容市张庙茶场有限公司	1993 年	句容市后白镇张庙集镇张庙茶场	50	茅山长青、华阳春芽
句容市方山茶场有限公司	1993 年	句容市茅山管委会	60.7	茅山长青、方山翠眉
句容市浮山果园有限公司	1993 年	句容市天王镇农林村	40.3	翠眉、茅山长青
句容市九华茶场有限公司	1993 年	句容市开发区九华村	26.7	绿茶
镇江市丹徒区墅茗茶叶专业合作社	1995 年	丹徒区上党镇墅山村	20.4	绿茶
镇江市丹徒区上党海燕林茶场	1995 年	丹徒区上党镇墅山村	12.7	长山雾茗
句容市林场	1995 年	句容市下蜀镇新大线1.5 千米处	25.9	句容白茶
句容市下蜀茶场有限公司	1995 年	句容市下蜀镇人民路戴公山	63.3	金山翠芽、雾岐翠眉
镇江市润州彭公山茶场	1996 年	镇句路白湾	14.7	一泉春芽
丹阳市丹北镇后巷建林茶场	1996 年	丹阳市丹北镇后巷花果山	6.7	绿茶
镇江市南山茶林研究所	1999 年	镇江市南郊回龙水库北侧	56.7	南山滴翠、金山翠芽
镇江市南山农业科技示范园	1999 年	镇江市南郊回龙水库西侧	7.1	金山翠芽
句容市磨盘山林场	2000 年	江苏省镇江市句容市天王镇袁巷村	25.3	黄金芽、九龙翠眉
镇江市丹徒区上党五塘茶林场	2000 年	丹徒区上党镇五塘村	18.7	醉园春蒸汽茶
句容市下蜀镇谢边武岐山茶场	2000 年	句容市下蜀镇沙地村	6.7	绿茶
句容市马尾山茶场	2001 年	句容市下蜀镇刘圩村10 号	6.7	碧螺春、炒青

续表 6-2

生产主体名称	成立时间	地址	茶园面积（公顷）	主要产品
镇江市丹徒区谷阳茶场	2002 年	丹徒区上党镇上党村	13.3	金谷阳春、金山翠芽
句容市下蜀镇永成茶场	2002 年	句容市下蜀镇新村村	3.3	绿茶
江苏吟春碧芽股份有限公司	2003 年	丹阳市丹金路迈村 88 号	22	吟春碧芽、吟红茶
句容市茅山茶场有限公司	2003 年	句容市茅西集镇东 500 米处	73.3	绿茶、红茶
镇江市丹徒区上党幸福茶场	2004 年	镇江市丹徒区上党镇墅山村	21.3	长山剑毫、墅山翠萝
镇江雨泰茶业有限公司	2004 年	镇江新区丁卯街道西苑甘露茶生态园	12	三山香茗
句容市龙山茶场（普通合伙）	2004 年	句容市行香镇龙山村 118 号	16	茅山长青、绿润翠眉
镇江市润州南郊茶场	2005 年	镇江市润州区环山路 90 号	17.5	南山翠茗
江苏天禄茶林有限公司	2005 年	丹阳市开发区胡桥	13.3	绿茶
句容市行香绿润茶场	2005 年	句容市白兔镇中心村	11.5	茅山长青、茅山翠眉、碧螺春
句容市茅峰茶场	2006 年	句容市茅山集镇 99 号	14	茅山长青、白茶
句容市茅山银峰茶场	2006 年	句容市茅山永兴村	8	绿茶
句容市下蜀镇窑业雾起山茶场	2006 年	句容市下蜀镇上庄村 68 号	26.7	碧螺春、茅山长青
句容市俞山茶厂	2007 年	句容市华阳街道云塘村	6.7	翠眉、白茶
句容市茅山镇茅业茶场	2007 年	句容市夏林村 18 号	10	茅山长青、仙境翠眉
句容市天王镇维虎茶庄	2007 年	句容市天王镇戴庄村	18.7	绿茶

续表 6-2

生产主体名称	成立时间	地址	茶园面积（公顷）	主要产品
镇江市润州区东山茶叶专业合作社	2008 年	镇江市润州区乔家门社区东山五组	24	绿茶
镇江市十里长山生态农业有限公司	2008 年	丹徒区长香西大道 389 号	21.3	白茶
镇江市丹徒区坞庄茶叶专业合作社	2008 年	镇江市丹徒区上党镇老街	66.7	长山剑毫、白茶
丹阳市曲阿茶叶专业合作社	2008 年	丹阳市司徒镇屯甸村委会	66.7	红茶、绿茶
丹阳市鑫品茶业有限公司	2008 年	丹阳市司徒镇屯甸村	35.2	丹峰雀舌、丹阳红
句容市东进林场	2008 年	句容市茅山风景区东进林场老虎洞工区	38.5	绿茶
镇江市丹徒区西林茶叶专业合作社	2009 年	镇江市丹徒区高资街道水台村陶家湾 1 号	5.1	绿茶
江苏茗苑茶叶科技开发有限公司（原句容市高庙茶场）	2009 年	句容市白兔镇原高庙茶场（江苏茶博园内）	80	茅山长青、茗苑翠眉
句容市浮顶茶叶专业合作社	2009 年	句容市天王镇浮山顶	13.3	绿茶
丹徒区上党三泉茶场	2010 年	丹徒区上党镇墅山村	34.1	长山剑毫、玉雪白茶
丹阳市丹北镇管山茶叶专业合作社	2010 年	丹阳市丹北镇管山村	73.3	管山云峯
丹阳市开发区其林茶叶专业合作社	2010 年	丹阳市开发区其林村	13.3	绿茶
句容市九龙山茶场	2010 年	句容市方山茶场内	9.3	绿茶
句容市茅山镇春城茶叶专业合作社	2010 年	句容市茅山春城集镇	43.3	绿茶
句容市下蜀镇青云茶场	2010 年	句容市下蜀镇空青村	6.7	碧螺春、炒青
镇江市丹徒区壹零捌茶叶专业合作社	2011 年	丹徒区上党镇上方头 61 号	20	墅香剑毫

续表 6-2

生产主体名称	成立时间	地址	茶园面积（公顷）	主要产品
镇江市丹徒区墅春茶叶专业合作社	2011 年	丹徒区上党镇墅山村	12	红茶、墅春香茗
句容边城镇仑山湖白茶茶场	2011 年	句容市边城镇光明村	7.1	绿茶
镇江市京口区野鸡山茶场	2012 年	镇江市京口经济开发区左湖村 9 组	3.3	炒青
镇江恒利茶庄有限公司	2012 年	句容市茅山春城集镇	20	绿茶
镇江市丹徒区上党西江月家庭农场	2013 年	丹徒区上党镇古洞村	4.7	长山剑毫、上党白茶
丹徒区上党春梅茶叶种植家庭农场	2013 年	丹徒区上党镇墅山村	7.7	茗海雪燕牌绿茶、白茶
丹阳市司徒镇茅青茶叶种植园	2013 年	丹阳市司徒镇吴塘村	6.7	白茶、绿茶
句容市白兔金文茶场	2013 年	句容市白兔镇中心行政村毕巷 59 号	32	龙山白玉螺、茅山长青
句容市茅山镇同心家庭农场	2013 年	句容市茅山何庄村	8	绿茶
句容市梦溪家园家庭农场	2013 年	句容市下蜀镇亭子村	7.1	绿茶
句容市容北茶文化有限公司	2013 年	句容市下蜀镇 312 国道下蜀交警中队向东 1.5 千米	26.7	碧螺春、炒青
镇江市丹徒区上党琪香茶叶种植家庭农场	2014 年	丹徒区上党镇墅山村	8	绿茶
镇江春淙农业有限公司	2014 年	镇江市丹徒区高资街道水台村	37.1	绿茶
句容市宝华镇铜山茶场	2014 年	句容市宝华镇铜山村	10	碧螺春
句容市下蜀镇益泉茶叶专业合作社	2014 年	句容市下蜀镇六里村	4.7	绿茶

续表 6-2

生产主体名称	成立时间	地址	茶园面积（公顷）	主要产品
句容市宝华玉螺农业生态园	2014 年	句容市下蜀镇空青村	8	绿茶
镇江盛高生态农业科技有限公司	2014 年	句容市下蜀镇亭子村	3.7	绿茶
句容市边城茶场	2015 年	句容市边城镇江苏农博园西侧	21.3	茅山长青、句容翠眉
句容市天王镇广元家庭农场	2015 年	句容市天王镇农林村	3.3	绿茶
句容市新村家庭农场	2015 年	句容市下蜀镇新村村	4	绿茶
镇江市水木年华现代农业科技有限公司	2016 年	镇江市丹徒区高资街道西斛村下新甸	32	白芽奇兰、抹茶
句容市茅山风景区句曲山隐家庭农场	2016 年	句容市茅山风景区后河村 68 号	20	茅山长青、翠眉
句容市茅山风景区一念宽家庭农场	2016 年	句容市茅山风景区茅山茶场 54 号	12	绿茶、红茶
句容市又春茶场	2016 年	句容市茅山春城集镇	8	茅山长青、翠眉
句容市下蜀镇东谢博缘茶场	2016 年	句容市下蜀镇里巷自然村	4	碧螺春、翠眉
句容市园子丽家庭农场	2017 年	句容市郭庄镇孔塘村	13.3	绿茶
句容市天王镇戴庄有机农业专业合作社	2017 年	句容市天王镇戴庄村	6.7	绿茶
句容市西冯茶场	2018 年	句容市后白镇茅西西冯村 8 号	33.3	茅山长青、茅山翠眉
句容市永阳家庭农场	2018 年	句容市华阳街道北相村	3.3	白茶、龙井

第二节 茶叶经营主体

一、茶号

清光绪九年（1883年），西门大街（今大西路）大云坊有元吉祥茶号，资金约30万两白银。茶叶货源来自省内宜兴、句容、金坛、溧阳以及安徽、浙江、福建等省，除供应当地外，还销往苏北、山东、北京、天津及东北等地区。

民国时的茶叶经营，有茶铺、茶馆、茶号、茶行、茶庄、茶栈等多种类型。茶铺只有固定门面，零售茶叶；茶馆则主要销售茶水；茶号是茶叶精制厂，经营手段是从农民手中收购毛茶，进行精制后运销；茶行类似牙行，是为茶号提供中间商服务的行商，是茶业界的“掮客”；茶庄为茶叶零售商店，在自己做茶、卖茶的同时，还有自己的注册商标，以经营内销茶为主，后期亦少量出售外销茶；茶栈一般设在外销口岸城市，如上海、广州等地，主要是向茶号贷放茶银，介绍茶号出卖茶叶，从中收取手续费。

20世纪20年代初，市区有几家大的茶号，其中有两家都叫“裕隆”，分别是位于九如巷的裕隆茶号和位于日新巷的裕隆茶号。

民国13年（1924年）2月，安徽茶商方玉枢接收濒临倒闭的镇江德昌荣茶号，独资开设广新茶叶店，资金约15万银圆，占当时同行业资金总额的80.36%。民国19年（1930年），有公益、玉源昌、广新、张福春、广裕、玉康、玉龙、广大、广昌、大源恒、玉丰等17家茶叶行号，镇江德昌荣茶号位居镇江茶叶号的销售前列。

1956年，对私营工商业进行社会主义改造，广新茶叶店划归土产杂品公司，其他茶号转业。此后茶叶曾一度由市蔬菜公司、百货公司经营。1962年，复归市土产杂品公司经营。省棉麻公司镇江分公司对茶叶生产进行指导，开展茶样审评、计划调拨工作。1965年前，全部从宜兴、句容、金坛、溧阳等产茶区调入供应。1965年，收购地产茶叶0.2吨，占茶叶销售量3.91吨的5.12%。之后市郊茶叶生产逐步发展，地产茶收购量逐步增加。1970年，收购4.85吨，占茶叶销售量8.88吨的54.62%。1975年，收购18.55吨，占茶叶销售量20.90吨的88.76%。1980年，收购53.65吨，占茶叶销售量67.55吨的79.42%。1983年，成立镇江市棉麻公司，下设茶叶公司专营茶叶购销，负责市糖烟酒、副食品、果品、土畜产、生活用品等50多家兼营茶叶商店及郊区8个基层供销社的茶叶批发。1984年开始，茶叶不再按计划收购调拨，改以省标样茶为基础，实行议购议销。市棉麻公司从省内外产茶区组织货源，增加适销对路名特优茶新品种，丰富市场供应。1985年，经营茶叶100多个品种，销售量70.5吨，其中地产茶59吨，占销售量的83.69%。

二、1984年前经营网点

广生隆南北杂货商店　创设于民国3年（1914年），原址在大西路宝塔路口，中华人民共和国成立初期迁至大西路又新街口。1963年划归市果品公司管理，并迁至大西路346号，后又增加烟酒茶叶等销售。

广新茶叶店　为安徽籍茶商于民国13年（1924年）2月开办，店址在大西路板壁巷口，五开间上下门面楼。民国16年（1927年）6月，在中山路开设支店。有固定资产15万银圆。最多时有店员百余人，忙时临时雇工400多人分拣茶叶。有100多个经营品种，常年库存茶叶100～140千克。民国26年（1937年）冬，该店遭日机轰炸，继被盗匪抢劫，迁到大西路312号两开间门面营业。1956年公私合营后，为全市保留的唯一茶叶专业商店，迁址于大西路435号。1966—1982年，曾改名为立新茶叶店。1985年，有营业面积36平方米，职工6人，所经营茶叶有8个品种、40多个规格，销售额16.40万元，利润1.41万元。长期以一角钱为起售点，讲究信誉，明码标价，秤准量足。1984年和1985年，连续被市政府命名为质量、计量信得过商店。

大市口副食品商店　1963年创设，原为果品商店。1965年更名为大市口副食品商店，经营范围扩大为南北杂货、烟酒糖茶等5大类、1500多个品种。

黄山商场　建于1971年1月，原为黄山供销社劳动路生活资料门市部。1983年9月更名为黄山商场，经营的商品有服装鞋帽、糖烟酒茶等11大类、9000多个品种。

三、现代茶叶经营主体

改革开放后，特别是1984年茶叶经营放开后，镇江各城区、集镇茶叶经营网点、商铺密集，以私营业主经营为主，规模均不大。2000年后，茶叶经营主体如雨后春笋，兴办各类茶庄、茶叶公司、茶叶经营部、茶场直销店、茶叶连锁店等。

镇江义乌小商品市场茶城　位于镇江市丁卯桥路269号义乌小商品市场二楼，2011年10月创立，共有经营户208家，营业面积7830平方米，因经营原因，至2020年，茶城内稳定的经营户不足百家。茶城主要经营茶叶、茶具及茶包装，茶叶以绿茶为主，全国各地名特优茶均有销售，年均销售额9000万元左右，其中绿茶销售约占40%。

望京天地茶城（融天国际茶城）　位于镇江市大西路396号，2009年5月创立，有经营户87户，营业面积7830平方米。主要经营茶叶和茶具，茶叶以福建白茶、云南普洱茶及地产绿茶为主，年销售3000万～4000万元。

金翠茶庄　1985年创立，最初店址在镇江市解放路长途汽车站对面。1989年，因解放路拓宽，搬迁至五条街和南门大街，开设多家分店。茶庄以经营地产绿茶为主，是镇江市润州区农业系统成立的茶叶专营店。

金翠茶庄门店内市民排队购买新茶（1994年）

驸马茶庄　位于镇江市中山东路399号新世界商厦隔壁，是产销“一条龙”的专业茶行，分店位于三茅宫太平路。驸马茶庄生产基地最早在丹徒区驸马庄，因丹徒新城开发，2001年搬迁至润州区茶叶良种场4队。茶庄主营地产绿茶，兼营外地其他茶类名茶。

镇江茶庄　1989年创立，为丹徒县医药公司下属商场，经营至今。镇江茶庄主营绿茶，批零兼营。

天然香茶庄　1996年创立，2014年12月成立镇江市润州区茶香世家茶叶经营部，以经营本地绿茶为主，兼营各地名茶及茶包装。

一品香茶庄　1984年10月创立，位于镇江市双井路，1989年国企改制转型为私营。1990年搬迁至镇江市中山西路，位于恒顺酱醋厂老厂东侧，后搬至对面巷内。以本地绿茶销售为主，兼营国内名特优茶。

建林茶庄　1989年创立，位于镇江市桃花坞路171号，1996年至2017年在中山东路和正东路开设多家分店。以经营自有茶场地产绿茶为主，兼营国内名茶。

天宝祥茗茶　2003年创立，位于镇江市桃花坞路2区24号，入户太和广场，后搬迁至怡海家园门面房。以经营地产绿茶为主，兼营国内名茶。

东南茶庄　1986年10月创立，位于镇江市京畿路，2009年搬迁至镇江市中山东路98-1号。初期以茶叶包装经营为主，后转型经营地产及周边名优绿茶，兼营其他茶类。

2010年后，天福、八马、华祥苑等在镇江开设茶叶经营连锁店。

第三节　茶叶行业管理推广与科学教育机构

一、茶叶管理与推广机构

（一）市级茶叶管理与推广机构

镇江市茶叶管理与推广机构，1983年之前，由镇江地区（专区）农林科、林副业、林特水产等部门管理。1983年12月，成立镇江市蚕桑茶果技术指导站，为全民事业单位性质，隶属镇江市多种经营管理局，核编6人。1992年12月，更名为镇江市园艺技术指导站。镇江市园艺技术指导站主要职能是开展茶叶、果树等园艺技术试验示范、推广、培训、服务和园艺技术推广体系管理，承担过多项省农业成果转化、三项工程等科研、开发项目，获多项部、省、市科技进步奖、推广奖、丰收奖。1998年，“早川式葡萄园的引进与推广”获江苏省农业科学技术进步奖三等奖。2003年，“江苏丘陵地区应时鲜果新品种新技术成果转化”获第三届江苏省农业科技成果转化奖二等奖，“名特茶机械加工和配套技术推广”获第三届江苏省农业技术推广奖二等奖。2005年，获镇江市科技进步先进集体称号。2010年，获江苏省设施园艺先进集体称号。2010年，“早芽良种茶茶园霜冻对策新技术”获镇江市科技进步奖三等奖。2011年，“无性系茶树良种及其高效成园技术推广”获镇江市农业技术推广奖二等奖。2017年，获江苏省农技推广服务先进集体称号。2020年，“茶园病虫害现代防控技术集成与推广”获江苏省农业技术推广奖三等奖。

（二）县级茶叶管理与推广机构

镇江辖市区茶叶管理与推广机构，1983年之前，由镇江郊区林副业部门、县政府农业科或供销部门管理，乡镇由乡镇政府副业办公室管理。1983年之后，由农林（多种经营）部门管理。

润州区　1983年成立镇江郊区多种经营管理局园艺站，1985年更名为林业茶果指导站。2020年，茶叶管理职能并入润州区农业农村局农业科。

丹徒区　20世纪50年代由县政府农业科管理，60年代到1983年由县林业部门管理。1983年，茶叶生产经营放开前由县供销社收购茶叶、采购种子、发展新茶园并提供技术指导。茶叶生产经营放开后由丹徒县林副业局林桑茶果技术指导站管理，1996年3月成立镇江市丹徒县林业技术指导站，负责茶叶生产管理。2012年2月，茶叶管理工作调整到丹徒区农业委员会园艺蔬菜科。2020年5月，茶叶管理工作划归丹徒区农业农村局种植业管理科。

丹阳市　1992年成立多种经营管理局园艺科，负责茶叶技术推广，2000年并入林业科，2001年12月并入农林局经济作物站。2010年9月，成立丹阳市园艺技术指导站，为全民事业单位性质，核编6人。

句容市　1971年成立林业局林业站，1984年成立句容县林特产技术指导站，隶属句容县多种经营管理局，有茶叶技术推广工作人员 2 人。1991 年，成立句容县茶叶技术指导站，有茶叶技术推广工作人员 3 人。1996 年，并入林特产技术指导站。2010 年 7 月并入园艺科，有茶叶技术推广工作人员 1 人。2019 年 7 月，并入句容市农业农村局种植业管理科。

二、行业组织

（一）镇江市茶业协会

镇江市茶业协会是由镇江市茶叶生产、加工、流通企业及个人自愿结成的行业性、地方性、非营利性社团组织，主要职能是为镇江市茶业发展和会员提供联络、协调、指导、咨询与服务。镇江市茶业协会于 2004 年 12 月 16 日经镇江市民政局登记成立，主管部门是镇江市农林局，协会第一届会长为荆国芳。2011 年 1 月产生第二届会长张学东，2015 年 7 月产生第三届会长赵挺俊。2018 年，根据《镇江市行业协会商会与行政机关脱钩总体方案》，镇江市农业委员会与市茶业协会主管关系取消，市茶业协会独立运行，公务员及事业单位人员退会。当年 3 月 14 日召开会员代表大会，进行脱钩后届中补选。2020 年 8 月，产生第四届会长陈晓宏，有团体会员 97 家、个人会员 10 人。协会是中国茶叶学会和江苏省茶叶学会团体会员，是市民政局认定的四星级社团组织。

2004 年 12 月 16 日，召开镇江市茶业协会成立大会

2005年后，镇江市茶业协会参与起草了《镇江市茶产业“十一五”发展规划》《镇江市茶树良种发展规划》。2006—2010年，创办“镇江茶业网”和《镇江茶业通讯》,《镇江茶业通讯》面向会员免费发放2000多份，网站是江苏省首家茶叶专业网站，被江苏省农林厅评为农业特色网站。2007年，与镇江市劳动局联合举办4期茶艺师国家职业资格培训班和评茶员培训班，并设立首个考评点，70多名学员获劳动和社会保障部颁发的茶艺师、评茶师资格证书。2009年，经镇江市政府授权，协会成功申报农产品地理标志“金山翠芽”。2010年3月，市政府召开农产品品牌建设新闻发布会，专场发布农产品地理标志“金山翠芽”。2005—2011年，协助省、市农业行政主管部门，对全市茶叶生产单位的无公害茶叶产品开展免费抽检，共检90多批次，积极配合质监部门开展QS认证，全市50多家茶叶企业通过QS认证。

2011年，镇江市茶业协会作为全国唯一的地方代表参加“中国—欧盟地理标志研讨会”，并交流发言。2012年5月16日，市政府下发《关于成立镇江市金山翠芽茶地理标志保护领导小组的通知》。2012年3月，召开全市茶叶生产科技创新大会。2012年，参与市质监、农业部门对十余家茶叶生产企业在投入品、包装物、加工设备等现场检查。2013年，会同市工商、农业部门，集中开展茶叶市场专项整治，发放《致茶叶生产经营者公开信》969份。2013年，协助市农委、市财政局起草《关于扶持我市丘陵地区茶叶经济发展的实施意见》。2014年，与劳动部门联合举办为期5天的涉茶技能培训班，52人次通过考评，获评茶员、茶艺师职业技能中、高级资格证书。2005—2015年，与市农林局（农委）联合举办镇江市第五至第十届“三山杯”地产名茶评比活动。

2015年11月，成功注册“镇江金山翠芽”国家地理标志证明商标，制定了《“镇江金山翠芽”国家地理标志证明商标使用和管理规定》。2016年11月，与9个获准使用单位签订《准许使用“镇江金山翠芽”地理标志证明商标协议》。2016年12月,“镇江金山翠芽”获评镇江市知名商标。2017年，与中艺教育培训中心联合举办茶叶高级职业技能培训班，26人获国家二级评茶师（技师）资格证书。2018年3—4月，在《镇江日报》《京江晚报》刊登《关于开展镇江金山翠芽品牌打假治劣活动的通告》。2019年，协会将“镇江金山翠芽”地理标志证明商标授权给镇江金山翠芽茶业股份有限公司使用。2017—2020

年，连续4年举办金山翠芽茶开采仪式。2016—2020年，连续5年参与市市场监管部门打假治劣活动。

（二）镇江市丹徒区茶业协会

镇江市丹徒区茶业协会主要业务是从事茶叶学术交流、技术服务、信息咨询、业务培训等。镇江市丹徒区茶业协会于2013年12月11日成立，主管部门为镇江市丹徒区农业委员会，协会第一届会长是张国金。2020年12月30日召开会员代表大会，产生第二届会长陈美成。丹徒区茶业协会按脱钩要求，完成与行政机关脱钩，镇江市丹徒区农业农村局与丹徒区茶业协会业务主管关系取消，区茶业协会独立运行。至2020年年底，协会共有团体会员15家、个人会员59人。

（三）丹阳市茶叶协会

丹阳市茶叶协会主要业务为为发展茶产业做好服务、协调、自律和指导。丹阳市茶叶协会于2012年12月29日成立，第一届协会会长徐三保。2016年产生第二届会长陈振龙。至2020年年底，协会共有团体会员3家、个人会员65人。

（四）句容市茶叶协会

句容市茶叶协会是句容市茶叶企业自发组织的民间团体，主要从事学术交流、技术服务、信息咨询、业务培训。句容市茶叶协会于2001年2月13日成立，位于句容市张庙茶场。协会第一届会长张德敏，有团体会员15家、个人会员35人。第二届和第三届会长仍为张德敏。2017年5月，产生第四届会长王文才。地址为句容市农业委员会。2018年12月，根据《句容市行业协会商会与行政机关脱钩实施方案》，句容市茶叶协会完成与行政机关脱钩，召开会员大会，进行脱钩后届中选举，会长戴军舰。

三、科学教育机构

（一）江苏农林职业技术学院茶学专业

江苏农林职业技术学院茶学专业于1982年筹建，由江苏省农林厅报省政府批准，决定在江苏省句容农业学校增设茶叶专业，学制三年，面向镇江地区招生，是江苏省内最早开办茶叶专业的全日制学校。1983年暑期开始招生，由省农林厅投资新建教学制茶厂房、购置安装制茶机械设备，在原有2名茶叶专业教师的基础上先后引进华南农学院、安徽农学院、苏州蚕桑专科学校茶叶专业毕业生组建茶叶专业教研组。1983—1984年、1986—1987年、1989—1991年、1993年、1995年、1997年招收10届10个班共264名学生。其中，1987年和1989年为茶叶生产单位委托培养，春季入学，称为“春季班”；1991年为江苏省某系统委托培养，初中毕业学制四年。2001年，更名为江苏省农林学校茶叶专业。2002年，更名为江苏农林职业技术学院茶叶专业。2006年，江苏农林职业技术学院成立茶与食品科技学院，设立茶学专业方向。2007年，茶叶生产与加工技术专业更名为茶艺专业。2010年，获批为江苏省品牌专业。2015年，被列入国家“高等职业教育创新发展行动计划（2015—2018年）”骨干专业。2017年，获批江苏省高等职业院校高水平骨干专业。2018年，茶树栽培与茶叶加工专业首次招生。2019年，获批为江苏省优质校建设十二个重点专业之一，为三年行动计划国家骨干专业。2020年，获批省重点专业群建设四个重点专业之一，与江苏乾元茶业科技有限公司合作开设订单班（乾红班），培养茶树栽培与茶叶加工专业技术人才。主要教师有陆中慧、陈学林、孙国华、王润贤等。毕业生主要在茶叶企业承担茶叶生产、品质控制、茶艺表演、茶艺培训、茶馆经营管理、茶事活动策划、茶叶营销等工作。

（二）江苏省茶业研究所

江苏省茶业研究所于2010年成立，由江苏省农业农村厅批准建设，隶属于江苏农林职业技术学院，位于句容市春城镇。江苏省茶业研究所以茶全产业链技术和应用基础研究为主，是围绕茶叶优质、高产、高效和茶叶行业关键、共性科技问题开展攻关创新的综合型科研机构。研究所由江苏省茶叶学会理事长王润贤领衔，有正高技术职称2人、副高技术职称5人、博士6人、江苏工匠1人、江苏省技术能手4人。2014年，获批江苏省科技厅江苏省茶业科技创新公共技术服务中心。2017年，获批江苏省农业农村厅江苏现代农业（茶叶）产业技术体系首席专家单位。2018年，获批江苏省教育厅现代茶叶工程技术研究开发中心。研究所承担国家综合开发、省科技厅、省教育厅工程中心、省农业农村厅农业三新、自主创新等科研项目20余项，荣获全国农林渔牧丰收奖一等奖等多项奖项，授权发明专利30余件，发表核心论文40多篇。研究所建有“一圃三中心”，即江苏省茶树种质资源圃、江苏茶园生态环境调控中心、江苏茶园土壤营养诊断与改良中心和江苏茶园机械装备与服务中心。

（三）江苏茶博园

江苏茶博园创建于2008年，隶属江苏农林职业技术学院，占地面积近166.7公顷，总投资近1.5亿元。2008年，句容市政府将高庙茶场和句容中专划拨给江苏农林职业技术学院。学院对高庙茶场进行系统规划和功能定位，建设江苏茶博园。江苏茶博园是国家AAAA级旅游景区、长三角地区茶香文化体验之旅示范点、江苏省科普教育基地。园区以茶为主题布局，主要包括茶文化长廊、第一茶壶、茶道广场、习茶院、百茶园（品种展示）、茶树良种示范园等。

（四）江苏丘陵地区镇江农业科学研究所（镇江市农业科学院）

江苏丘陵地区镇江农业科学研究所创建于1954年，主要从事农业基础应用研究及技术推广服务。1981年种植茶叶1.53公顷，1985年茶叶产量191.5千克，产值1232元。2003年，农科所茶园被句容市经济开发区征用。2007年建立现代农业研究室，重新开始茶叶生产加工研究，研究方向主要是茶叶品质提升、夏秋茶资源利用及功能性茶叶产品开发。2013年，与江苏省农科院园艺所合作建设的江苏省茶叶研究中心获省农科院批准。2017年，“江苏丘陵地区特色红茶”通过镇江市科技成果鉴定。2017年，引进龙井43、中黄1号、金牡丹、御金香、白叶一号及紫鹃品种，新建茶园1.67公顷。

（五）句容县下蜀茶场茶业中等学校

句容县下蜀茶场茶业中等学校创建于1958年，校址设在国营镇江茶场（现句容市下蜀茶场内），在丹阳、江宁、宜兴等镇江地区招收初中生108名，学制两年半，专业教师由茶场技术干部熊华云、李静华担任，数理化教师由江苏省句容农业学校（现江苏农林职业技术学院）老师兼任，语文教师由陆庭松担任，兼任班主任，下蜀茶场场长刘杰和陈武生先后任校长。学生“半工半读”，条件艰苦，部分学生陆续退学。1960年6月，仅48名学生毕业，其中10名学生被推荐到宜兴农林学院茶叶专业学习，10名学生留国营镇江茶场工作，其余人回原籍由当地安排。1960年，学校和茶场由句容县管理，学校停办。

（六）句容县高庙中学茶叶专业（句容中等专业学校茶叶专业）

句容县高庙中学茶叶专业于1981年设立。句容县高庙中学由春城、白兔、行香3所高中组建而成，校址位于句容县高庙茶场。学校设4个普通高中班和

1个茶叶专业班。茶叶专业课程有高中文化课和专业课，专业课程有制茶学、茶树病虫害防治学、茶树栽培学、土壤学、气象学。专业课老师有谈南威、陆华芬、笪锦云、曹建煜、王浩，以外聘为主。第一届茶叶专业在句容县招收38名学生。1983年、1985年、1987年和1988年各招收1个茶叶班。1989年后，学校招收工农结合的茶桑班。1995年，茶叶专业停招。2007年，该学校同句容市第四中学、句容市职教中心合并成立江苏省句容中等专业学校。2012年，句容中等专业学校将手工制茶列为农林专业学生选修课程。参加全国职业院校技能大赛（中职组）手工制茶赛项，2012年5月获扁形绿茶项银牌，2013年5月获红茶项金牌、扁形绿茶项银牌，2015年5月获扁形绿茶项金牌、青茶项铜牌，2019年5月获红茶项金牌、扁形绿茶项铜牌。参加江苏省职业院校技能大赛（中职组）手工制茶赛项获多项金牌。

四、民营研究所

（一）镇江市南山茶林研究所

镇江市南山茶林研究所于1999年3月创建，由镇江市科学技术委员会批准，镇江市工商管理局注册成立，是镇江市首家民营涉茶科研单位，地址在镇江市润州区南郊回龙水库北侧。镇江市南山茶林研究所集科研、生产、销售于一体，主要从事茶、林优良品种引选培育、名优茶研发、茶叶种植销售及技术咨询服务等。2020年，茶园面积56.7公顷。1999年，创制“南山滴翠”。2001年，引种茶树白叶一号，创制浮玉白茶。2003年，获中国农科院茶叶研究所有机茶研究与发展中心（OTRDC）认证。2007年，引种茶树黄金芽，“南山滴翠”被评为江苏省著名商标。2015年，建立茶叶质量安全追溯系统。2020年，被评为“宜兴红杯江苏省最美绿色食品茶叶企业”，当选为镇江市茶业协会会长单位。镇江市南山茶林研究所生产的“金山翠芽”“南山滴翠”等产品多次获全国“中茶杯”特等奖。

（二）镇江市陆羽茶叶研究所

镇江市陆羽茶叶研究所于2007年创建，是由镇江雨泰茶业有限公司出资、镇江新区社会发展局批准、民政局登记的独立法人，地址在镇江新区丁卯街道渣泽村甘露茶园内。2009年，随甘露茶园搬至丁卯街道横山村（现丁卯街道西苑社区）。镇江市陆羽茶叶研究所是雨泰茶业有限公司的研发机构，在甘露茶园辟有茶园 0.8 公顷、生态大棚 2 栋。2010 年，“甘露翠螺茶加工方法”获得国家发明专利授权。2010—2012 年，制定“甘露翠螺茶加工方法”等 4 个省级地方标准。2012 年，“甘露翠螺茶制作方法”获镇江市科技进步奖三等奖。2015 年，“甘露翠螺茶加工制作技术示范及产业化项目”获国家星火计划立项。2012—2020 年，承担江苏省人社厅委托开发茶艺师、茶叶加工工种国家职业技能考试题库。

（三）江苏吟春碧芽茶叶研究所有限公司（丹阳市迈春茶叶研究所）

江苏吟春碧芽茶叶研究所有限公司于 2004 年成立，由江苏吟春碧芽茶业股份有限公司出资，注册资本 600 万元。主要为江苏吟春碧芽股份有限公司生产、项目建设服务。

第七章 茶文化

镇江茶文化的发展贯穿于饮茶、种茶、制茶、事茶等各方面，涉及文学艺术、饮茶与风俗、饮茶与器具、饮茶与泉水、饮茶与茶点、待茶与奉茶、斗茶与点茶、茶话与茶会、茶馆与茶坊等生活、民生、经济、哲学等方面。

第一节　名人与镇江茶

历代名士文人在镇江饮泉品茶，留诗咏赞。南朝齐梁时期道教思想家、医药学家陶弘景辞官隐居茅山，自号“华阳隐居”，在茅山生活 45 年。他在《杂录》中记载“苦茶轻身换骨，昔丹丘子、黄山君服之”。

茶圣陆羽中晚年游历江南，曾在镇江居住，从他的友人留下的诗作中可以追寻到他的踪迹。皎然《往丹阳寻陆处士不遇》、刘长卿《送陆羽之茅山，寄李延陵》等诗说明陆羽曾到过镇江的丹阳和茅山。唐乾元二年（759 年），陆羽停留茅山，在茅山隐居的一年期间，与茶叶、茶具为伴，考察山里的种茶、制茶技艺，亦领略古老的道家茶，对饮茶的义理有深一层的领悟。遂于茅山道观写出《茶记》一卷，为其日后创作专著《茶经》打下坚实基础。

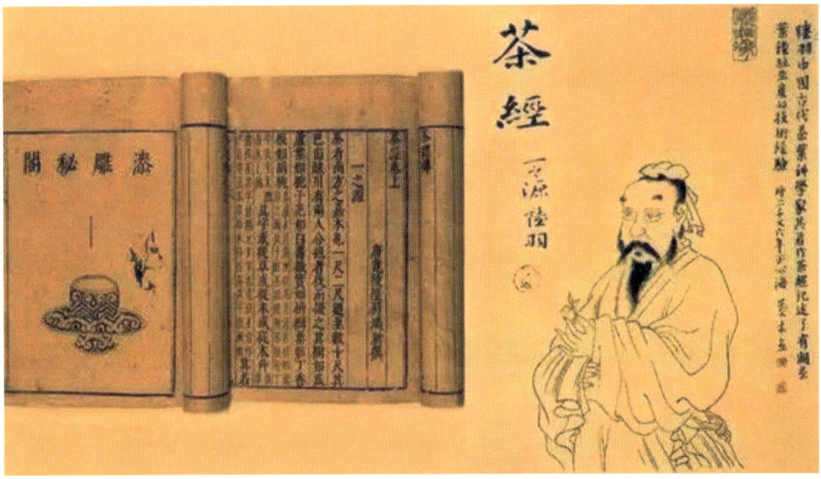

陆羽与《茶经》

唐代诗人许浑在其《秋晚怀茅山石涵村舍》诗中写道：“云暖采茶来岭北，月明沽酒过溪南。”

北宋元祐四年（1089 年），沈括移居润州（今镇江市），隐居梦溪园，创作《梦溪笔谈》，在《官政二》的“本朝茶法”条中，记录宋代茶叶制度。“本朝茶法”全文约一千一百字，主要记述北宋初年到仁宗嘉祐年间与茶叶有关的法律、条例和朝廷在各地设置的主要茶税征收机构、官茶专卖机构的茶叶经营、收入等情况，对研究宋代茶史和茶文化有一定参考价值。

南宋陆游为官京口，诗句提及汲取泉水之难：“铜瓶愁汲中濡水，不见茶山九十翁。”（濡读 líng，亦作泠,《集韵》郎丁切，水曲也）形象地突出中泠泉水的珍贵。文天祥诗则有英雄的豪迈：“扬子江心第一泉，南金来此铸文渊。男儿斩却楼兰首，闲品茶经拜羽仙。”元朝萨都剌有“山中好景无多地，天下知名第一泉”之句。明代唐寅也有“日斜未放沧浪渡，饱酌中泠洗宿心”的诗句。

明代诗人陈沂在茅山观赏后写道：“池上一鼓掌，池下泉四溃。间喧鬵沸起，散乱如珠碎。为问何为然，人云此地肺。消息与人通，气动随謦欬。我来方肺渴，掬取聊一溉。”明代诗人管讷曾写一首《奉寄茅山道士求香茶》，诗曰：“茅山岁岁摘先春，礞石霏霏磨作尘。玄露十分和得细，紫云千片制来新。频车味载能消渴，鼻闻香传即咽津。若得清风生两腋，便从羽节访群真。”在诗中，诗人不仅对茅山茶叶极尽赞美之词，更期待茅山道士能馈赠一些供自己饮用。

清朝康熙皇帝一生嗜茶，也曾品评金山中泠泉：“缓酌中泠泉，曾传第一泉。如能作霖雨，沾洒遍山川。”清初诗人孙枝蔚在《客句容五歌》中有“可惜囊中无一钱，忍渴空过茶肆前”诗句。郑板桥中举前，曾在镇江焦山别峰庵读书，写下许多好茶联。著名的有：“楚尾吴头，一片青山入座；淮南江北，半潭江水烹茶。”“汲来江水烹新茗，买尽青山当画屏。”把青山美景、大江风光都纳入茶联之中。郑板桥游览镇江金山寺时题写一副对联：“坐，请坐，请上坐；茶，泡茶，泡好茶。”清代镇江诗人王汝州《咏茶铫》一诗是心高气傲的牢骚，也不乏幽默：“久居冷地无人问，才得温和气便高；器小不堪成大用，两三杯水做波涛。”

20 世纪 70 年代的中泠泉

民国时期，康有为到茅山结识天王镇赵巷村七县董事赵经培。有一年春天，康有为到赵巷看望赵经培，赵经培热情款待，好酒好菜并没有引起康有为的兴趣，一杯春茶香气满座，引发康有为的赞叹。杯中的茶叶来自浮山顶上的一颗野茶树，稀少难觅，仅制几杯。故康有为建议在浮山上种茶。是年冬天，赵家在浮山顶上种植 100 穴茶树，成为浮山第一块家种茶园。这 100 穴茶树被后人誉为“古茶园”，仍留存于山上。

第二节　茶器

镇江地理位置得天独厚，汉代开发城市，六朝毗邻京畿，唐宋繁华，是重要的港口城市。因此遗留下的生活文化遗迹与遗物成为茶文化的实证。历年来，在城市遗址、窖藏、墓葬等考古中出土大量制茶工具和饮茶用具，其中以唐代镇江丁卯桥窖藏银质茶器和宋代章岷墓出土的青白瓷茶器为代表。

一、唐代银质茶器

1982年1月1日，镇江市丁卯桥发现一处唐代银器窖藏，埋藏深约1.3米，出土银质酒瓮一口，瓮内装有各类银器，另有大银盒、盆、钗等堆放在银瓮的西侧。该窖藏出土银器共计950余件，有酒瓮、盆、银鎏金论语玉烛龟形酒筹筒、镏金酒令筹、托、碗、盒、镯、钗等，其中银钗数量最多，有760支。此窖藏出土的银器按类可分为茶器、酒器、饰件、妆具和药具。

（一）茶釜

唐时称之为“鍑”，即煮茶器。古人通常将碾好的茶末放入茶釜中煎煮。

此窖共出土茶釜两件。釜高10厘米，口径25.6厘米。宽沿，深腹，圜底。一件沿面设一对护耳及环状提梁，沿外刻有“力士”二字；一件无提梁，沿外刻有“力士”二字。与西安何家村唐代窖藏出土的提梁银锅相似。

带提梁银茶釜

（二）火箸

唐时称火筴，古代煮茶时使用火筴给炭火风炉夹木炭，如同筷子。丁卯桥出土的银火箸长32厘米，上部刻“力士”二字。

银火箸

（三）鎏金双凤纹带盖大银茶盒

共两件。其高 26 厘米，口径 31 厘米，腹径 32 厘米，底径 25.6 厘米。四出莲瓣形。直腹，腹下内收，喇叭形圈足；盖面弧凸，以子母口扣合。盖面捶刻凸花，以衔草双凤纹为主体，边缘刻 8 对相向的飞雁，间以缠枝莲及鱼子纹；腹下刻一圈牡丹花，圈足上刻有鸿雁，足边沿饰莲瓣纹。外底刻“力士”“伍拾肆两壹钱贰字”铭。另出土两件盒底，一件四出莲瓣形，中心刻折枝花一朵，周围装饰 4 只鹦鹉，刻花处皆镏金；一件四出莲瓣形，底面刻一龙纹，脚下流云一朵，刻花处镏金，底径 24 厘米。

鎏金双凤纹带盖大银茶盒

（四）鎏金鹦鹉纹银茶盒

共 4 件。圆顶盖，子母口，直腹下折成平底，矮圈足，口径 11.4 厘米，足径 9 厘米。盖面中心捶刻一对衔草鹦鹉，周围装饰飞雁 10 只，两者之间为一圈变体莲瓣纹带，以缠枝莲花相间，鱼子纹衬底，腹部以菱形连续纹样装饰，圈足沿饰变体莲瓣纹带。

鎏金鹦鹉纹银茶盒

（五）鎏金莲瓣形银茶盒

该茶盒高 7.5 厘米，腹径 9.5 厘米，足径 6.5 厘米。四出莲瓣形。盒顶圆弧，盒盖和盒身部子母口相接，直腹，腹部下收，四曲喇叭形圈足。顶部捶刻一对衔草鹦鹉，相间缠枝莲花，底部以鱼子纹衬底，盖底腹部装饰一周缠枝菊花连续纹样。

另有素面银茶盒 15 件，造型、大小同鎏金鹦鹉纹银盒，器底外或圈足内刻“力士”二字。

鎏金莲瓣形银茶盒

（六）茶则

茶则，名曰茶匙，为量器。茶末入釜，要用茶则来量取。该批茶则长 33 厘米，侧面作铲形，近椭圆，长扁柄稍曲。柄背面刻“力士”二字。

银茶则

（七）茶勺

用于将茶釜中煮好的茶汤舀出，再入茶碗中饮用。该批茶勺长 26 厘米，勺面作半球形，长扁柄稍曲。柄背面刻“力士”二字。

银茶勺

（八）荷叶形盐台盖

因古代饮茶加盐，此器可能为贮盐之器盖。

该盐台盖通高 7.3 厘米，口径 20.6 厘米。卷边荷叶形。顶饰柿蒂状钮，盖面錾刻双曲线，边口悬鱼四尾。内边刻“力士”二字。该器写实风格较强，荷叶的茎、叶脉都十分逼真，錾刻工艺精细，线条流畅且疏密有致。

荷叶形银盐台盖

（九）茶托

亦称之为茶拓子。该茶托高 8 ~ 8.5 厘米，口径 8.8 厘米。呈莲瓣形，凹底，喇叭形圈足。圈足内刻“力士”二字。

银茶托

（十）茶瓶

即执壶，既可用于煮汤，又用于点茶。

该茶瓶通高 25.4 厘米，口径 6.6 厘米，底径 8.4 厘米。塔形盖，盖钮呈宝珠形，侈口，束颈，弧腹，矮圈足，肩部设长流及把。底部有“力士”二字。

茶瓶

（十一）鎏金银熏炉

系辅助茶器。古代茶人注重品茗的环境，室内熏香可以保持空气清新，为品茗增添意蕴。

该熏炉出土时已残损，残高 16 厘米，底径 23 厘米。从留存部分看，分上、中、下三层，可以拆卸。圈足四面有对称的镂空如意云纹，两侧各刻一禽鸟，间饰卷草，外围各以连珠纹带作束腰形抱合。基座二层面上各刻以破式菱形、蔓草及变体莲瓣纹带。中间为承盘，宽沿、折边、平底，沿面刻一圈缠枝花卉，折边饰破式菱形纹一周，以鱼子纹为地。上部是炉盖，直壁，弧顶，葫芦形钮，钮饰重瓣覆莲纹。圈足内刻“力士”二字。

鎏金银熏炉

1982 年镇江丁卯桥窖藏出土唐代银茶器情况一览表

表 7-1

茶器名称	数量（件）	功能	尺寸
银锅（茶釜）	2	煮茶器	高 10 厘米，口径 25.6 厘米
鎏金双凤纹带盖大银茶盒	2	盛放茶饼	高 26 厘米，口径 31 厘米，腹径 32 厘米，底径 25.6 厘米
鎏金莲瓣形银茶盒	1	盛放茶末	高 7.5 厘米，腹径 9.5 厘米，足径 6.5 厘米
鎏金鹦鹉纹银茶盒	1	盛放茶末	高 8 厘米，口径 11.4 厘米，足径 9 厘米
鎏金鹦鹉纹圆茶盒	4	盛放茶末	高 8.5 厘米，腹径 11 厘米，足径 9.2 厘米
素面圆盒	15	盛放茶末	高 8.3 厘米，腹径 11 厘米
火箸	15	夹炭火	长 32 厘米
茶则（茶匙）	10	量取茶末	长 33 厘米
茶勺	6	舀茶汤	长 26 厘米
荷叶形盐台盖	1	盛放盐等调味品的器盖	通高 7.3 厘米，口径 20.6 厘米
莲瓣形茶托	7	茶盏托子	高 8.5 厘米，盘径 18 厘米
五曲形茶托	1	茶盏托子	高 7 厘米，盘径 17.3 厘米
五曲鹦鹉纹碗	1	盛茶汤	高 11.5 厘米，口径 21.3 厘米，足径 14 厘米
素面五曲碗	8	盛茶汤	高 9.5 厘米，口径 16 厘米，足径 8.5 厘米
素面五曲折腹碗	1	盛茶汤	高 6.4 厘米，口径 15.2 厘米，足径 10.3 厘米
茶瓶	2	注茶汤	一件残破，高 22 厘米，口径 8.4 厘米，腹径 10 厘米，底径 7.8 厘米；另一件高 19 厘米，口径 6.6 厘米，腹径 10 厘米，底径 8.5 厘米
鎏金银熏炉	1	辅助茶器，熏香	顶部残损

二、宋代茶器

宋代茶文化在唐代基础上继续发展，并逐渐走向成熟。表现在城市中茶肆、茶馆、茶坊林立，茶品种多。宋代流行“点茶”，时兴“斗茶”。宋时镇江城内居民多沿河而居，商肆夹渠而列，商业繁荣，政府设在镇江的榷货务是南宋最重要的三个务场之一，专卖茶叶、盐、舶来品等。同时民间出现“交引铺”，经营茶、盐等，流行“钞引”纸质货币。在古运河沿岸，宋代文化地层中发现有关茶坊的陶瓷具，如黑釉茶盏、执壶、杯等。其中以黑釉茶盏数量多，仅在发掘 30 平方米处，就出土 160 件，有的茶盏底部墨书“陈”“钱”“刘”“朱”等姓氏，表明当时茶坊很多，为防止搞错，各家在器物上写上姓氏名号，反映出宋代镇江茶文化的繁荣。

1958—2020 年镇江市遗址、墓葬出土部分宋代典型茶器一览表

表 7-2

序号	名称	件数	朝代	质地	现状	级别	来源	图片
1	北宋景德镇窑青白釉瓷盏托	1 件	北宋	瓷	托盏口沿残缺两处，修复完整	三级	1973 年 4 月，镇江磷肥厂北宋墓出土	
2	北宋景德镇窑青白釉瓷带托盏	1 件套（2 件）	北宋	瓷	盏口沿略残	三级	镇江市登云山北宋墓 2 号墓葬出土	
3	宋红陶茶碾	1 件套（2 件）	宋	陶	碾与轮残存一半，后修复	三级	1992 年，镇江市中山路华联二期工地出土	
4	北宋定窑酱釉瓷渣斗	1 件	北宋	瓷	残，修复完整	三级	1994 年，丹徒县左湖北宋墓出土	
5	宋褐釉带把陶铫	1 件	宋	陶	出土时残，后修复，现口略残	三级	1998 年，镇江市双井路环球开发工地出土	
6	宋景德镇窑青白釉八棱形瓷执壶（无盖）	1 件	宋	瓷	口、流、腹残缺，修复完整	三级	1995 年，镇江市斜桥街中房开发工地出土	
7	宋景德镇窑青白釉点褐彩巴斗纹瓷罐	1 件	宋	瓷	口沿两处略残	三级	镇江市无线电制杆厂出土	
8	宋酱釉莲瓣纹瓷盏托	1 件	宋	瓷	出土时为残片，后修复完整	三级	1994 年，镇江市大市口商城工地出土	

续表 7-2

序号	名称	件数	朝代	质地	现状	级别	来源	图片
9	宋青白釉瓜棱形带盖执壶	1 件	宋	瓷	完整	未定级	2014 年，黄山南路北宋墓出土	
10	宋青白釉带托茶盏	1 套（2 件）	宋	瓷	完整	未定级	2014 年，黄山南路北宋墓出土	
11	宋青白釉茶碟	1 件	宋	瓷	完整	未定级	2014 年，黄山南路北宋墓出土	
12	宋青白釉茶碟	1 件	宋	瓷	完整	未定级	2014 年，黄山南路北宋墓出土	
13	宋青白釉茶钵	1 件	宋	瓷	完整	未定级	2014 年，黄山南路北宋墓出土	
14	宋吉州窑黑釉茶盏	1 件	宋	瓷	完整	未定级	登云山出土	
15	南宋吉州窑褐地白彩划花纹茶盏	1 件	宋	瓷	完整	三级	高资砖瓦厂出土	
16	宋青白釉斗笠碗	1 件	宋	瓷	完整	未定级	2007 年 6 月，丹阳大泊王家村 42 号墓出土	
17	南宋吉州窑褐釉贴花瓷茶盏	1 件	南宋	瓷	出土时，口沿残缺，后修复完整	三级	1993 年，镇江市解放北路拓宽工地出土	
18	南宋吉州窑褐釉鹧鸪斑瓷纹瓷碗	1 件	南宋	瓷	基本完整		市正东路地委院内宋代居住遗址出土	
19	南宋陶研	1 件	南宋	陶	出土时残存一半，后修复	三级	1995 年，镇江市吴家门高层写字楼工地出土	

三、元明清时期茶器

元代，散茶超越团茶和饼茶，芽茶和叶茶制作技术提升。明代，朱元璋下诏废龙凤团茶兴散茶，炒青绿茶兴起；至清代，出现乌龙茶、红茶、白茶、黄茶等。制茶技艺的革新、茶类和饮茶方法的变化，使唐宋时的炙茶、碾茶、罗茶、煮茶或点茶等饮茶器具变成多余。从明代开始，兴起的冲泡法饮茶，一直沿用至今，明代饮茶器具至今变化不大，只是器具的质地和形式、工艺与技术有所改进。明代晚期，江南茶壶看重砂壶。清代，饮茶主要用盏、壶之类，茶文化真正从文人士大夫阶层转变为市井文化。镇江地区出土的元明清时期茶器主要以陶瓷茶具为主，少量以玉石、银等材质。如西津渡码头遗址出土的清代道光年间瓷器窖藏，出土近 100 件套青花、豆青釉带托盖碗、果盘等，遗址推测为官署接待驿站。明清墓葬中出土的茶具以景德镇窑陶瓷茶具，紫砂茶具为多，这与明代后饮茶习俗的变化有关。

1958—2020 年镇江市明清城市遗址、墓葬出土与传世部分典型茶器情况表

表 7–3

序号	名称	件数	朝代	质地	现状	级别	来源	图片
1	明宜兴窑紫砂壶（无盖）	1件	明	紫砂	口沿略毛，一处残缺	三级	1965 年，丹徒县辛丰区山北公社前桃村古井出土	
2	明紫砂穿心铫	1件	明	紫砂	口、流、底多处残缺，后修复	—	1993 年，镇江市解放北路拓宽工地出土	
3	明紫砂圆壶	1件	明	紫砂	基本完整	三级	镇江水泥厂出土	
4	明青花花卉纹纹茶杯	1件	明	瓷	完整	未定级	丹徒农机学院出土	
5	明青釉杯	1件	明	瓷	完整	未定级	镇江市冶炼厂象山基建工地出土	

续表 7–3

序号	名称	件数	朝代	质地	现状	级别	来源	图片
6	明万历青花教子图茶碗	1件	明	瓷	完整	未定级	谏壁出土	
7	明青花花卉纹杯	1件	明	瓷	完整	未定级	农机学院出土	
8	明青花花纹纹杯	1件	明	瓷	完整	未定级	镇江市太古山出土	
9	清宜兴窑紫砂方壶（无盖）	1件	清	紫砂	把残断，底部有磕伤	三级	1973 年，镇江林隐路瓷厂基建工地出土	
10	清宜兴窑紫砂盖钵	1件	清	紫砂	基本完整，有冲	三级	镇江市一中出土	
11	清宜兴窑紫砂双桃有流盖杯	1件	清	紫砂	完整	三级	市军分区政治部	
12	清景德镇窑青花船形瓷托	2件	清	瓷	一只托沿略缺	三级	“破四旧”鉴留	
13	清景德镇窑青花花形瓷茶托	2件	清	瓷	基本完整，口沿多处脱釉	三级	“破四旧”鉴留	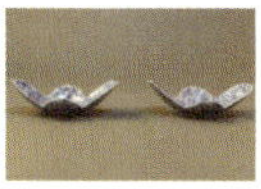
14	白地粉彩人物纹带托盖碗	2件套	清	瓷	基本完整	—	金山文物馆	
15	青花缠枝花卉纹带托盖碗	4件套	清	瓷	盖、碗、托残，后修复	—	2009 年，市西津渡清代遗址瓷器窖藏出土	
16	冬青釉带托盖碗	4件套	清	瓷	盖、碗、托残，后修复	—	2009 年，市西津渡清代遗址瓷器窖藏出土	

续表 7-3

序号	名称	件数	朝代	质地	现状	级别	来源	图片
17	白地五彩瓷盖碗	1件	清	瓷	基本完整，盖有小裂纹	—	捐赠	
18	白地五彩人物纹茶盏	1件	清	瓷	口至腹一道裂纹	—	某军区政治部	
19	白地五彩人物纹茶盏	1件	清	瓷	基本完整	—	某军区政治部	
20	黄地绿彩莲枝花纹有流盖杯	1件	清	瓷	完整	三级	某军区政治部	
21	清景德镇窑青花带盖瓷瓶	1件	清	瓷	完整	三级	向严惠宇收购	
22	清景德镇窑青花带盖瓷瓶	1件	清	瓷	完整	三级	向严惠宇收购	
23	清康熙款黄釉海水龙纹方瓷托盘	1件	清	瓷	完整	二级	原清代宫廷旧藏	
24	清康熙款青花圆形瓷托盘	1件	清	瓷	完整	三级	原清代宫廷旧藏	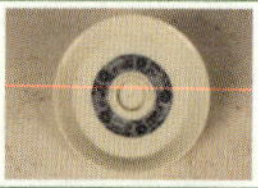
25	清康熙款黄釉暗龙纹圆托瓷盘	1件	清	瓷	完整	二级	原清代宫廷旧藏	
26	清雍正款青花莲子纹瓷盅	1件	清	瓷	完整	三级	原清代宫廷旧藏	
27	清雍正款白地绿竹纹瓷盅	1件	清	瓷	完整	三级	原清代宫廷旧藏	
28	清乾隆款斗彩团花纹瓷盖罐	1件	清	瓷	完整	二级	原清代宫廷旧藏	
29	清乾隆款白地青花绿龙纹瓷盖罐	1件	清	瓷	完整	三级	原清代宫廷旧藏	

续表 7-3

序号	名称	件数	朝代	质地	现状	级别	来源	图片
30	清乾隆款青花御制三清茶诗瓷碗	1件	清	瓷	完整	三级	原清代宫廷旧藏	
31	清乾隆款白地粉彩过枝纹瓷碗	1件	清	瓷	完整	三级	前北平古物陈列所	
32	清乾隆款白地矾红釉御制三清茶诗瓷碗	1件	清	瓷	完整	二级	原清代宫廷旧藏	
33	清乾隆仿木纹奶茶碗	1件	清	瓷	完整	二级	原清代宫廷旧藏	
34	清翡翠带托盖碗	1件套3件	清	翡翠（盖碗）、银（托）	盖沿多处有裂纹，器口沿至腹部有裂纹二道	三级	镇江博物馆馆藏	
35	清青花诗句纹碟	1件	清	瓷	完整	未定级	农机学院出土	
36	清青花诗句纹碟	1件	清	瓷	完整	未定级	农机学院出土	
37	清粉彩婴戏纹鸡缸杯	1件	清	瓷	冲口，有闷	未定级	刘明孝捐献	
38	清青花缠枝莲纹高足碟	1件	清	瓷	完整	未定级	张鹏捐赠	
39	清青花五彩花卉纹杯	1件	清	瓷	口有裂缝	三级	原汪伪政府旧藏	

续表 7-3

序号	名称	件数	朝代	质地	现状	级别	来源	图片
40	清青花花卉纹杯	1件	清	瓷	完整	三级	原藏“北平古物陈列所”	
41	清青花釉里红山水纹碟	1件	清	瓷	完整	三级	文物商店收购	
42	清青花釉里红人物故事图碟	1件	清	瓷	完整	三级	文物商店收购	
43	清青花玲珑杯	1套（4杯）	清	瓷	完整	三级	镇江博物馆旧藏	
44	清宜兴窑紫砂壶	1件	清	陶	缺盖	三级	镇江市林隐路瓷厂零星出土	
45	清宜兴窑紫砂壶	1件	清	陶	盖残，缺钮	三级	镇江市林隐路瓷厂零星出土	
46	清雍正青花云龙纹茶盅	1件	清	瓷	完整	三级	原清代宫廷旧藏	
47	清雍正青花矾红福寿纹茶盅	1件	清	瓷	完整	三级	原清代宫廷旧藏	
48	清雍正青花花卉纹杯	1件	清	瓷	完整	三级	原清代宫廷旧藏	

第三节　茶馆（茶坊）

镇江人称茶馆为茶坊，有荤、素之别。荤茶坊集中在城外商业区，素茶坊遍及全城，供应清茶、点心。老镇江人有洽谈生意、评理说合都要上茶坊之俗。大商号的老板同客商洽谈业务往来，一般均在荤茶坊摆酒席招待。有的茶客多为油漆匠、瓦木匠，如天源楼素茶馆。这些工匠早上上茶坊边喝茶聊天，边等候雇主的招揽。有的茶坊座上客多是做粮食生意的行主和掮客，如惠风茶坊。又如龙江茶坊，则是船民喝茶之所。中华人民共和国成立后，各茶坊渐转为饮食店及菜馆，旧俗多不存。

素茶馆以出售清茶为主。镇江人俗称清茶为“风箱茶”，茶馆盛水的大锡吊从清晨开业到夜间打烊关门，始终炖在炉子上。一般的小茶馆（镇江人称之为“小包子店”），茶水不一定是“滚开”的，俗称“停汤水”，而素茶馆的水就被称之为“滚汤水”。爱喝清茶的本地市民一般都喜欢到素茶馆品茗。素茶馆早市兼卖早点，下午则专卖清茶，不卖食物。清同治年间，在浮桥巷对面，商人杨大贵开设清末以来的首家素茶馆“邻桥园”，主要为大校场一带的菜农、工匠等下层体力劳动者提供一休息之处。店堂对联：“忙里偷闲，喝碗茶去；苦中作乐，烫壶酒来。”民国9年（1920年），地方政府建煤铁公所，邻桥园停开。

荤茶馆是卖清茶兼卖荤菜的茶馆，到民国后期，这类茶馆改名为茶馆或酒家。镇江较有名的荤茶馆有在人民街的天一楼（初名中华园，后改名为中华楼，抗日战争期间易名为宴春）、顺兴、天乐园（俗称“老天乐”），中华路北的华阳楼，新街的万花楼。清同治五年（1866年），丹徒县（现镇江市）衙门杨奎创建朝阳楼，位于伯先公园南侧，楼上楼下各三大间，大门正中木雕龙头上挂金字招牌“京江朝阳楼”。朝阳楼除卖茶外，专营蟹黄汤包、水晶肴蹄、鸡汁汤面，承办民间酒席和官场筵席，是两江总督招待文武官员和地方士绅的地方。民国17年（1928年），拓宽马路，朝阳楼被拆除。

镇江人主要喝绿茶，有龙井、云雾、毛尖、碧螺春等茶品。夏季则有大麦茶、杭菊花茶、夏杭草等。茶馆多龙魁茶，即龙井、猴魁、珠兰三种绿茶混饮，忌饮茉莉花茶。泡茶通常先放茶叶，后冲开水，碧螺春茶则先冲开水，后放茶叶。第一壶先冲少许开水叫作“煞茶头”，让茶叶在开水中缓缓地舒展开来，再冲满开水。一般第一道茶不喝，称为“头遭茶”，有“头遭水、二遭茶，头汁苦、二汁补”之说。

茶坊泡茶必须用滚开的水，烧开的水需中间隆起，俗称“宝塔水”或“元宝水”。隔日“停汤水”是茶坊泡茶的大忌。茶坊堂倌肩上搭块抹布，手执一把铜壶，穿梭在桌间不停地续水。冲茶时用铜壶嘴点三点，使茶叶在开水中翻滚，俗称“凤凰三点头”。茶客将手指弯起在桌面上轻敲几下，以示致谢。向别人敬茶时水倒至七八成表示对其的尊重。茶馆饮茶，壶嘴需向内，对外则表示对人蔑视。如两茶客友好，壶嘴交错，则称为“和气茶”。

清末民国初期，句容茶馆业十分兴旺。晚清便开设的老茶馆有三处，一处在城镇的东门口，叫马天兴茶馆；一处在十八弯巷西口，叫王佐茶馆；一处在原蔬菜公司处，叫得月轩茶馆。清末民国初期开业的有玉肺春茶馆、刘福兴茶馆、陆顺兴茶馆、得意园茶馆、来安茶馆、戴和园茶馆。20 世纪 30 年代开业的有马三茶馆、候茂记茶馆、胡贵记茶馆、太平春茶馆。抗日战争前后开业的有聚义茶馆、朱顺兴茶馆、李泰富茶馆、如意园茶馆、王猴子茶馆、周玉顺茶馆、王大茶馆、民众茶社、民众茶园（内可举行小型文娱活动）。中华人民共和国成立后，句容城内仍有茶馆 18 家。

茶馆也是“吃讲茶”的地方。“吃讲茶”即上茶馆调解矛盾，遇到矛盾纠纷，双方往往先到茶馆，请人主持公道。开始时双方茶壶的壶嘴相对，若矛盾化解，则由“中人”把两只茶壶的壶嘴相交，表示和好。茶钱由理输的一方付。

第四节　茶俗

镇江有很多茶俗。春节，早餐吃红枣茶并煮汤圆，取“早发”“元通”之意。清明节，插柳于门，妇女戴柳于发髻，儿童挂柳于衣襟，以辟邪，有的人家还以柳叶七枚，沏茶饮之。对来客，一般敬烟、敬茶，今也有敬水果、糖果的，有不能“客来扫地、客走倒茶”的说法。

在镇江地方的婚俗中，茶扮演了重要角色。镇江女子受聘谓之“吃茶”。古代议婚时，需用茶叶八两（0.4 千克），分为 2 包，云片糕 8 千克及婚者鞋样，用红纸剪出吉祥图案，中钉顺治钱二枚，以为礼。用茶叶作聘礼，意味双方婚事定下后不再变动，亦称“茶定”。镇江有句俗语叫“一女不吃两家茶”，就是指女子订婚后，不可再接受别的男子的聘礼。行聘，俗称“过年庚”，由男女两家合写一红帖，定下亲事，男家送女家茶叶、桂圆若干盒，女家回赠顺袋，中贮小银锭等物。20 世纪 30 年代后，旧式婚礼逐渐简化，开始出现新式婚礼，迎娶方式中包括举办茶话会。

第五节 宜茶泉水

水为茶之“母”，好茶一定要用好水冲泡，才能体现好茶的品质特征。明代许次纾《茶疏》说：“精茗蕴香，借水而发，无水不可与论茶也。”清代张大复《梅花草堂笔谈》也说：“茶性必发于水，八分之茶，遇十分之水，茶亦十分矣；八分之水，试十分之茶，茶只八分耳。”镇江山水“雄”“秀”兼而有之，好山好水，名泉比比皆是：金山西侧有著名的中泠泉，冠名“天下第一泉”，金山寺里有龙泉，南山有虎跑泉、鹿跑泉、珍珠泉、竹林泉、寄奴泉、林公泉、夹源泉等；城区有东泠泉、紫金泉、古泮泉、第一神泉、三官塘泉群、朗泉；郊外有东乡姚桥仙鹤泉、五洲山千尺泉、茅山泉群、丹阳玉乳泉。优质井水有娄巷唐代古井、生产巷永兴寺井、景乾庵井、鼓楼岗一对龙眼井、魏同兴巷圣寿寺井、北固山顶淌来井、华山村的晋朝古井、季子庙沸井……名泉古井数不胜数。

镇江泉水晶莹澄澈，水质一流。三官塘泉群的水清澈透明，纯净自然，冬暖夏凉，饮如甘霖；茅山喜客泉气冒珠滚四溢，形如珠玑沸腾，状似万斛吐玉；虎跑泉、鹿跑泉为姐妹泉，泉质“甘香润吻”；林公泉位于南山山腰，背依山崖，岩石嶙峋，泉水清澈，雨后泉眼处似有叮咚乐声传出，令人心旷神怡；季子庙沸井，六口井紧紧相邻，滋味却各不相同。

中泠泉，位于金山西 250 米处的人工湖半岛上。泉原在大江之中，历史悠久。因泉味甘洌，唐名士刘伯刍分全国宜煮茶之水为七等，中泠泉品为第一，遂有“天下第一泉”之称。泉四周围有石栏，长宽均为 9.70 米。泉池南石壁上嵌白石碑，阴刻楷书“天下第一泉”五大字，高 0.62 米、宽 2.15 米，清光绪十九年（1893 年）镇江府知府王仁堪书。泉北有二层楼房一座，右边墙上嵌碑，阴刻隶书“中泠泉”三个大字，为清同治八年（1869 年）沈秉成书。左边墙上嵌二碑，一为同治十年（1871 年）沈秉成撰“中泠泉记”，一为同治十一年（1872 年）陈光熊所书“中泠泉辨”。

清末印有京口第一泉照片的明信片

天下第一泉门票（20 世纪 90 年代）

第六节　茶点

镇江素有“早上皮包水（吃茶），晚上水包皮（洗澡）”之风。清晨上茶馆，喝“风箱茶”“滚烫水”，吃蟹黄汤包、“草鞋底”（烧饼）等早点。

民国初年，镇江开始有专卖茶点的店铺，不过仅有三五家，大多是卖饼儿、馓子的。到20世纪20年代初，茶点业才开始日渐发展，店坊增多，茶点品种增加。镇江的茶点店主要分布在西门大街（现大西路）一带，从银山门到四牌楼一线，城内五条街（现中山东路）一带也有几家，知名的有一品香、稻香村、华阳观、景阳斋、异味斋、极陛斋、玉玲斋、大吉祥、西林斋、天陛斋、桂仙村、春生阳、大陛斋、杏林村、天禄斋、庆鹤斋等。出产食品有京江（gāng）脐（qí）、京果粉、云片糕、蛤蟆酥、蛋糕等二三十种。随着老百姓的需求越来越高，开始出现声誉较佳的字号。

京江脐

善于掌握商机的茶点店，不断增加糕点、茶点种类。除常规的茶点，还有香蕉酥、蛋黄酥、椒盐酥、萨其玛、芝麻枣泥饼、糖麻花、麻油馓子、洋面馒头、赤豆松糕、重阳糕、麻糕、宝塔饼、绿豆糕、猫耳朵等品种。另外还有鸡蛋糕、桃酥、京果粉等，属于走亲访友送人的礼品或看望病人的慰问品。

糖果柜台内和柜台上的玻璃罐子里，则摆满各种糖果，除五颜六色的硬糖、奶糖、鸡骨糖、花生糖外，还有棒棒糖、卷筒的水果糖、清凉润喉的桉叶糖、休闲的豆酥糖、粽子糖、松子糖等糖类小食品，果脯蜜饯有蜜枣、冬瓜糖、山楂片、金橘饼、陈皮梅等。

镇江茶点制作风味分为三帮，即镇江帮、扬州帮、上海帮，主要原料为油、糖、米、面。这些茶点，按照生产方式，可分为大油锅、小油锅、炉货、蒸货、糖货几个大类。

20 世纪 30 年代，镇江茶点业发展到 53 家，大中型的店号都雇用工友，工友按技术程度分为甲、乙、丙、丁、戊五级。工友膳宿在店里，年终视店里盈余可分得若干红利，行业例规洋面袋、糖袋、油脚（指制作茶点后剩余在锅底或容器底部夹杂食品碎屑的残油）、下脚料（通常是指食品制作过程中产生的碎料）等均为工友福利。

1937 年，抗日战争全面爆发，镇江沦陷后商市店铺损失殆尽，茶点行业数年才缓缓恢复元气。就在日伪时期，当时由于白糖原料紧张，黑市价格昂贵，上海伪市长吴国桢下通知要求各地必须成立同业工会，才可以到上海买到配给平价白糖。于是镇江茶点业以丁云涛为代表申请成立茶点同业工会，这是镇江历史上唯一的茶点协会组织。

抗日战争胜利后，镇江的茶点业逐渐恢复繁荣，生产经营花式近百种。

眉毛酥

中华人民共和国成立初期，镇江还有爵禄、采芝斋、福禄全、太平村、新天禄、景阳斋等大店，这些店都有工人 20 ~ 40 人。中等的店有稻香村、大同、鑫天福、老天禄、春生和、春生阳、福泰成等，伙计有 6 ~ 10 人。小店一般有伙计 2 ~ 3 人，或者夫妻店，丈夫在后制作，妻子在前忙销售，子女也帮忙张罗生意。

二十世纪七八十年代的茶点作坊

第七节 茶事活动

一、“三山杯”名特茶评比

2001 年，第一届“三山杯”名特茶评比由镇江市多种经营管理局主办，共收到 20 多家茶叶生产企业选送的名特茶样 30 余只，评比活动邀请省内知名茶学专家，按国家标准，采取内质外形“双密码”方式进行。每年举办一届，至 2005 年为第五届。2005 年开始由镇江市茶业协会主办，之后每两年举办一届。2015 年更名为“三山杯”名优茶评比，举办到第十届，之后停办。

二、金山翠芽茶叶节

2007 年 4 月 28 日，由镇江市人民政府主办、镇江市农林局承办，在镇江市中心大市口城市客厅举办首届“江苏镇江金山翠芽茶叶节”。2009 年 4 月 26 日，举办第二届“中国镇江金山翠芽茶叶节”。两届茶叶节突出不同的主题，开展丰富的节庆活动，普及茶文化知识，扩大金山翠芽的知名度和社会影响力。

首届“江苏镇江金山翠芽茶叶节”活动主题为“品金山翠芽，赏南山美景”。主要活动包括第六届“三山杯”名特茶评比活动（2007年4月18日）、江苏省金山翠芽茶标准化示范区现场揭牌、观摩金山翠芽茶采制全过程、参观现代茶业科技示范园（茶园防霜技术等）、参观南山茶文化中心及南山有机茶生产基地、城市客厅万人品新茗及地产名优茶推介活动和茶业专场招商活动等。在大市口城市客厅举办的万人品新茗及地产名优茶推介活动中，全市30多家茶场带着40多只、1万多份茶样在广场上摆摊设点，各家茶场都拿出其中高档品牌新茶，请市民免费品尝。活动吸引一批又一批市民前来问茶品茗，他们有的向专家咨询识别优劣茶叶的技巧，有的拿着泡好的茶细细品味，有的则当场买下新茶。2007年4月，在镇江新华电影院举办“中国镇江茶业品牌发展高层论坛”，邀请国内知名茶学专家、西南大学刘勤晋教授为主讲嘉宾。2007年4月，在国际饭店举行茶产业专项招商项目推介会，向中外客商推介20多个招商项目。项目分为茶叶种植、茶产品加工、观光茶业以及非茶类保健茶开发四个大类，集中展示镇江茶叶产业发展的综合优势、优惠政策、投资回报、市场前景等。经过洽谈，共有茶园防霜扇技术、句容市九龙茶庄等13个项目进行现场签约。除2个技术合作项目外，其余11个合作项目总投资超过1.13亿元。第六届“三山杯”名特茶评比，9只茶样获特等奖，分别是镇江市南山茶林研究所的南山滴翠、句容市高庙茶场的茅山长青、句容市下蜀茶场的金山翠芽、镇江市五洲山茶场的惊春灵芽、镇江新区甘露茶场的三山香茗、句容市俞山茶场的碧螺春、镇江市五峰茶场的五峰迎春、丹徒区小力山茶场的金谷阳春、丹阳市迈春茶场的吟春碧芽。丹徒区上党五塘茶场的墅山翠萝茶等10只茶样获一等奖，丹阳市杏虎农业科技示范园的凤美剑毫茶等8只茶样获优质奖。

“中国镇江第二届金山翠芽茶叶节”活动主题为“宣传地理标志，同品金山翠芽”。主要活动包括第七届“三山杯”名特茶评比活动、市民万人品金山翠芽茶及地产茶推介、农产品地理标志金山翠芽知识答题、我最喜爱的“金山翠芽茶包装设计”投票评选、倡导“茶为国饮”科普活动、参加全民饮茶日活动、中国镇江茶业品牌发展高层论坛等。茶叶节开幕式上，农业部农产品质量安全中心向镇江市茶业协会颁发江苏省首个种植业农产品地理标志证书“农产品地理标志金山翠芽”。

2009 年 4 月 26 日，中国镇江第二届金山翠芽茶叶节开幕式现场

中国镇江第二届金山翠芽茶叶节广告灯牌（2009 年）

2009 年 4 月，中国镇江第二届金山翠芽茶叶节活动之中国镇江茶业品牌发展高层论坛现场

镇江市第七届“三山杯”名特茶评比奖杯与证书（2009 年）

镇江市第七届“三山杯”名特茶评比结果情况表

表 7-4

等次	品名	品牌	获奖单位
特等奖	吟春碧芽	吟春碧芽	江苏吟春碧芽股份有限公司
	白茶	五洲	镇江市五洲山茶场
	金山翠芽	句曲	句容市赵庄林苗场
	三山香茗	墅山	丹徒区春沁茶叶专业合作社
	金山翠芽	容宝	句容市高庙茶场
	金山翠芽	南山滴翠	镇江市南山茶林研究所
	碧螺春	—	句容市俞山茶场
一等奖	白茶	—	句容市边城镇金荣生态茶叶种植园
	茅山长青	容华	句容市龙山茶场
	白茶	墅香	丹徒区上党墅农茶叶合作社
	碧螺春	年根	句容市窑业年根茶场
	碧螺春	窑业	句容市下蜀窑业茶场
	金山翠芽	金谷阳	丹徒区谷阳茶场
	茅山翠眉	金茅	句容市茅山茶场
	三山香茗	曹付	丹徒区上党曹付茶场

三、全民饮茶日

2009 年 4 月 26 日，镇江市农林局举办全民饮茶日科普活动，镇江是全国全民饮茶日活动主要参加城市之一，全民饮茶日科普活动也是中国镇江第二届金山翠芽茶叶节活动之一。在大市口市民广场，市民们免费品尝金山翠芽、茅山长青、吟春碧芽等地产名特茶，欣赏茶艺表演。茶叶节工作人员向广大市民发放千余份与茶有关的宣传资料，并在市区主要茶庄、茶楼设立 5 处免费饮茶点。

2015 年 4 月 25 日，由中国茶叶学会、镇江市农业委员会主办，镇江市茶业协会承办的“2015 全民饮茶日——镇江”活动在丁卯桥路运河广场举办。活动主题为“今天你喝茶了吗？”活动现场举行镇江市第十届“三山杯”名优茶评比颁奖仪式。全市有 30 多家镇江茶叶企业参与，对 40 多个品种的地产特色茶叶产品进行宣传，开展镇江茶叶经济、茶产业发展、茶叶品牌展示活动，并邀请所有到场市民免费品尝由 30 多位茶艺师现场冲泡的镇江地产名优茶。现场还进行了茶与健康宣传、咨询，识茶、闻茶、品茶知识普及，茶艺表演和有奖问答等活动。

2015 年 4 月 25 日，"全民饮茶" 镇江启动仪式召开

2015 年 4 月镇江市第十届"三山杯"名优茶评比结果情况表

表 7-5

等次	品名	品牌	生产单位
特等奖	金山翠芽	金翠	句容市下蜀茶场
	吟春碧芽	吟春碧芽	江苏吟春碧芽股份有限公司
	五峰白茶	彭公	镇江市五峰茶场
	长山剑毫	三泉	丹徒区三泉茶场
	茅业白茶	叶和春	句容市茅山镇茅业茶场
	龙山白玉螺	容华	句容市龙山茶场
	金山翠芽	墅山	丹徒区春沁茶叶专业合作社
	茅山长青	金茅	句容市茅山茶场
	金山翠芽	五洲	镇江市五洲山茶场
	浮玉红茶	浮玉	镇江市南山茶林研究所

续表 7-5

等次	品名	品牌	生产单位
一等奖	金山翠芽	丁建林	丹阳市丹北镇建林茶场
	绿润白茶	行香绿润	句容市行香绿润茶场
	黄金芽	南山滴翠	镇江市润州区回龙山茶叶专业合作社
	龙山白茶	容华	句容市龙山茶场
	金谷阳春	茗海雪燕	丹徒区富农茶叶合作社
	丹峰雀舌	鑫品	丹阳市鑫品茶业有限公司
	烘青	天王茂晨	句容市天王农林茶场
	玉雪春白茶	三泉	丹徒区三泉茶场
	丹阳红红茶	鑫品	丹阳市鑫品茶业有限公司
	长山剑毫	墅香	丹徒区壹零捌茶叶专业合作社
	仑山湖白茶	仑山	句容市边城茶场
	金山翠芽	南山滴翠	镇江市南山茶林研究所
	碧螺春	雾起山	句容市下蜀镇窑业雾起山茶场
	茅山长青	仑山	句容市边城茶场
	金谷阳春	金谷阳	丹徒区谷阳茶场
	金山翠芽	金谷阳	丹徒区谷阳茶场
	长山剑毫	长特御茗	丹徒区茗缘茶叶专业合作社
	五峰迎春	彭公	镇江市五峰茶场
	茅山云雾茶	茅缘	句容市后白镇西冯茶场
	管山云峯	管山云峯	丹阳市丹北镇管山茶叶专业合作社

四、国际茶日

为推动全球茶产业发展、弘扬中国传统茶文化，农业部代表中国政府于2016年5月首次提出设立国际性茶叶纪念日的提议，并逐步推动国际社会就设立国际茶日的中国方案达成共识。相关提案于2018年12月、2019年6月分别经联合国粮食及农业组织（FAO）理事会和大会批准后，最终于2019年11月27日由联合国大会第74届会议审议通过，将每年5月21日确定为国际茶日。

2020年5月24日，由镇江市农业农村局、江苏省茶叶学会主办，镇江市茶业协会承办，在镇江市南山茶林研究所举办以“茶与美好生活”为主题的“国际茶日——镇江站”活动。主要活动内容有镇江茶业推介、镇江好茶献好人（抗疫英雄）、江苏省第十九届“陆羽杯”名特茶评比、“2020江苏最美绿色食品十佳茶叶企业”镇江获奖茶企颁奖和镇江茶业展示、茶山采茶体验、茶艺驿站畅游、镇江茶味品味等活动。活动现场通过采茶、特色茶品种鉴赏、镇江茶产品品鉴、茶艺展示等形式，让专家与茶叶爱好者充分交流。同时首次采取线上直播的形式，系统讲解茶叶加工、审评等专业技术知识。

2020年5月24日，“国际茶日——镇江站”活动启动仪式现场。图为茶艺表演

2020年5月24日，“国际茶日——镇江站”活动现场，茶人向援鄂抗疫英雄奉茶

五、茅山长青茶文化节

2018 年 4 月 15 日，由中国茶叶学会、江苏省茶叶协会、句容市人民政府主办，句容市农业委员会承办的中国首届茅山长青茶文化节在江苏茶博园举办。主要活动有征集“茅山长青”LOGO、斗茶比赛、“茅山长青 · 茶故事”征文活动、下蜀茶乡嘉年华等。江苏、浙江、安徽等省茶叶协会代表，国内茶叶行业专家，全国百家媒体记者出席开幕式。

六、丹徒区茶文化节

2016 年 4 月 9 日—22 日，丹徒区举办第一届“长山茶文化节”活动，主要活动内容有广场宣传、第三届长山茶叶评比、吃农家饭、游客进茶园、茶艺表演等。

2018 年 4 月 7 日，丹徒区举办首届上党茶文化节，举办丹徒区第四届“米芾 · 长山剑毫杯”茶叶评比活动。

2019 年 4 月 13 日，丹徒区在上党镇墅山村举办上党茶文化宣传活动。

2016 年 4 月 9 日，丹徒区第一届长山茶文化节开幕

2018 年 4 月 7 日，首届上党茶文化节启动仪式召开

七、扬中市茶叶节

2015 年 4 月，扬中市举办扬中市茶叶节，邀请中国茶叶研究所副所长鲁成银作“科学饮茶”专题讲座，扬中市委、人大、政府、政协及各部门 100 多人参加，这是镇江市非茶区举办的首次茶事活动。

八、乡镇茶叶节

2011 年 4 月 23 日，丹阳市司徒镇举办司徒镇首届茶叶节。

2011 年 4 月 23 日，丹阳市司徒镇首届茶叶节开幕

2014年11月15日，句容市下蜀镇举办首届句容市金色稻田茶香节，活动主题为“秋意浓·田园梦”，主要项目有赏稻乡、品香茗、观湖景、特色秋收自助餐、特色农产品展销、帐篷音乐会等。至2018年，连续举办五届茶香节，每届都突出不同的主题，开展丰富的节庆活动。

2018年4月15日，第五届句容下蜀茶香节在容北茶谷开幕

九、民间茶事活动

2012年，镇江市园艺技术指导站与镇江中艺教育合作，集中培训茶叶生产企业技术骨干，连续开展为期5天的交流学习，有53名学员取得初、中、高级茶艺师和评茶员职业资格。

2016年11月30日，镇江市农业委员举办第四期“神农大讲堂”活动，组织镇江市农业委员会全体干部职工和各市区农业部门及重点茶叶企业参加，邀请浙江大学王岳飞教授作题为“茶与健康”的专题讲座，受到与会者好评。

中艺教育举办的“陆羽茶会”和西津渡实训基地马副官的店举办的“周三茶会”“文心品书会”是茶艺公益活动。“周三茶会”公益活动，参加人员以茶艺学员和爱好者为主，进行了“茶分享”“茶之旅”“文心品书会”等主题茶会，至2020年年底，已组织超过300期。

十、茶文化培训

2007—2010 年，镇江建立纯茶艺类民办职业培训学校 3 所、涉茶类培训学校 14 所，茶文化活动逐步兴起，镇江各民间社团自发组织各类茶事活动。

镇江中艺教育 省内最早从事茶艺、茶文化培训传播的专业机构，有 2007 年成立的镇江市中艺教育培训中心（以下简称中艺教育）及 2017 年成立的镇江新区苏艺职业培训学校 2 个教学机构，是江苏省 AAAA 级社会组织、江苏省示范性社会组织、镇江市首批具备承接政府职能转移和购买服务资质的全市性社会组织。

中艺教育在焦山公园举办的金秋陆羽茶会活动（2015 年）

中艺教育的公益茶会和读书会活动现场（2020 年）

镇江市京口区润茗园职业培训学校 成立于2016年6月，位于镇江市中山东路4号。专注成人茶修、少儿茶艺、花艺、香道、读书等美学艺术教育培训。下设润茗园茶文化体验馆，是全国百佳茶馆、江苏省社科普及省级基地、全国青少儿茶艺测评镇江中心。

2019年10月，润茗园举办全国青少儿茶艺师资培训会。图为学员合影

镇江市润州区静怡茶道美学职业技能培训学校 位于镇江西津渡景区，累计举办公益茶艺培训班73期，培训学员1500多人，组织西津渡邀月茶会、南山缱秋茶会、焦山银杏茶会等上百场茶会，创建西津渡听雨茶坊文化公众平台。

静怡茶道美学职业技能培训学校在江苏航空学院开设的茶课（2017年）

静怡茶道美学职业技能培训学校在茶园里开设的实践课堂（2018 年）

镇江各培训机构共培养获证的茶艺师 3000 多人、评茶员 300 多人、茶叶加工工人 100 多人。

2007—2020 年镇江市民办涉茶艺培训学校一览表

表 7-6

名称	地址	成立时间	类型
镇江市中艺教育培训中心	镇江市京口区东吴路 125 号	2007 年	综合类
镇江市丹徒区智祥职业培训学校	镇江市丹徒区九华山南路 300 号 302 室	2014 年	综合类
镇江市京口区厚德职业培训学校	镇江市解放路 18 号创业园 5301 室	2014 年	综合类
镇江市润州区大立建筑培训学校	镇江市大西路 440 号	2015 年	综合类
镇江市丹徒区健康职业培训学校	镇江市丹徒区智慧大道 162 号	2016 年	综合类
镇江市京口区大众职业培训学校	镇江市正东路 6 号科技大厦	2016 年	综合类
镇江市润州区启晨培训学校	镇江市朱方路 241 号	2016 年	综合类
镇江市京口区润茗园职业培训学校	镇江市中山东路 4 号	2016 年	综合类

续表 7-6

名称	地址	成立时间	类型
镇江新区苏艺职业培训学校	镇江新区大港港中路 111 号	2017 年	综合类
镇江市润州区润秋职业技能培训学校	镇江市百花路 7–1 号金山村村委会	2017 年	综合类
镇江市润州区静怡茶道美学职业技能培训学校	镇江市小码头街 115 号	2017 年	纯茶艺类
镇江新区诗睿人文茶道职业培训学校	镇江新区大港新天地商业中心 5 号楼	2018 年	纯茶艺类
镇江新区三山未来职业培训学校	镇江丁卯兴泽路 12 号	2018 年	综合类
镇江新区熙源职业培训学校	镇江新区大港金港大道 129 号	2018 年	综合类
句容市茗缘职业培训学校	句容市边城镇赵庄林苗场何庄村	2020 年	纯茶艺类
镇江市丹徒区振文职业技能培训学校	镇江市丹徒区三山集镇水岸华庭 12 幢 118 室	2020 年	综合类
镇江市赛珍珠职业培训学校	镇江市润州山路 11 号	2020 年	综合类

编后记

镇江地处江苏省西南部，长江下游南岸，自然条件优越，是一个有茶历史和茶故事的地方。东汉末年，镇江就有饮茶的习惯。唐代就有种茶、制茶的历史记载，茶圣陆羽将镇江列属浙西茶区。沈括隐居镇江梦溪园，创作《梦溪笔谈》，记录宋代茶叶制度。清代镇江茶叶销售占全国的1/6。清代、民国时期，镇江各地方志中有产茶记录的涉及丹徒、丹阳、句容等地名茶。清末，镇江茶产业严重萎缩。中华人民共和国成立后，茶叶生产迅速恢复发展。进入21世纪，镇江市政府从实际出发，镇江市农林局、财政局制定一系列茶叶发展政策，在茶树良种、加工机械、茶叶品牌等方面进行扶持。2020年年底，镇江茶园面积达5169公顷，是江苏省主要产茶市，也是全国名优绿茶优势产区，茶叶产业已是镇江现代农业发展的支柱产业之一。特殊的地理条件和人文环境，造就镇江茶叶的特异品质，创成“金山翠芽”“茅山长青”两个国家农产品地理标志。

长期以来，对于镇江茶叶的历史和现状，只能在古书、县（市）志以及论文中找到一鳞半爪，分散且不完整、不系统，至今没有一部系统记录镇江茶叶的资料书籍。以往，镇江市曾做过一些资料收集，因受人力、物力等限制，存在一定的局限性，并不能完全反映镇江茶叶的全貌和产业发展过程。为更好地挖掘和总结镇江茶叶资源，增强镇江茶人自信，传承镇江茶文化，进一步服务于茶叶产业高质量发展，使镇江茶产业健康和可持续发展，2020年春，由陈武生、李传德等提出编撰《镇江茶业70年》的建议，时任镇江市农业农村局局长马国进听取专题汇报，并建议列入部门项目计划，经与镇江市史志办会商决定编纂《镇江茶业志》。2020年11月，镇江市农业农村局组织编纂委员会，镇江市史志办，镇江市茶业协会，丹徒区、丹阳市、句容市等农业技术推广部门及驻镇涉农（茶）高校、院所茶叶专家，召开《镇江茶业志》编纂工作启动会，讨论并形成编纂目录初步方案。参加编纂工作启动会的人员有李传德、王润贤、吴海平、赵挺俊、徐强、陈晓宏、费宪进、赵云、翁红霞、孟宪威、郭杰、马淳沂、王辉琼、王芳、李家云、马汝全等。

茶叶资料征集采取多方收集、能收尽收、由易到难、统一汇总的方法。第一次资料收集时间为2021年1—6月。收集的主要资料来源包括：2006年由镇江市农林局组织，陈武生、王綱汉、刘朝芝等编纂的《镇江市农林志（初稿）》中的茶业章节；2003年由江苏省农林厅编纂的《江苏省志·园艺志》中有关镇江茶叶的部分内容；2019年由句容市茶叶协会编写的《句容茶叶（初稿）》中部分内容;《镇江市志》及历年《镇江年鉴》中有关茶的部分内容；2006年版《丹阳市农林志》和1993年版《丹徒县志》中有关茶的部分内容；2008年由镇江市农委编印的《镇江市农业实用技术手册》中“茶叶部分”技术资料；2000—2020年镇江市茶叶工作总结，以及科技项目和发表的科技论文等；互联网有关镇江茶文化的部分内容。以上资料多有重复，经筛选、整理，再经分类汇总和编辑后收录到相应章节，是成书的主要资料。参与第一次资料收集整理的人员有赵云、王芳、马淳沂、马汝全、王辉琼、言燕华、李家云、帅建华、翁红霞、赵昱霖。

2021年5月14日，召开第一次编写工作会议，主要通报资料收集和初步编辑情况。编辑过程中，不对资料进行再加工，不作修饰和评论。由于很多资料的收集未达到预期数量，字数有限，将收集到的资料内容经编辑后，重新调整编排，并完善目录，共设5章13节。邀请镇江市史志办翁红霞参与讨论，详细介绍专业志书的编写细则要求和规范。同年6—8月，编制编写体例规范，将5章13节分发给各编写人员，进行体例编辑。参与体例编辑的人员有赵云、王芳、王辉琼、言燕华、马汝全、马淳沂、马圣洲。

2021年8月31日，召开第二次编写工作会议，主要通报编辑情况以及存在问题。2021年9月1日，由镇江市园艺技术指导站、镇江市茶业协会发函至镇江各涉茶部门、单位、机构、茶叶协会及相关茶叶专家再次征集资料，并通过镇江市茶叶工作微信群、QQ群等渠道，广泛征集镇江茶叶相关资料、图片。

第二次编写工作会议后，邀请江苏农林职业技术学院教授、曾编写全国中等院校茶学教材的陈学林对文稿进行审阅，陈学林审阅仔细，从专业角度提出很多宝贵的修改建议，并依内容和篇幅对目录进行调整。2022年1月完成对章节的调整，全书形成概述和 6 章 15 节。参与内容和目录调整的人员有陈学林、赵云、李传德。

镇江市茶业协会原会长赵挺俊、镇江市农业农村局农业技术推广研究员李传德分别于 2022 年 1 月、2 月对文稿进行通审，提出增加镇江市主要茶场介绍、主要茶树品种引进、茶叶技术试验示范、茶艺培训及茶文化推广等内容的建议。2022 年 3—4 月，编纂委员会对上述问题和建议进行吸收，有针对性地进行第三次资料征集和整理，并对文稿进行修改。参与第三次资料收集的人员有李传德、赵云、赵挺俊、马汝全、马淳沂、王芳、吴华芳、汤茶琴、帅建华、马圣洲、郭杰。

2022 年 4—5 月，将修改后的文稿资料送镇江市原多种经营管理局园艺科科长、高级农艺师刘朝芝，句容市原多种经营管理局副局长、高级农艺师顾穆两位老茶人审阅。刘朝芝提供茶叶活动的老照片以及往年茶事，顾穆对第一章第四节、第二章第二节和第四章第二节的内容进行部分调整。2022 年 5 月，在编辑过程中充分吸收两位老茶人的建议，结合章节，对书中部分涉及茶叶技术的内容进行修改。

2022 年 5 月，将文稿寄送江苏省农业农村厅副巡视员、研究员、茶学专家、中国茶叶学会监事长张定审稿并请题序。

2022 年 6 月，完成《镇江茶叶志》终审稿。2022 年 9 月 30 日，镇江市史志办公室批复终审意见："基本符合中国地方志指导小组《地方志书质量规定》的标准和要求，修改后送验收。" 2022 年 11 月 1 日通过终审。2022 年 11 月至 2023 年 1 月进行验收前修改，参与修改的人员有赵云、言燕华、王辉琼、马汝全、马圣洲、马淳沂、王芳。

2023 年 2 月，完成《镇江茶叶志》验收稿。2023 年 5 月 15 日，镇江市史志办公室批复验收意见："进一步修改完善后可以出版。" 2023 年 7 月按验收修改意见，征集增加第六章第三节"茶叶行业管理推广与科学教育机构"，2023 年 7 月后进行出版前修改、校对和图片选编工作。参与出版前修改的人员有赵云、李传德、赵挺俊、陈晓宏。

《镇江茶叶志》编纂工作在镇江市委农办主任，市农业农村局党委书记、局长蒋勇统筹下，历时两年半。《镇江茶叶志》的编纂是在镇江市农业农村局和市史志办、市茶业协会指导下开展的，也是在编纂人员、资料收集人员、审改专家共同努力下辛勤编就的，它的成书是集体智慧的结晶。在编纂过程中，得到时任镇江市史志办主任吴海平的关心和支持。《镇江茶叶志》除序、凡例、概述和大事记外，共分 7 章 27 节，记载茶叶种植、加工、经营、科研、技术创新、品牌、文化、茶事活动等内容，记录和还原镇江茶叶发展史实。

由于编纂者水平和掌握的资料有限，无论是生产经营资料还是科研文化资料，难免有遗漏和不当之处，敬请读者指正，以便将来续志时修订补充。

《镇江茶叶志》编纂委员会

2023 年 10 月